W0228398

Werner Sonntag

Mehr als Marathon
Handbuch für Ultralangläufer

Meyer & Meyer Verlag

Alle Rechte, insbesondere das Recht der Vervielfältigung und Verbreitung sowie das Recht der Über-setzungen, vorbehalten. Kein Teil des Werkes darf in irgendeiner Form — durch Fotokopie, Mikro-film oder ein anderes Verfahren — ohne schriftliche Genehmigung des Verlages reproduziert oder unter Verwendung elektronischer Systeme verarbeitet, gespeichert, vervielfältigt oder verbreitet werden.

Nicht gesondert gekennzeichnete Photos: Werner Sonntag

© 1985 by Meyer&Meyer Verlag, Aachen
Einbandgestaltung: M. Krupp, Aachen
Schrift: Times normal und fett
Satz und Druck: Burg Verlag & Druck Hamacher & Gastinger GmbH & Co. KG
Printed in W.-Germany 1985
ISBN 3-89124-022-8

Inhalt

Aus dem Inhalt des zweiten Bandes:
Verzeichnis von Ultralanglauf-Veranstaltungen, zum Teil mit ausführlichen Beschreibungen, in der Bundesrepublik Deutschland, der DDR, Belgien, Canada, CSSR, Dänemark, Finnland, Frankreich, Griechenland, Großbritannien, Italien, Jugoslawien, Niederlande, Norwegen, Österreich, Polen, Schweden, Spanien, UdSSR, Ungarn, USA. Schlagwort-Verzeichnis für Ultralangläufer — zum Nachschlagen bei bestimmten Fragen. Marginalien zum Ultralanglauf, darunter Porträts von Ultralangläufern.

Vorwort

Liebe Läuferin, lieber Läufer!

Diese Anrede ist erlaubt, denn laufen müssen Sie schon seit einer Weile oder zumindest ausdauertrainiert im Gehen sein, wenn Sie aus diesem Buch persönlichen Nutzen ziehen wollen. Dies ist der erste Band eines Handbuches für Ultralangläufer; die Ultra- oder Supermarathonstrecke ist »mehr als Marathon«. Sie beginnt bei 50 Kilometern und bedeutet im Wettkampf in der Regel 100 Kilometer. Aber Sie müssen nicht unbedingt Marathon gelaufen sein, um »mehr als Marathon« zu laufen. Eine Aussage, die differenziert werden muß.

Dieses Buch wendet sich an

* Läuferinnen und Läufer, die zumal unter dem Eindruck der City-Marathons und der Marathon-Berichterstattung soviel Respekt vor dem Marathon bekommen haben, daß sie noch zögern, die Marathonstrecke zu laufen, obwohl sie es könnten. Wenn die Marathonstrecke ein Abenteuer zu sein scheint, warum nicht gleich in ein wirkliches Abenteuer, wo viele Abenteurer sind?

* Läuferinnen und Läufer, die das Erlebnis des Marathons gehabt haben und nun wissen: Sie kommen an. Marathon ist für sie kein Abenteuer mehr. Für jeden von uns war der erste Wettkampf, war der erste Marathon als Krönung der Laufdisziplinen eine Herausforderung. Jetzt ist sie zur Routine geworden. Wir brechen auf zu neuen Zielen. Die neue Herausforderung: Mehr als Marathon.

* Läuferinnen und Läufer, die sich beim Marathon erkannt haben: Ausdauer ja, aber keine überragende Grundschnelligkeit.

* Daher speziell: Ältere. Hut ab vor: 100 km Marschieren.

* Daher speziell: Frauen. Sie sind auf den 100 km noch weniger repräsentiert als auf der Marathonstrecke — aus Unkenntnis ihrer Ausdauer-Qualitäten.

* An Ultralangläufer, denen man gar nichts sagen muß: Außer ihnen Informationen zu bieten und ihre Erkenntnisse zu bestätigen oder zu relativieren. Und ihnen eine Argumentationshilfe an die Hand zu geben.

Für sie alle ist dieses Buch gedacht. Jahrelang habe ich damit gezögert, weil mir meine Erfahrungen mit jedem Hunderter weniger ausreichend zu sein schienen, weil ich noch immer Informationen gesammelt habe. Doch da ist ein richtiger Informationsstau entstanden. Selbst die atmosphärischen Schilderungen von »Irgendwann mußt du nach Biel«, meines Versuches einer literarischen Bewältigung des 100-km-Laufes, wurden als Ersatz-Information verwendet. Höchste Zeit für dieses Handbuch.

Auch wenn es nur eine bestimmte Entwicklung fest- und fortschreiben kann, die im Jahr darauf vielleicht neue Informationsbedürfnisse zeugt. Auch wenn sich vielleicht Erkenntnisse später schärfer akzentuieren, auch wenn sich — man kann nicht alles in wenigen Wochen vor Erscheinen eines Buches neu recherchieren — Adressen geändert haben, manche gar fehlen, neue Ereignisse der Ultralanglauf-Szene noch nicht berücksichtigt werden konnten. Ein Buch, das sich in Frage stellen muß, so wie sich jeder von uns auf der Ultralangstrecke in Frage stellt.

Es ist kein Buch, das man vorn beginnt und am Ende beendet. Das geschichtliche Kapitel zum Beispiel wird von manchen aufgespart werden, die es eilig haben, zu praktischen Informationen zu kommen. Wer es dennoch von vorn bis hinten liest, wird gelegentlich auf Wiederholungen stoßen. Sie sind beabsichtigt, damit ganze Themenkomplexe im Zusammenhang dargestellt werden können. Wer ein Register vermißt, sei auf das Schlagwort-Verzeichnis im zweiten Band verwiesen. Ja, es sind zwei Bände geworden. Soviel ist zum Ultralanglauf zu sagen.

Der erste Band enthält die Grundlagen, physiologische und psychologische. Er beantwortet Fragen zum Training, zur Ernährung, zur Ausrüstung, zur Strategie. Der zweite Band dient der Umsetzung in die Praxis und der Ergänzung: Ein Verzeichnis von Ultralanglauf-Veranstaltungen und Kontakt-Adressen, mit ausführlichen Beschreibungen der wichtigsten Strecken, Marginalien zum Ultralanglauf und schließlich den alphabetisch geordneten Ratgeber, der rasches Nachschlagen und schnelle Information auch über die im ersten Band vermittelten Stoffe ermöglichen soll. Die Anforderung an Handlichkeit gerade dieser praktischen Informationen ließ die Teilung in zwei Bände geraten erscheinen.

Vielleicht, liebe Läuferin, lieber Läufer, ist das unsere gemeinsame Basis, die Sie über Unvollkommenheiten hinwegsehen und dafür den Versuch erkennen läßt, eine empfindliche Lücke zu füllen. Manche Aussage in diesem Buch mutet widersprüchlich an; damit spiegelt es nur den Stand der Erkenntnis über den Ultralanglauf wider. Einige werden enttäuscht sein, daß sie nicht weit mehr über das Ultra-Lauftraining lesen können; sie werden nirgends mehr darüber lesen.

Dann ist da noch der flüchtige laufende Leser, der zwar zwei-, dreimal in der Woche seinen Waldlauf macht, aber nicht daran denkt, etwas so Wahnwitziges wie 100 km zu laufen (früher hat er auch nicht daran gedacht, eine halbe Stunde durch den Wald zu rennen). Er entdeckt diesen Titel in der Buchhandlung, Abteilung Sportbücher, oder in seinem Laufladen oder bei einem Sportfreund: Wie überflüssig ist »Mehr als Marathon«? So überflüssig wie Marathon-Bücher in den sechziger Jahren. Die Faszination des Marathons ist von der Mehrzahl erst in den siebziger Jahren, von den Medien erst in den achtzigern entdeckt worden. »Irgendwann« — verzeihen Sie bitte die Reminiszenz an einen ohnehin vergriffenen Titel — wird man auch die Faszination der Ultralangstrecke öffentlich entdecken. Mit diesem zweibändigen Handbuch — so kann ich in aller Bescheidenheit sagen — haben Sie schon jetzt den Einstieg. Dazu wünsche ich viele schöne Lauf-Erlebnisse.

Werner Sonntag

Ostfildern bei Stuttgart, im Herbst 1985

1 Was ist Ultralanglauf?

Ob der Begriff »Ultralanglauf« glücklich ist oder nicht, — darüber können wir nicht mehr befinden. Er existiert und hat einen bestimmten Inhalt. Denjenigen, die den Begriff noch nie gehört haben, fehlt meistens die Vorstellung des Inhalts.

»Ultra« ist im Grunde genommen negativ besetzt; das klingt nach Extremismus, nach dem Äußersten, nach einer Leistung, die nichts für »Normale« ist. Diese Position hatte auch einmal der Marathonlauf inne. Nichts hatte bei jenem »Ultralauf« über 42,195 km darauf hingedeutet, daß er einmal Volkssport werden würde.

Dabei ist die lateinische Herkunft — wie aus der technischen Terminologie ersichtlich (»Ultraschall«) — durchaus wertneutral: Jenseits von ..., über etwas hinausgehend. Der Ultralanglauf oder Ultramarathon geht über den Marathon hinaus. Er ist: Mehr als Marathon. Die Synonyme für den Ultralanglauf sind anschaulicher: Ultramarathon oder Supermarathon.

Der Ultralanglauf ist eine relativ junge Laufdisziplin, eine Abspaltung des Marathons. Begründet wurde sie, ohne daß dies irgend jemand geahnt hätte, 1959 mit dem ersten 100-km-Lauf in Biel. Der Lauf oder Marsch über 100 km, 50 oder 100 Meilen knüpft jedoch, anders als der Marathon, an eine Jahrhunderte, Jahrtausende alte Entwicklung des ausdauernden Laufens an (darüber mehr im Kapitel über die Geschichte des langen Laufens).

Unter der Ultralangstrecke wird häufig vereinfacht die 100-km-Strecke verstanden. Auch in diesem Buch ist häufig nur vom 100-km-Lauf die Rede. Das hat praktische Gründe: Wer sich erstmals als Ultralangläufer versucht, tut dies in Europa meistens auf einem 100-km-Kurs. In den USA ist die Basis des Ultralanglaufs 50 Meilen (80 km) und das Traumziel 100 Meilen (160,9 km), wenngleich man dort seit einigen Jahren durchaus auch mit Kilometern umgeht.

Die korrekte Definition lautet: Alles, was über den Marathon hinausreicht, ist Ultralangstrecke, also auch schon die 50-km-Strecke. Bliebe es jedoch bei dieser, brauchte man sich nicht eigens mit dem Komplex Ultralanglauf zu befassen.

Der Ultralanglauf ist — auch in dieser Beziehung »mehr als Marathon« — sowohl von der Streckenlänge als auch von der Streckenführung, sowohl vom Charakter einer Veranstaltung als auch von der Form der Bewältigung her äußerst facettenreich. Er reicht vom Gemeinschaftsunternehmen ohne Wettkampfcharakter bis zum 24-Stunden-Lauf, von der individuellen »Laufwanderung« bis zum Europacup im 100-km-Lauf.

Biel: Kurz nach dem Start um 22 Uhr

Manche 100-km-Veranstalter bieten auch 50- und 60-km-Läufe an, oder es wird bei einem Hunderter, zum Beispiel in Rodenbach oder Hamm, von 50 km alle 10 km gewertet, so daß man die Möglichkeit hat, sich allmählich an die 100 km heranzutasten, ohne das Gefühl zu bekommen, einen 100-km-Lauf vorzeitig zu beenden.

Der Thüringer Rennsteiglauf zählt, in der längeren Version, etwa um die 70 km. Der Fidelitas-Nachtmarsch in Karlsruhe geht über 80 km. Lokale Besonderheiten oder, wie beim Rennsteiglauf, der Schwierigkeitsgrad der Strecke führen zu solchen Zwischengrößen.

Dennoch, die klassische Ultralangstrecke in Europa ist die 100-km-Strecke. Der älteste 100-km-Lauf, der in Biel, und der älteste in der Bundesrepublik, in Unna, führen über einen Rundkurs (weitere Informationen über die Strecken im Veranstaltungsteil des zweiten Bandes). Dem Wettkampfbedürfnis entsprang ein Trend zu 10-km-Runden (Hamm, Rodenbach und Quickborn, ebenso wie bei dem inzwischen aufgegebenen Lauf in Husum). In Hirtenberg/Österreich werden die 100 km in zwei Runden ausgetragen, desgleichen bei dem 1984 begründeten Aichfeld-Murboden-Marsch und -Lauf; das erlaubt es, in Hirtenberg, noch eine Runde daranzuhängen, so daß auch der Wettbewerb über 150 km möglich ist, im extremen Fall (»Ultra«) auch 200 km.

Mitte der siebziger Jahre erschien eine Notiz, worin ein 175-km-Lauf in Huchem-Stammeln (Nordrhein-Westfalen) angekündigt wurde. Durch die Kreise der Langstreckenläufer ging damals ein Raunen, galten doch die 100 km schon als eine Angelegenheit für Extremisten. Auf jene Notiz meldeten sich immerhin an die 20 Läufer. Bis dann die Aufklärung kam: Es war ein Druckfehler. Die 175 km hätten 17,5 km heißen sollen. Eine Ankündigung von 175 km würde heute kein Aufsehen mehr erregen. Zwei Trends sind parallel gelaufen: Der Trend, daß immer mehr Marathonläufer auch einmal die 100 km angehen, und der Trend zur Ultra-Ultralangstrecke.

Nach den 100 km setzen die 100 Meilen (160,9 km) eine weitere Größe, in der Bundesrepublik am 27. März 1983 durch Dr. van Aaken beim Hundert-Meilen-Lauf allein für Frauen praktiziert.

Andere Ultra-Leistungen werden bei 24-Stunden-Läufen erzielt, in der Bundesrepublik in Mörlenbach/Odenwald, in Holland in Apeldoorn, wo nicht nur Staffeln, sondern auch Einzelläufer starten.

Eine weitere Kategorie bilden die Mehrtage-Läufe, angefangen von eher touristischen Unternehmungen über die wissenschaftlich begleitete Durchquerung der Bundesrepublik Deutschland (1100 km in 20 Tagen) bis zu Länder-Traversierungen mit sehr hohen Anforderungen, sei es im Hinblick auf das Streckenprofil, sei es im Hinblick auf die Länge des Unternehmens. Den Austria-Cross von Vorarlberg bis zum Neusiedlersee in einer Woche beendete 1984 nur ein einziger Teilnehmer. Das australische Rennen von Sydney nach Melbourne, 965 km, gewann 1985 Yiannis Kouros in 5 Tagen, 5 Stunden, einen Tag vor Siegfried Bauer. Hervorzuheben ist der 1984 von Edgar Pattermann und dem Cricket-Club Wien veranstaltete Donaulauf über 320 km. Auch in Ungarn findet jährlich ein mehrtägiger Landschaftslauf statt (Adressen im 2. Band; hier soll nur ein Überblick über die verschiedenartigen Möglichkeiten gegeben werden).

Das Laufprogramm mehrerer Tage wird beim Spartathlon auf einen Lauf in einem Stück, über 252 km, zusammengedrängt. Spezialisten treffen sich zu Sechstage-Läufen wie in Trentham Garden; damit wird an Traditionen des 19. Jahrhunderts angeknüpft.

Jedes Jahr werden in aller Welt bemerkenswerte Einzelleistungen vollbracht. Manchmal wird ein solches individuelles Vorhaben dann institutionalisiert. Woraus man ersehen kann, daß in vielen von uns das Bedürfnis steckt, eine Herausforderung anzunehmen.

Der erste mehrtägige Distanzlauf Berlin-Breslau

Die Gruppe der alten Herren begibt sich auf den Marsch, welche die Strecke bis 21. Septbr. beenden sollen. (1) Müller-Hermsdorf, 66 Jahre; (2) Gottwald-Breslau, 78 Jahre; (3) Partzschefeld-Sorau, 83 Jahre.

1   2   3

Aus der Zeit der Distanzmärsche: Berlin-Breslau, schon damals mit Älteren

2 Weshalb Ultralanglauf?

Den Tausenden, die alljährlich ihre Ausdauer neu oder aufs neue auf einer 100-km-Strecke erproben, muß man die Frage nicht stellen: Weshalb Ultralanglauf? Die Faszination der Ultralangstrecke hat sie gepackt und nicht mehr losgelassen.

Die folgende Äußerung könnte erfunden sein, ist sie aber nicht; sie fiel am 5. Juni 1982 abends in einem guten Hotel in Königsfeld im Schwarzwald. Den Gästen am Nachbartisch war nicht verborgen geblieben, daß in Königsfeld eine Laufveranstaltung stattfinden sollte (schließlich wollte der Restaurant-Chef selbst daran teilnehmen). Als sich die Damen am Tisch erkundigt hatten, wie lang denn ein Marathon sei, fügte ein Kenner hinzu:»Und dann gibt es auch noch so Verrückte, die laufen 100 Kilometer!« Er wiederholte so abschätzig, wie man Verrückte behandeln zu können glaubt:»100 Kilometer!« Diesen Menschen — häufig durchaus gemütlich wirkenden, was zumindest durch den Bauch ausgewiesen wird — sehen wir Ultraläufer uns in der Regel gegenüber. Wir begegnen auch Laufkameraden, die sich nicht damit begnügen zu sagen:»Mir reicht die Marathonstrecke. Mehr mag ich nicht laufen«, sondern die so intolerant sind — und dazu zählt auch mancher Vereinsfunktionär —, mit der 100-km-Strecke zugleich auch die 100-km-Läufer abzuqualifizieren und sie in eine Art sportlicher Subkultur zu drängen.

Dort sind wir nicht die ersten gewesen. Erinnern wir uns doch, daß immer wieder — Jahrzehnte später wollte es keiner wahrhaben — Sportarten oder Sportdisziplinen oder Teilnehmer abgelehnt wurden: Coubertin wollte keine Frauen bei den Olympischen Spielen. Als sie dann doch dabei waren, war ihnen die Langstrecke, vorübergehend auch die Mittelstrecke, versagt. 1967 wurde Katherine Switzer aus dem amerikanischen Amateur-Athletik-Verband ausgeschlossen, weil sie unerlaubterweise und trotz Intervention am Boston-Marathon teilgenommen hatte. 1968 gab es beim Schwarzwald-Marathon erstmals eine Frauenklasse, 1973 auf Initiative Ernst van Aakens erstmals einen Marathon allein für Frauen. In der Nacht zum 27. März 1983 starteten 22 Läuferinnen zum ersten 100-Meilen-Lauf allein für Frauen. 1984 endlich fand die olympische Premiere des Frauen-Marathons statt. Der Fußball hatte um seine Anerkennung kämpfen müssen. Jahrzehnte später lehnten Fußball-Experten den Frauen-Fußball ab.

Der Sport ist sicher nicht so sehr viel konservativer als die Gesellschaft, in der er betrieben wird. Seien wir also nicht unglücklich in unserer Ecke, in die wir gestellt worden sind; seien wir froh darüber, daß wir eine sportliche Disziplin um ihrer — nein, um unserer selbst willen betreiben.

Halten wir uns auch nicht lange dabei auf zurückzufragen: Weshalb 100 Meter laufen? Damit's in möglichst wenigen Sekunden vorbei ist? Oder ausgerechnet 800 Meter? Damit's bei zwei Runden im Sportplatz-Oval bleibt? Oder die 42,195 km, die nicht einmal für die Entfernung von Marathon nach Athen stimmen, sondern — auf Wunsch des britischen Königshauses im Jahr 1908 — von Funktionären festgelegt worden sind?

Jegliche Leistung birgt ihren Sinn in sich. »Laufstrecken über 100 bis 1000 m als Rennstrecken sind Künstlichkeiten, die der moderne Sport sich selbst geschaffen hat und die der Urmensch sicher nur in höchster Not auf der Flucht zurücklegte, während er als Jäger, Sammler und Nomade eigentlich immer zu Fuß unterwegs war, Männer und Frauen« (ERNST VAN AAKEN).

Die 100 km sind eine Konvention, eine runde Zahl, meinetwegen auch eine magische Zahl. Doch die bloße Zahl steht für einen Hintergrund. So wie der 100-m-Sprint sportphysiologisch eine Basis hat, nämlich die Übung der Schnellkraft, haben auch die 100 km einen Hintergrund. Ihn bildet die Entwicklungsgeschichte des Menschen. Ob der Mensch der Vorgeschichte nun Jagd- oder Fluchtimpulsen folgte, — er mußte laufen.

Für die Marathonstrecke gibt es nach einer neueren Hypothese eine anthropologische Begründung, nämlich daß die Reviere von unter Urweltbedingungen lebenden Völkerstämmen etwa 400 Quadratkilometer betragen. Etwa 40 km konnten die Stammesangehörigen laufend zurücklegen, auch mit der Last der Jagdbeute. Man vermutetet, daß hier eine Grenze liegt. Jeder Marathoner weiß das. Bei etwa km 35 kommt für viele die »Mauer«, eine Krise, die physiologisch, durch die Ausschöpfung der Glykogen-Vorräte, begründbar ist.

Der Mensch war jedoch physiologisch in der Lage — und mußte es auch sein —, auch längere Strecken im Lauf zurückzulegen. Dafür gibt es sowohl Überlieferungen als auch Beweise, die bis in die jüngste Vergangenheit reichen: die kultischen Läufe südamerikanischer Indianerstämme oder die Botenläufe verschiedener Kulturen.

Der Marathonlauf als sportliche Disziplin ist relativ jung; erst 1896 bei den ersten Olympischen Spielen der Neuzeit wurde er eingeführt. Vorher jedoch waren bereits längere sportliche Ausdauerleistungen vollbracht worden, die spektakulären Sechstage-Rennen — die Sechstage-Rennen der Radfahrer haben nur an diese Tradition angeknüpft — und die großen Distanzmärsche. Der erste 100-km-Lauf in der Schweiz hat bereits vor dem ersten Marathon der Neuzeit stattgefunden, nämlich 1892.

Mit der Entwicklung des Zuschauersports, bei dem Technik, Interaktion oder Fähigkeiten wie Schnelligkeit oder Flexibilität dominieren, sind diese Ausdauerleistungen, die dem Auge wenig bieten, in den Hintergrund getreten. Da schon die Marathonstrecke, auf der sich Bilder völlig erschöpfter Läufer boten, beschwerlich genug erschien — so beschwerlich, daß selbst in Funktionärskreisen bis in die dreißiger Jahre Bedenken laut wurden —, geriet die Ultralangstrecke völlig in Vergessenheit. Sieht man von militärischen Ausdauerleistungen ab, so hat erst die Initiative in Biel in der Schweiz, wo im Jahr 1959 zum erstenmal in diesem Jahrhundert ein 100-km-Lauf veranstaltet worden ist, einen Markstein gesetzt und eine Renaissance der Ultralangstrecke eingeleitet.

Weshalb 100 km laufen? Daß der Mensch anthropologisch dazu prädestiniert ist, mag eine Erklärung, jedoch noch keine Begründung sein.

Der physiologische Aspekt der Ultralangstrecke: Bei der Ausübung jeglichen Sportes unterscheidet man (HOLLMANN) fünf motorische Hauptbeanspruchsformen, nämlich
* Koordination,
* Kraft,
* Flexibilität,
* Schnelligkeit,
* Ausdauer

Auf den Laufsport bezogen ergibt sich eine Skala, auf der die Beanspruchungsform der Schnelligkeit in die Form der Ausdauer übergeht. Dieser Übergang ist fließend. Beim 100-m-Lauf wird eindeutig allein die Schnelligkeit trainiert. Beim 800-m-Lauf zumindest beginnt immerhin die Ausdauer. Vom 5000-m-Lauf an — darüber können wir uns einigen — dominiert die Ausdauer. Das heißt, ein 100-m-Läufer kann so schnell sein, wie es nur möglich ist; wenn er nicht zugleich auch die Ausdauerfähigkeit trainiert, kann er die Mittel- und die Langstrecke nicht bewältigen. Mit der Länge der Strecke wächst die Bedeutung der Ausdauerfähigkeit als Hauptbeanspruchungsform. Im äußersten Fall: Die Grundschnelligkeit mag so niedrig sein, wie man es sich nur vorstellen kann, sagen wir 100 m in 60 Sekunden; wer jedoch die Hauptbeanspruchungsform Ausdauer trainiert hat, wird dennoch die Ultralangstrecke zumindest persönlich zufriedenstellend bewältigen.

Sehr überspitzt gesagt: Die Ultralangstrecke ist — bis jetzt noch, wie lange? — der Wettbewerb der Langsamen. Es gibt in der Tat sehr gute 100-km-Läufer, die man von der Marathonstrecke her nicht kennt. Überspitzt gesagt, hieß es; denn diejenigen, die 100 km in 7 Stunden laufen, legen immerhin den Kilometer in 4 : 12 min zurück. Und 5000 m, mehr nicht, in 21 min zu laufen, ist im Breitensport schon sehr ordentlich. Ein Achteinhalb-Stunden-Läufer würde gewissermaßen bei einem einzigen 100-km-Lauf eine Bedingung des Deutschen Sportabzeichens nicht weniger als zwanzigmal erfüllen.

Wir müssen sehen, daß sich, genau wie die Arbeitsleistung, auch der Sport immer mehr differenziert hat, auch der Laufsport. Zu der Einteilung in Kurz-, Mittel- und Langstrecke kommen Spezialdisziplinen: der Crosslauf, der Orientierungs- lauf, seit Ende der siebziger Jahre der Berglauf; der Triathlon ist in diesem Zusammenhang zu erwähnen, nämlich das Laufen nach dem Wettbewerb im Schwimmen und im Radfahren. Über solche Spezial-Laufdisziplinen, beispiels- weise den Hürdenlauf, gibt es überhaupt keine Diskussionen mehr. Der Hür- denlauf ist voll in die Leichtathletik integriert.

Auf der 100-km-Strecke dagegen sind wir sportpolitisch noch unterwegs. Der Laufsport ist so differenziert, daß der Ultralanglauf organisatorisch im zustän- digen Fachverband überhaupt nicht vertreten wird. Wir wären schon froh, wenn unter den Spitzen-Funktionären des Deutschen Leichtathletik-Verbandes über- haupt Marathonläufer, als Vertreter eines jungen Volkssports, wären. Sport- politisch bedeutet das: Der Ultralanglauf in der Bundesrepublik muß sich von unten her, von der Basis, formieren und möglicherweise, wie der Triathlon, über- kommene Organisationsstrukturen sprengen.

Doch organisatorische Repräsentanz, auch wenn sie manches erleichtern würde, insbesondere die Aufstellung spezifischer Regeln für die Ultralanglauf- Wettbewerbe und die Austragung international anerkannter Spitzenwettkämpfe, ist nicht das Entscheidende. Wir müssen uns über die Inhalte klar werden, die sportliche Substanz der Ultralangstrecke, die Art der Herausforderung, den psy- chologischen Inhalt.

In dem Maße, wie der Ultralanglauf als Wettkampf an Konturen gewinnt, tre- ten die psychologischen Inhalte zurück. In einer Bestandsaufnahme müssen wir dennoch diese Inhalte definieren, auch wenn sie eher in die Vergangenheit als in die Zukunft zu weisen scheinen. Doch derjenige, der neu zu uns Ultralang- läufern stößt, versucht sich ja nicht deshalb an den 100 km, weil man beispiels- weise in Biel nun wieder ein paar Minuten schneller geworden ist, sondern weil er ganz persönlich in eine neue Belastungsdimension vorstoßen will. Das bedeu- tet: Am Anfang steht das Abenteuer.

Ziehen wir wieder die Marathonstrecke als Maß heran: Marathon läuft man, um möglichst rasch anzukommen. Die 100 km läuft man zunächst einmal, um unterwegs zu sein. Der Marathon ist eine sportliche Disziplin, die seit 1896 aner- kannt ist. Die Ultralangstrecke jedoch ist die Nahtstelle zwischen Sport und Erlebnis, zwischen Leistung und Abenteuer. In unserer zweckorientierten Zeit ist uns, so scheint mir, das Gefühl dafür abhanden gekommen, daß man die Fähigkeiten des Körpers nicht nur für Höchstleistungen benützen kann, son- dern auch für das Erlebnis.

18

Aus der Wanderbewegung bekommen wir manchmal Vorwürfe zu hören, auf den sportlich orientierten Volksmärschen leide das Erlebnis Not. Umgekehrt kann man argumentieren: Wandern — im Flachland — bringe auf den üblichen Wanderstrecken an körperlichem Training sehr wenig. Aus Schwerpunkten Gegensätze zu machen, wird der Realität wie den Vorzügen beider Aktivitäten nicht gerecht. Man kann heute das Erlebnis betonen, indem man dieselbe Streckenlänge, eine vielleicht schwierigere, wandert, und morgen die sportliche Leistung, indem man dieselbe Streckenlänge, eine vielleicht einfachere, läuft.

Für viele bedeuten die 100 km in erster Linie einen Landschaftslauf, sofern es sich nicht um eine Strecke mit zehn Runden handelt. Auch dann, wenn jemandem der Wettkampf kein Landschaftslauf mehr ist, weil die sportlichen Ziele höher gesetzt werden, so ist es vielleicht doch das Training, das ihm das Naturerlebnis bringt. Man trainiert Ausdauer, indem man in ruhigem steady state lange Strecken zurücklegt und sich an Landschaftsbildern erfreut, statt auf die Uhr zu blicken. Es täte der Laufbewegung insgesamt gut, den Landschaftslauf, den Wanderlauf oder das Laufwandern, wie immer man das nennen will, mehr zu pflegen.

Der Ultralanglauf demonstriert, daß Laufen nicht nur ein Mittel zur Erzielung sportlicher Leistung oder eine Kompensation der Bewegungsarmut in der Industriegesellschaft ist, sondern eine Fortbewegungsart, die zur physischen Existenz des Menschen gehört und es wieder zu mobilisieren gilt, zum Beispiel im Lauf zur Arbeit (eine solche Aktion hat FRED LEBOW, der Renndirektor des New York City Marathon, begründet). Die Ultralangstrecke also ruft uns die Möglichkeiten, die der Mensch hat, ins Bewußtsein.

Mehr als beim leistungsbetonten Laufen kann beim Landschaftslauf auch das gesellige Moment eine Rolle spielen.

Bei keiner anderen Ausdauerleistung, ja, überhaupt bei keiner anderen sportlichen Leistung als dem Wettkampf auf der Ultralangstrecke, bietet sich jedem noch die Chance, sich als Sieger zu fühlen. Wer die Marathonstrecke wandert — sieben Stunden lang unter Umständen —, ist ein Wanderer, mehr nicht. Er gehört zu den Letzten und fühlt sich auch so. Wer die 100 km auch nur wandert, 24 Stunden lang, hat eine beträchtliche Ausdauerleistung vollbracht. Das Erfolgserlebnis beim Hunderter besteht bereits darin, überhaupt durchgehalten zu haben. Jeder Teilnehmer, wie schnell oder wie langsam er auch ist, hat die Chance dieses Erfolgserlebnisses.

Das ist insbesondere für Ältere wichtig. Die Schnelligkeit hat nachgelassen — unmöglich, die alten Marathonzeiten auch nur zu halten, geschweige denn zu verbessern. Die Ausdauer jedoch ist nicht nur erhalten geblieben, sondern möglicherweise sogar noch gewachsen. Auf der 100-km-Strecke — nirgendwo anders — kann der Ältere diesen Zugewinn voll ausspielen. Er ist von vornherein Jüngeren, die zwar schneller sind, jedoch nicht dieses immense Ausdauer-Niveau haben, in dieser Beziehung überlegen. Jüngere geraten viel leichter aus der Balance von Schnelligkeit und Ausdauer als Ältere. Wenn es sich nicht um Spitzenleistungen handelt — 100 km in unter 7 bis 8 Stunden zurückzulegen, erfordert eben außer der Ausdauer auch hohe Grundschnelligkeit —, dann ist der 100-km-Lauf als Domäne der Älteren zu betrachten.

Wer in fortgeschrittenem Alter erstmals beim Marathonlauf startet, lernt sehr bald seine Grenzen kennen, und auch einstmals erfolgreiche Marathonläufer geraten — sei es jenseits der siebzig — in die Situation, in der es ihnen keinen Spaß mehr macht, Marathon nur noch in fünf Stunden zu laufen. Der Ultralanglauf eröffnet solchen Läufern eine neue Dimension. Zum 100-km-Lauf kann man durchaus jenseits der sechzig, sogar der siebzig noch erstmals starten, und man wird, sofern das Training keine Probleme aufwirft, von Jahr zu Jahr noch Verbesserungen, zum Teil ganz erhebliche, registrieren. Weit mehr noch als beim Marathon läuft man auf der Ultralangstrecke gegen sich selbst.

Man sollte sich nichts daraus machen, daß dies von den Buchhaltern des Sports, die in vielen Medien-Redaktionen anzutreffen sind, belächelt wird. Uns kommt's auf Inhalte, nicht auf Zeiten an. Wenn irgendwo »die letzten Amateure des Sports« anzutreffen sind, dann wohl auf der Ultralangstrecke. Die Zeiten, die man hier läuft, haben bisher keinen Handelswert gehabt. Sind sie darum schlechter als die Zeiten auf kürzeren Strecken?

Wer 100 km läuft, muß kaum noch motiviert werden, weiterhin 100 km zu laufen. Aber vielleicht kann ein Buch wie dieses dazu beitragen, eine sportliche Leistung aus dem Halbschatten herauszuholen, indem es die Eigenständigkeit und Eigengesetzlichkeit dieser Leistung betont. Vielleicht kann es, da auch — oder besonders — jeder Sporttreibende das Bedürfnis hat, sich in sozialem Zusammenhang zu sehen, dazu beitragen, den Ultralanglauf ins Bewußtsein der Öffentlichkeit zu rücken und damit in die anerkannten Sportdisziplinen zu integrieren.

3 Aus der Geschichte des langen Laufens

Jegliche Aktivität des Bewegungssports ist, anthropologisch gesehen, auf zwei hormonell gesteuerte Reaktionsformen zurückzuführen: Kampf oder Flucht, fight-or-flight-reaction (den Totstellreflex als Schockreaktion können wir außer acht lassen). Zu beiden Aktivitäten, kämpferischen und läuferischen, mußte der homo sapiens seinen Körper befähigen, wollte er als nicht mehr instinktbegabtes Wesen überleben.

Wenn es um die Nahrungsbeschaffung durch die Jagd ging, war beides erforderlich. Von zahlreichen Völkern und Volksstämmen wird berichtet, daß sie Wild in stundenlangen Läufen verfolgten. Insbesondere Wiederkäuer, die dadurch am Nahrungsaufnahme- und Verdauungsprozeß gehindert wurden, fielen den laufenden Jägern zum Opfer.

Kampf- und Flucht-Impuls haben sich im Spiel verselbständigt; sie haben sich von ihrer physiologischen Bestimmung gelöst und sind anthropologisch zweckfrei geworden. Spiel ist Kampf oder Darstellung (HUIZINGA in »Homo ludens«). Auch der Wett-»Kampf« ist in diesem Sinne Spiel, nämlich Übung des Kampf-Impulses ohne Notwendigkeit, oder Übung — man könnte durchaus auch sagen: Darstellung — des Flucht-Impulses.

Von dem Zeitpunkt an, da man kulturgeschichtlich von Sport sprechen kann, lassen sich alle Formen ursprünglicher sportlicher Aktivität auf den Kampf- oder Flucht-Impuls zurückführen. Was ist der Diskus- oder der Speerwurf anderes als eine Darstellung von Mitteln des Kampfes? Was ist der Weitsprung anderes als eine Darstellung eines Mittels, rascher zu flüchten, nämlich über einen Bach zu springen?

Bei Spielen mit anderen Partnern kommt sichtbar das soziale Moment hinzu, die Interaktion; reduziert man die Bewegung um dieses soziale Moment, bleiben, häufig miteinander wechselnd, Kampf und Flucht. Man greift an oder läuft weg. Beides ist wertfrei zu sehen: Aggressivität kann nützlich sein, Weglaufen intelligent.

So wie der Kampf, der Angriff wie die Verteidigung, sich im modernen Sport in vielfältiger Form darstellt und manchmal kaum noch seinen Ursprung im Kampf-Impuls erkennen läßt, so hat sich auch der Laufsport differenziert.

Laufen ist im Vergleich zum Gehen die schnellere Fortbewegungsart. Im modernen Sport — setzen wir den Beginn mit den Olympischen Spielen der Neuzeit, 1896 — hat jahrzehntelang nur die Fähigkeit der Schnelligkeit als Kriterium des Laufens dominiert. Es genügte ja auch, für kurze Zeit schnell zu sein; von der

Auf den griechischen Amphoren (Britisches Museum) ist deutlich der Unterschied zwischen Kurz- und Langstreckenläufer zu erkennen.

Ausdauer hing — im Gegensatz zu den Notwendigkeiten der vorgeschichtlichen Zeit — nichts ab.

Erinnern wir uns doch, wie umstritten der Marathonlauf als die Krönung des Ausdauersports jahrzehntelang war! Die Kurzstrecke ist nie angezweifelt worden. Citius, altius, fortius — schneller, höher, weiter —; davon, ausdauernder zu sein, war nicht die Rede. Der Wert der Ausdauer ist im Grunde erst unter medizinischen Aspekten entdeckt worden, ausgenommen die individuelle empirische Entdeckung.

Schnelligkeit war begreifbar, Ausdauer nicht. Ultralangstreckler bekommen ja noch heute manchmal von ahnungslosen Beobachtern, die sich offenbar an den 100-m-Lauf in der Schule erinnern, höhnische Zurufe: »Das soll Laufen sein?« Dies könnten sie, die Zuschauer, obwohl sie keine Leichtathleten (mehr) seien, nun wirklich besser. Ja, schon — aber eben im Prinzip nur 100 Meter weit.

Auch dieser langsame Lauf ist Laufen, nur eben kein 100-m-Lauf, sondern ein »Dauer«-Lauf über 100 000 m, den wir jedoch nicht, obwohl er tausendmal länger ist, tausendmal langsamer absolvieren, sondern vielleicht noch nicht ein Drittel so schnell wie ein Hundert-Meter-Läufer auf seinen 100 m. Die Ausdauer hatte, bis sie von der Kreislaufforschung als der wichtigste Faktor des Gesundheits- und Alterssports entdeckt worden ist, keinen Marktwert. Man brauchte die Ausdauerfähigkeit nicht mehr. Niemand mußte Steppentiere zu Tode hetzen. Für die Kommunikation, die Überbrückung langer Strecken, waren Nachrichtenverbindungen und Verkehrsmittel da.

Aus der Geschichte der menschlichen Fortbewegung sind uns unzählige Zeugnisse des ausdauernden Laufens überliefert. Mancher Beleg scheint zwar exotischen Charakter zu haben; doch bei Betrachtung des Kontextes stellt sich heraus, daß das Sieb der Geschichte eben nur die spektakulären Ereignisse und Gestalten zurückbehalten hat. Über dem späteren Professionalismus des Laufens, der sich in diesen Zeugnissen widerspiegelt und noch bis ins vorige Jahrhundert reicht, ist verloren gegangen, daß es sich beim ausdauernden Laufen zu jeder Zeit um eine Aktualfähigkeit des Menschen handelt, die nur, im Verlauf solcher Spezialisierung, ungenützt geblieben ist und erst in diesen Jahrzehnten wieder aktiviert wird. Spezialisten des Laufens gab es offenbar in allen Kulturen und zu allen Zeiten, von denen Zeugnisse vorliegen.

Die Läufer des Schachspiels waren nicht nur in Persien, dem Herkunftsland des Schachspiels, beheimatet; die Schachfigur dokumentiert nur, daß der Läufer für die Strategie zumal eines großen Reiches unentbehrlich war. Die Kunde vom Laufen geht in biblische Zeiten zurück. Nach Jakobs Weissagung (1, Moses, 49,21) sollte sein Sohn Naphthali einen der zwölf Stämme Israels begründen. »Naphthali ist ein schneller Hirsch und gibt schöne Rede.« Wenn wir die für unsere Ohren krause Sprache des alten Testaments auf die Information reduzieren, so berichtet im zweiten Buch Samuelis das 18. Kapitel von einem Berufsläufer, Chusi, der dem König eine schlimme Nachricht überbringen will. Ein Hobby-Läufer, Ahimaaz, läßt es sich nicht nehmen, ebenfalls zu laufen. »Also lief Ahimaaz stracks Weges, und kam Chusi vor.« Offenbar hatte Ahimaaz Chusi überholt, weil er einen kürzeren Weg lief. Die beiden Bücher Samuelis, der frühen Propheten, entstammen der Zeit 1200 bis 561 v. Chr. Auch das Zitat aus dem Buch der Könige (1, 18,46) »Und er gürtete seine Lenden und lief« fällt noch in diese Zeit. Die Nachricht von der Niederlage Israels gegen die Philister wurde dem Hohepriester Eli in das 35 km entfernte Silo durch einen Botenläufer überbracht. Von König Salomo (965 bis 926 v. Chr.) wird berichtet, er habe 1000 Läufer gehabt.

Mag auch der von Plutarch (46 - 120 n. Chr.) etwa 600 Jahre nach der Schlacht von Marathon berichtete tödliche Ausgang des Laufes von Marathon nach Athen in den Bereich der Legende weisen, so ist die Überlieferung doch ein Indiz für die Botenläufer im alten Griechenland. Als authentisch hingegen gilt Herodots Bericht von dem Boten Pheidippides (Philippides), der im Jahr 490 v. Chr. in zwei Tagen von Athen nach Sparta lief — etwa 250 km —, um Hilfe gegen die Perser zu erbitten. Herodot (485 - 425 v. Chr.) war der erste griechische Geschichtsschreiber und zumal in der Darstellung der Perserkriege verläßlich. Den Lauf des Pheidippides schrieb er etwa 50 Jahre nach dem Ereignis nieder. Nach einer neuen Hypothese soll Pheidippides mit dem legendären Läufer von Marathon identisch sein. Nach seinem Lauf von Athen nach Sparta, wo er nichts ausrichtete, weil die Spartaner angeblich den Mondwechsel abwarten wollten, sei er wieder zurückgelaufen, und zwar zum Schlachtfeld von Marathon. Der Lauf von Marathon nach Athen mit der Siegesnachricht sei dann die Schlußstrecke eines 550 km langen Laufes innerhalb einer Woche gewesen. Dramatische Geschichten vom Tod eines Läufers wiederholten sich: Ein Schweizer Läufer soll 1476 die Nachricht, daß die Eidgenossen den Burgunderherzog Karl den Kühnen bei Murten geschlagen hätten, von Murten in das 17 km entfernte Freiburg gebracht haben und dort tödlich zusammengebrochen sein. Ebenfalls im 15. Jahrhundert soll der Baseler Stadtläufer nach einem vierundzwanzigstündigen Lauf von Straßburg nach Basel vor Erschöpfung gestorben sein. Aus dem 18. Jahrhundert wiederum stammt die Story von dem Geschwindläufer des Kurfürsten Johann Friedrich Karl von Onstein zu Mainz. Der Kurfürst hatte seinem Läufer die Begnadigung einer zum Tode verurteilten Kindsmörderin übergeben, während die Delinquentin bereits auf dem Richtplatz war. Die Aufregung und die Geschwindigkeit bergauf hätten den Läufer das Leben gekostet, selbstverständlich erst nachdem die Enthauptung im letzten Moment durch den Gnadenbrief verhindert werden konnte.

Solche Dramatisierungen sind also mit Vorsicht zu betrachten. Selbst wenn es Unglücksfälle beim Laufen gegeben haben mag, ist — wie heute auch — das Verhältnis zu den gelaufenen Strecken zu berücksichtigen. Die Leistungen der wenigsten Läufer sind dokumentiert, weil sie nicht des Aufhebens für wert befunden wurden. Da muß es sich schon um spektakuläre Unternehmen gehandelt haben, zum Beispiel um den Lauf von Euchidas 479 v. Chr. nach der Schlacht von Plataea. Um das heilige Feuer von Delphi zu holen, legte er »an einem Tage«, vermutlich in 16 oder 17 Stunden, 182 km zurück. Von Alexander dem Großen ist bekannt, daß er einen tüchtigen Kurier hatte, Philonides, der von Sicyon nach Elis über 200 km lief.

Der Lauf spielte, wie die historischen Beispiele zeigen, als Nachrichtenverbindung eine wichtige Rolle bei kriegerischen Auseinandersetzungen, aber auch als Teil von Angriffshandlungen. Wir kennen Darstellungen von Läufern in Rüstung. Im Alten Testament (1, Moses, 14,14) steht bereits, daß Abraham den Heeren einiger Könige »nachjagte« bis Damaskus. Aus den Waffenläufen der Griechen kann man schließen, daß sich die Hopliten, die Fußheere, ebenfalls im Eilschritt fortbewegten.

Darin, schneller als der andere zu sein, bestand auch die Taktik der »Minutemen« im amerikanischen Unabhängigkeitskrieg 1775; im Kampf gegen die Briten — entscheidend für die Loslösung von England waren die Schlachten von Lexington und Concord westlich von Boston — bewegten sich die Amerikaner joggenderweise. Das Laufen war Bestandteil der Kriegskunst. Die »Minutemen« waren in Minutenschnelle einsatzbereit und weit flexibler als die mit schwerer Ausrüstung bepackten Briten.

In der Schweiz ist der »Waffenlauf« eine eigenständige Sportdisziplin, eine militärische Disziplin zwar, die jedoch, analog zum Gewehr im Schlafzimmer, ihren Volkssport-Charakter nicht leugnet. Auch der Schweizer Waffenlauf hat seinen geschichtlichen Hintergrund. Zur Murten-Schlacht waren die Züricher in einem dreitägigen Eilmarsch herangerückt. Eidgenössische Söldner waren als ausdauernde Marschierer bekannt. Als dann offenbar auch die Schweizer bequemer geworden waren, regte die »Allgemeine Schweizerische Militärzeitung« 1862 die Gründung von »Gehvereinen« an. Am 24. September 1916 fand der erste »Waffenlauf«, der I. Schweizerische Armeegepäckmarsch, über 40 km in Zürich statt. Dabei durfte nicht gelaufen, sondern nur marschiert werden. Der Zeitschnellste marschierte, in voller Ausrüstung bei heißem Wetter, 5 : 21 Stunden. Wiederholt wurde der Gepäckmarsch 1917 in Biel. Erst 1934 wurde der »Frauenfelder«, der berühmteste Waffenlauf, begründet. Jetzt gibt es zehn solcher Veranstaltungen, die allerdings infolge der zahlreichen Volksläufe an Bedeutung verloren haben. Der Tradition dieser Waffenläufe verdankt der 100-km-Lauf von Biel 1959 seine Entstehung; er hat die entscheidenden Impulse für die spätere Ultralanglauf-Bewegung gegeben.

Gewiß gibt es Sportarten, die sich erst aus dem Sport selbst entwickelt haben. Bevor man mit dem Sporttreiben begann — der Begriff »Sport« wurde von Fürst Pückler-Muskau in die deutsche Sprache eingeführt —, mußten jedoch erst einmal Inhalte und Techniken vorhanden sein. Ein wesentlicher Inhalt ist, wie in allen Kulturen zu beobachten ist, dabei das Laufen.

Frühzeitig schon ist es von der Zweckbestimmung gelöst und zum Gegenstand des Spiels, zum »Sport« gemacht worden (vulgärlateinisch von deportare = sich amüsieren, englisch von disport = Vergnügen, altfranzösisch desport). Gerade in der Antike wird dieser Zusammenhang von Körperkultur, Leibesübung und militärischer Ertüchtigung deutlich. Das lange Laufen ging allerdings in den Sport der Griechen nicht ein. Wie Darstellungen auf Vasen und Amphoren zeigen, unterschieden sie jedoch genau zwischen dem Laufstil der kurzen Strecke und dem Dauerlauf. Bei den Olympischen Spielen wurden im Stadionlauf in Olympia 192,97 m zurückgelegt, das doppelte im Diaulos, und die Länge des Dolichos, des Langstreckenlaufs, schwankte zwischen 7 und 24 Stadien (1346 m und 4614 m). Gelaufen wurde auf einer Wendepunktstrecke. Von zwei Siegern weiß man, daß sie nach ihrem Wettkampf in Olympia nach Hause liefen: Ageos 100 km bis Argos und Drymos 140 km nach Epidauros.

Die früheste Nachricht von Ultralangläufen auf der Bahn haben wir aus Rom. Sie fanden im Circus maximus auf einem Kurs von etwa 600 m statt, der auch für Wagenrennen benützt wurde. Plinius berichtet über ein Rennen auf 160 römische Meilen (238 km). Auch im römischen Reich waren ständig Botenläufer von Staats wegen unterwegs. Vornehme Bürger beschäftigten ihre eigenen Läufer, im allgemeinen Sklaven.

Fußrennen haben nicht immer nur sportlichen Hintergrund gehabt. Im Jahr 1040 organisierte der schottische König Malcolm ein Rennen, um zu entscheiden, wer sein Botenläufer werden sollte. Die Boten der englischen Könige gehörten offenbar zum Küchentroß; sie wurden Coquinus genannt. Ihr Tagespensum betrug etwa 35 bis 40 km.

Von solchen Laufaktivitäten kann man im Grunde nur von dort erfahren, wo schriftliche Überlieferungen vorliegen. Manchmal kann man nur vermuten, nicht beweisen. Das Inkareich besaß ein ausgeklügeltes Stafettensystem. Darüber liegen jedoch — die Inkas kannten keine Schrift — Aufzeichnungen spanischer Zeitgenossen vor. Garcilaso de Vega, Sohn einer Inkaprinzessin und eines spanischen Offiziers, hat authentisch, weil noch Augenzeuge, über die Inka-Stafetten berichtet. Die Läufer, in der Quechua-Sprache Chasqui genannt, hatten unterschiedliche Strecken zu bewältigen, deren Länge sich nach der Geländeschwierigkeit richtete. Mit dem Muschelhorn kündigte der Bote sein Nahen an, so daß sich der nächste Läufer in der Relaisstation fertigmachen konnte. Zahlen, etwa von Verpflegungsbeständen oder von Feinden, wurden mit Hilfe des Quipus, der sogenannten Knotenschrift, übermittelt. Die Erinnerung an dieses Botensystem wird durch den Chasqui-Relay in den kanadischen Rocky Mountains gepflegt, eine Stafette über 170 Meilen (272 km) von Jasper nach Banff, bei der jeder Läufer einer Mannschaft (limitierte Zahl) 10 Meilen zurücklegt.

Aus dem Botensystem der Inkas kann man schließen, daß auch in den peruanischen Kulturen zuvor das Laufen von Bedeutung gewesen ist, zumal in Anbetracht der Darstellungen auf den Keramiken insbesondere der vorangegangenen Chimu-Kultur. Die Erdzeichnungen von Nazca, die in der Nazca-Kultur etwa 600 n. Chr. entstanden sind und zu bisweilen abenteuerlichen Spekulationen Anlaß gegeben haben, werden, wenngleich die Wissenschaft davon noch nicht Kenntnis genommen hat, als Startfelder und Laufstrecken für Laufwettbewerbe interpretiert (ALEXANDER VON BREUNIG).

Die etwa drei Dutzend Konfigurationen, darunter vor allem Tierfiguren, legen den Schluß nahe, daß sie kultischen Läufen gedient haben. Solche kultischen Läufe kennen wir aus Ägypten, aus Tibet, Mikronesien, Nord- und Mittelamerika. Von den Läufen der Tarahumara, der Rarahipa, haben nach LUMHOLZ (1902) erst vor wenigen Jahren noch Augenzeugen berichtet (AKNIN). Die Läufe der Tarahumara in der mexikanischen Sierre Madre gehen bis zu 270 km in 24 Stunden. Zwar ist auch schon behauptet worden, die Tarahumara hätten eine Sonderstellung inne; aber andererseits sind sie nicht der einzige Indianerstamm, von dem Laufaktivitäten auch über lange Strecken bekannt sind. Das Trippeln der peruanischen Indio-Frauen heute, die von weither zum Markt, beispielsweise nach Cuzco, eilen, erinnert sehr an das Jogging. Patrick Aknin, der die Läufe der Tarahumara studiert hat, berichtet, daß er bei den Indianern kein Training beobachtet habe. Zwischen dem Lauf der Tarahumara, die dabei eine kleine Holzkugel, Symbol für die Sonne, voranstoßen, und dem modernen Sport sei eine Barriere.
Offenbar befähigten das Leben in und mit der Natur und die Märsche der Halbnomaden in größerer Höhe zu solchen Ausdauerleistungen ohne Training. Bei jungen Indios, die in der Stadt lebten, sei kein Anzeichen dafür zu entdecken, daß sie gute Langstreckenläufer würden.

Wenn also die Tarahumara als Ausnahme auch unter den Indios bezeichnet werden, kann man daraus auch schließen, daß sich die anderen Stämme bereits zu weit von dem natürlichen (und beschwerlichen) Leben in ursprünglicher Umgebung entfernt haben. Dieser Prozeß verstärkt sich zusehends. Die Indios in den Anden legen noch weite Wegstrecken, insbesondere zum Markt, zu Fuß zurück. Jährlich verlassen jedoch Tausende, wenn nicht Zehntausende die kargen Täler und Hochebenen der Anden und vergrößern die Elendsviertel in Lima, bestehend aus Hütten mit Zuckerrohrdächern, Erdlöchern mit Plane und wenn's hoch kommt, primitiven Behausungen mit gemauerten Wänden. Hier jedoch in der Großstadt, von der sie sich bessere Verdienstmöglichkeiten versprochen hatten, werden andere Eigenschaften und Überlebensfähigkeiten trainiert, nämlich mit List oder Gewalt anderen den Besitz abzujagen. Nicht die angeborenen Befähigungen können ihnen zu überleben helfen, sondern leider nur die Kriminalität.

In Mitteleuropa sind die Wallfahrten dem kultischen Laufen zuzuordnen. Auch wenn gegangen und selten gelaufen wurde, so wurden doch lange Strecken zurückgelegt, die man keineswegs als Sonntagsausflug bezeichnen kann. Zumindest beim Kärntner Vierbergelauf, der noch auf keltische Zeit zurückgeht, ist der Übergang vom Gehen zum Laufen erkennbar, im Effekt also dem Jogging vergleichbar. Bis zum Sonnenuntergang nämlich müssen hier fast 50 km und 2000 Höhenmeter überwunden werden. Die älteste Erwähnung stammt aus den 1620 erschienenen »Annales Carintiae« von Hieronimus Megiser (zitiert nach OBERMEIER): »Auff diese 4 Perg (Anmerkung: Magdalensberg, Ulrichsberg, Veitsberg, Lorenzberg) laufft das gemeine Landvolk alle Jahr Kirchfährten an der heiligen Drey Nägl Tag (Anmerkung: zweiter Freitag nach Ostern) und muß dies Kirchfahrtlauffen auff einen Tag verrichtet werden. Darum sie sich dann nicht lang saumen, wann sie in der Kirchen aini kommen: Gehn alle flux umb den Altar, naigen sich und lauffen daß auch zu Zeiten etlich gar sterben, denn es ist ein langer Weg und wie etlich nachraiten wol zwölff Teutsche Meil sein sollen.« In den dreißiger Jahren des 19. Jahrhunderts nahmen 3000 bis 5000 Menschen an diesem Lauf teil; in den dreißiger Jahren dieses Jahrhunderts waren es nur noch einige Dutzend. Doch steigt die Zahl der Wallfahrer wieder an. Der Vierbergelauf ist zum geselligen Ereignis geworden, was auch nicht ganz neu ist, wie wir aus den Canterbury Tales von GEOFFREY CHAUCER (1340 - 1400) wissen, einer Wallfahrt mit höchst weltlichem Amüsement.

Zum Geselligen kommt noch ein Moment hinzu: die Lust des Menschen an freigewählter Ortsveränderung, einem Moment, dem wir den Tourismus verdanken. Die Wallfahrten des Mittelalters sind außer den Handelszügen die Frühform des Tourismus. Die Kreuzritter, die ins Heilige Land pilgerten, besaßen Pferde. Dem gemeinen Mann blieben nur die Füße. Die Arbeit, die die Gehwerkzeuge verrichteten, waren nun einem höheren, einem kultischen Zweck geweiht. Man durfte unterwegs sein, ohne daß dieser Gang als Müßiggang angesehen wurde.

Weshalb wohl drängt es noch heute die Menschen, die Heimat zu verlassen, andere Länder kennenzulernen? Eine archaische Freude an der Entdeckung, an der Erweiterung unseres Lebensradius, ist in uns, eine Neugier, der wir schließlich unser Wissen überhaupt verdanken. Diese lustbetonte Neugier ist der Ursprung des Tourismus, der ja — was uns heute angesichts von Strandleben und Autotouren schwer vorstellbar ist — ursprünglich eine häufig beschwerliche Aktivität gewesen ist. Wer es sich leisten konnte, ritt oder fuhr in der Kutsche. In der Tat ist auf die Phase der Wallfahrten die Epoche des aristokratischen Reisens gefolgt. Wenngleich Alpenüberquerungen von Personen besserer Stände zuweilen in der Sänfte erfolgten — und sogar eine Kutsche wurde zerlegt über die Saumpfade des Gotthard transportiert —, so gab es doch Situationen, in denen nur die eigenen Füße weiterhalfen. Petrarca, dem italienischen Dichter und Humanisten, wird die erste Bergbesteigung der Geschichte zugeschrieben, eine Bergbesteigung im 13. Jahrhundert nicht aus kultischen Gründen, wie sie früher sicher vorgenommen worden ist, sondern aus Freude an der Entdeckung.

Reisebeschreibungen wie die des Naturwissenschaftlers CONRAD GESNER, der den Pilatus schilderte, oder die Gedanken JEAN-JACQUES ROUSSEAUS förderten das Reisen, auch das Reisen zu Fuß. Die wohl berühmteste touristische Unternehmung zu Fuß ist JOHANN GOTTFRIED SEUMES »Spaziergang nach Syracus«, eine Wanderung im Jahr 1801/02 von Grimma in Sachsen nach Sizilien.

Wer nun fragt, was das alles mit dem Laufen zu tun haben soll, sei daran erinnert, daß der Dauerlauf nur die sportliche Form der Ortsveränderung ist. Was ist der Landschaftslauf anderes als eine Wanderung, nur ein bißchen schneller, 3 bis 4 Kilometer in der Stunde schneller als der Fußmarsch! Man kann für die Ultralangstrecke nicht Verständnis wecken, wenn man die geistigen Hintergründe, die sich historisch manifestiert haben, nicht ausleuchtet. All die großen Einzelunternehmungen von Läufern, die Durchquerung ganzer Länder, ja, die Durchquerung eines ganzen Kontinents haben ihre Wurzel in jenem geistigen Eroberungsdrang, jener Neugier, die uns über Land treibt.

Das alles gilt, versteht sich, genauso für das Wandern. Es ist auffällig, daß sich viele nicht mehr mit dem Sonntagsausflug vom Parkplatz aus begnügen, sondern zu wochenlangen Fernwanderungen aufbrechen. Zwischen Wandern und Laufen sollte man keinen Gegensatz konstruieren; es handelt sich nur um einen graduellen Unterschied in der Fortbewegung, um eine andere Technik, die ständige Bodenberührung beim Gehen, das Abheben beim Laufen. Wobei das Gehen je nach Gelände und Dauer der Strecke die ökonomischere Technik sein kann. Unter dem Aspekt des Ausdauertrainings hat der Ultralanglauf mit dem Wandern entschieden mehr gemein als mit der Kurzstrecke auf der Aschenbahn. Die großen Distanzmärsche Ende des vorigen Jahrhunderts galten zu Recht als sportliche Angelegenheiten, auch wenn die Teilnehmer mit Hut und Schirm zuweilen nicht so sehr sportlich aussahen.

Dieser touristische Aspekt besagt: Jeder hat die Befähigung, Ausdauerleistungen zu vollbringen, von Natur aus mitbekommen. Ein Teil der Menschen nutzte dies aus religiösen oder kommerziellen Gründen, um Waren abzusetzen oder um Erfahrungen zu gewinnen, wie insbesondere die Handwerksburschen. Bei manchen, bei Wallfahrern und Handwerksburschen, mag die touristische Neugier mitgespielt haben. Zur Teilnahme an solchen ausdauernden Wanderungen mußte man kein ärztliches Attest vorweisen, und eine Selektion nach Leistungsvermögen fand nicht statt. Die Bewegung zu Fuß war erforderlich, und sie wurde geleistet.

Eine Anzahl Menschen machte aus dieser Befähigung einen Beruf, den des Läufers. Auch hier fand, außer gelegentlich bei der Anstellung, keine Auswahl statt.

Man wurde Läufer, so wie andere Schmied wurden. Ursprünglich standen die Botenläufer in staatlichem Sold; denn primär waren die Regierenden auf Nachrichten angewiesen. Biblische Boten, Perser, Griechen, Römer, Inkas, sind bereits erwähnt. Stafetten waren in China gebräuchlich; auf diese Weise wurden Briefe innerhalb von drei Tagen auf Strecken von zehn Tagesreisen Länge befördert. »Marcus Polus von Venedig schreibet, es habe der König in allen Landschafften an den Wegen und Heerstrassen viel Bäume pflanzen lassen: damit sie den Läuffern, Fußgängern und Wandersleuten die gerade starcke Linie des Weges zeigen möchten« (Aus E.G. HAPPEL »Relationes curiosae«, zitiert nach OETTERMANN).

Noch im vorigen Jahrhundert beschäftigte die japanische Post Fußboten. Die Quelle klingt dubios; es ist nämlich eine Ansichtspostkarte (Altonaer Museum Hamburg). Wer sich jedoch in dieser Materie auskennt, weiß, daß solche Bildpostkarten sehr wohl als kulturgeschichtliche Dokumente betrachtet werden können. Die Postkarte aus der Zeit vor 1905 trägt folgenden Text: »In Japan: Soweit jetzt nicht Eisenbahnen in Betracht kommen, wird der Postverkehr über Land durch laufende Boten hergestellt. Das Bild zeigt zwei solcher japanischen Läufer, kaiserliche Boten in weiten Gewändern. Der eine trägt in Schachteln verschnürt die Briefe, der andere an einer langen Stange eine Papierlaterne, die nachts den Weg erleuchtet. Am unteren Ende der Stange hängt eine Glocke, deren Klang jedem auszuweichen gebietet. Die Läufer legen 6 bis 10 km pro Stunde, an einem Tage 75, ja bis 100 km zurück.«

Die Läufer im türkischen Reich, meist Perser, waren für ihre Leistungen bekannt. Ihre gewöhnliche Poststrecke machte etwa 100 km am Tag aus. Es kam auch vor, daß sie zwei Tage und zwei Nächte unterwegs waren, um Briefe von Konstantinopel nach Adrianopel (200 km) zu befördern. »An denen Fersen haben sie ein eysern auffgeschlagen Blech oder Huffeysen, wie die Pferde, dann sie haben durch das vielfältige Lauffen über den brennenden heissen Sand, gleich den Arabern, so harte Fußsolen, daß man eyserne Nägel darin schlagen und hefften kan, ohne ihre Empfindung« (HAPPEL/OETTERMANN). Bei Happel taucht das Gerücht auf, diesen Boten sei die Milz entfernt, damit sie kein Seitenstechen bekämen — ein Gerücht, das in anderen, aufgeklärten Quellen ausdrücklich zurückgewiesen wird.

Eines der letzten Länder, die noch im vorigen Jahrhundert Botenläufer beschäftigten, war Indien. Aus dem 16. Jahrhundert wird berichtet, das reguläre Pensum der Boten seien 80 bis 90 Meilen (128 km bis 144 km) in 24 Stunden gewesen. Sie waren in manchen Gegenden, auch noch unter der britischen Herrschaft, so ausgerüstet, daß sie auch Flüsse durchschwimmen konnten: nur mit Schwimmhose und Kopfbund, dafür aber mit 7 Schwimmblasen um den Bauch und zwei Schwimmblasen, die von den Schultern herabhingen.

In Mitteleuropa reichen die Nachrichten über die Botenläufer in die Zeit der Wende vom 14. zum 15. Jahrhundert zurück. Boten standen zunächst in den Diensten der deutschen Kaiser, von Klöstern, Ritterorden und Universitäten. Botenordnungen (wie in Frankfurt am Main oder in Breslau) räumten ihnen Privilegien ein, verpflichteten sie aber andererseits auch durch Diensteid. Doch machten sich auch Boten selbständig und beförderten Post auf eigene Rechnung und Gefahr. Dies ist zum Beispiel aus dem 14. Jahrhundert in Aachen bekannt.

Stafetten ließen sich in Anbetracht der Kleinstaaterei in Deutschland schwer organisieren; sie waren eher die Ausnahme. Daher waren Botenläufe über Hunderte von Kilometern nicht selten. Standesherren zogen auch ihre leibeigenen Bauern zu Botendiensten heran. An den Höfen wuchsen Boten in Vertrauensstellungen hinein; sie wurden dann Herolde genannt. In dieser Stellung bereiteten sie Kampfspiele vor, waren an Zeremonien beteiligt und überwachten die Fußboten (Garzune) und ritterbürtigen Roßboten (Persevanten).

Mit dem Anwachsen und dem politischen Einfluß der Städte nahmen auch deren Räte Boten in Dienst. Ebenso sandten die Kaufleute Boten aus. Da private Post nur in Ausnahmefällen befördert wurde, stellten Städte später »Ordinari-Boten« ein, die in regelmäßigen Abständen »gewöhnliche« Post expedierten. Die Boten verkündeten auch Neuigkeiten, das was sich in der Zeit ereignet hatte, die »Zeitung«. Darauf schließlich sind die Zeitungen, die gedruckten Nachrichten, zurückzuführen. Freilich nahmen es die Boten — dafür waren sie berüchtigt — mit der Wahrheit nicht sonderlich genau. Auch sonst waren Unzuverlässigkeiten häufig. Damit beschleunigte dieser Stand sein allmähliches Verschwinden. Die Fürsten Thurn und Taxis erhielten in Deutschland das Postmonopol. Schließlich wurde das Postwesen verstaatlicht. Regelmäßige Verkehrsverbindungen, erst Reiter und die Postkutsche, dann die Eisenbahn, machten den Botenlauf überflüssig, obwohl es in der Übergangzeit immer wieder vorkam, daß private und amtliche Boten auf derselben Strecke unterwegs waren.

Manche Stadt, insbesondere in der Schweiz, aber auch kleine deutsche Städte abseits der großen Postrouten legten weiterhin Wert auf eigene Boten. Ein neuer Stand bildete sich, als die Post von der Poststation den Empfängern zugestellt wurde. In Wien wurde diese »Kleine Post« Klepperpost genannt: die Zusteller machten durch Klappern auf sich aufmerksam.

Sehr lange hielten sich die Boten bei adligen Herren. Selbst als die Botendienste infolge der öffentlichen Post bereits überflüssig geworden waren, galt es als Statussymbol, einen oder mehrere Läufer zu beschäftigen. In der »Schlesischen Priviligirten Zeitung« vom 24. Januar 1798 erschien (OETTERMANN) diese Anzeige: »Laufer wird gesucht. Es wird ein junger Laufer gesucht, der eine gute Figur hat, einen vortheilhaften Abschied aufweisen kan, barbiert und frisirt, geschickt in der Bedienung ist, ausgezeichnet schnell läuft, und große Touren aushalten kann. Sollte sich ein solches Subjekt finden, so muß es sich vor dem 28. dieses Monats auf dem Schlosse in Kratzkau bey Schweidnitz melden, wo es eine sehr gute Station zu erwarten hat.«

Auf gute Läufer war die Herrschaft durchaus stolz, ähnlich wie man auch Wert auf gute und schöne Pferde legte. Die Namen zweier berühmter Läufer sind überliefert: Jacobsen und Halsband. Jacobsen, im 18. Jahrhundert im Dienst mecklenburgischer Herzöge, brauchte sich nicht sonderlich anzustrengen, wie er selbst versicherte, an einem Tage von Mirow nach Berlin und zurück zu laufen (einfache Entfernung 110 km). Herzog Carl Ludwig Friedrich hatte seinen Läufer, um ihn von einer Hochzeitsfeier abzuhalten, absichtlich spät nach Berlin zu seinem Leibarzt geschickt, mit dem Auftrag, ihm am Morgen (es muß wohl entgegen der Quelle der übernächste Morgen gemeint gewesen sein) die Antwort zu überreichen. Der Herzog machte große Augen, als ihm an jenem Hochzeitsabend berichtet wurde, Jacobsen sei durchaus auf der Hochzeit und tanze »von besten Künsten«. Der Herzog stellte ihn sofort zur Rede: Jacobsen war in der Tat von Mirow nach Berlin gelaufen und war rechtzeitig zur Hochzeit zurück, um sich hier — nach 220 km verdientermaßen — zu amüsieren; den Antwortbrief hatte er deshalb noch bei sich, weil ihm die Übergabe ja erst für den nächsten Morgen aufgetragen worden war. — Unsere Ultralangläufer, die sich nach dem Wettkampf auf der Tanzfläche bewegen — während Untrainierte sie erschöpft im Bett vermuten —, brauchen sich also auf ihre Fitness nichts einzubilden; sie haben Ahnherren. Die Talente sind auch damals schon unterschiedlich verteilt gewesen. Halsband, in seinem unsteten Leben auch Läufer am Kurfürstlichen Hof zu Dresden, galt in den Augen von Jacobsen als auf den kürzeren Strecken überlegen, während er, Jacobsen, seinen Kollegen auf den längeren überhole.

Darin, daß sich viele feudale Arbeitgeber ihrer Läufer rühmten, liegt eine Wurzel sportlicher Wettbewerbe. Insbesondere die Wettleidenschaft der Briten förderte die Wettbewerbe von Herrschaftsläufern untereinander. Eines der frühesten Zeugnisse über Fußrennen auf langen Distanzen stammt aus dem Jahr 1592 (ANDY MILROY); es fand in Reims unter der Herrschaft von Henry IV. über 82 km statt; ein Läufer aus Brabant soll es in 12 Stunden gewonnen haben. Bis ins 19. Jahrhundert ließen die britischen Lords ihre laufenden Boten, die footmen, gegeneinander antreten, von Kirchturm zu Kirchturm (LENNARTZ). Auf einen guten Läufer sollen bis zu 1000 Pfund gesetzt worden sein.

Auch die Läufer selbst wetteiferten in eigener Regie miteinander. Dies war insbesondere in Wien der Fall, wo — infolge der zahlreichen Stadtpalais des österreichischen Adels und der Gesandtschaften — zahlreiche Läufer ihren Beruf ausübten.
Der Läufer war auch in Deutschland ein Lehrberuf. Der Läufer Joachim Heinrich Ehrke zum Beispiel, der von 1792 an dreiundvierzig Jahre im Dienst der Herzöge von Mecklenburg-Schwerin stand, bildete elf Lehrlinge, darunter drei

seiner Söhne, zu Läufern aus. Zu solcher Ausbildung soll das Laufen in unebenem Gelände, aber auch das Laufen mit Bleisohlen gehört haben.

Die angehenden Wiener Läufer mußten im sogenannten »Freilauf« eine Strecke von 18 km in einer Stunde und 12 Minuten bewältigen, immerhin also im Vier-Minuten-Tempo. Die amtlichen Boten in den Jahrhunderten zuvor mögen häufig, schon in Anbetracht unwegsamen Geländes, ihre Strecke im Geschwindschritt und nicht im Dauerlauf zurückgelegt haben. Ehrgeiz eines guten Läufers war es jedoch, schneller als ein Pferd zu laufen. An Plätzen wie Wien, als nicht mehr die Nachrichtenbeförderung, sondern die Repräsentation im Vordergrund stand, hatte dies praktischen Wert: Die Läufer rannten, abends mit Fackeln, den Kutschen ihrer Herrschaft voraus.

Die Wettbewerbe der »Wiener Laufer« — das Oberdeutsche kennt hier, wie man aus dem Schwäbischen und dem Bayerischen weiß, keinen Umlaut — wurden in der Mariahilfer Vorstadt abgehalten, bevor sie 1822 in den Prater verlegt wurden. Das muß für die Obrigkeit einige Unzuträglichkeiten gebracht haben. Der Polizeidirektor Ley erstattete am 21. April 1795 diesen Rapport (wiedergegeben im »Wiener Neujahrs-Almanach 1898«): »Gestern in der Frühe gegen 6 Uhr zog eine Anzahl von 26 hiesigen Herrschaftslaufern unter Voranreitung der aus 24 Gemeinen, einem Wachtmeister, einem Korporal bestandenen Kavalleriemannschaft, dann in Begleitung einer türkischen Musik vom Artillerie-Corps über die Hauptstraße der Mariahilfer Vorstadt bis zur Linie hinaus, wo auch einige Mann von der Infanterie abgestellt waren. Dieses gesammte Militär blieb allda stehen. Der geräuschvolle Zug verursachte einen Zulauf von fast 3000 Menschen, die an der Linie abwrteten, welche von den 26 Laufern, die bis Mariabrunn und von da zurück bis zur Linie bis zu den allda ausgesteckten 6 Fähnchen ihren Lauf ausgemessen hatten, die 6 Preise erringen würden. In weniger als drey viertel Stunden kamen die Ersten der Preisbewerber zum Ziel zurück, wovon aber einer und zwar der Laufer der verwittibten Frau Gräfin von Palffy, wie todt zur Erde fiel, dem auch sogleich nicht nur der medicinische, sondern auch der geystliche Beistand geleistet werden mußte. Einen anderen traf fast das nähmliche Schicksal, der aber sogleich durch seine dazugekommene Gattin gelabet und in einem Wagen fortgeführt wurde. Dem Vernehmen nach sind auch Einige äußerst elend auf der Straße zwischen Mariabrunn und der Linie liegen geblieben. Wegen Anhäufung des Volkes an der Linie und des Zudringens zu den allda ausgesteckten Fähnchen brauchte das Militär, vorzüglich die Kavallerie, die mehr als billige Gewalt, welche ein allgemeines Gemurr verursachte...

Wenn man den ganzen Fall unbefangen betrachtet, so läßt sich nicht verkennen, daß dieses Wettlaufen, welches eine bloße Unterhaltung einiger Herrschaften und den eitlen Ehrgeiz ihrer Laufer zum Ziel hat, weder das Gepränge des zu einer ernsthaften Bestimmung gewidmeten vielen Militärs und das damit verbundene große Aufsehen, welches überdies mit den jetzigen Zeitumständen so sehr kontrastiert, verdient, noch weniger mit der Unbequemlichkeit und sogar mit der Lebensgefahr nicht nur der Wettlaufenden, sondern des auf der Straße begriffenen Publikums in irgend eine Gleichgewichte stehe. Die widrige Stimmung, die dieserwegen bemerkt wurde, und das Ungereimte, das in der Sache selbst liegt, dürfte daher eine Rücksicht wahrhaft notwendig machen, weßwegen unmaßgeblichen Dafürhaltens wäre, daß dieses Wettlaufen für die Zukunft entweder ganz abzustellen oder, wenn dennoch in dieser Zunft von Zeit zu Zeit Prüfungen dieser Art vorgehen müßten, solche mit einer Modalität einzuleiten sein...«

Es wäre sicher damals zu einem Verbot gekommen, wenn sich die Wettläufe nicht auch in Aristokratenkreisen des Interesses erfreut hätten. Nach der Verlegung des Wettbewerbs der Laufer in den Prater kam es ebenfalls zu Anständen. Der Antrag, den Beginn des Wettlaufens am 1. Mai von 6 Uhr morgens auf mittags 1 Uhr verlegen, weil man Eintrittsgeld zu erheben gedachte, wurde abgelehnt:»Der 1. Mai ist, wenn das Wetter günstig ist, ein Tag, an welchem eine große Menge der Bewohner Wiens aus allen Classen in den Morgenstunden dem Prater sowie dem Augarten zuzuströmen pflegt. Es wäre dem Publikum sehr unlieb und lästig, wenn es heuer wegen der vorgehabten Sperrung des Praters ... vom frühen Morgen an den freien Zutritt dahin entbehren müßte.«

Veranstaltern von Stadtmarathons heute, angefangen von Fred Lebow in New York, wird solche und ähnliche Argumentation vertraut vorkommen. Später, als sich die Ideen der bürgerlichen Revolution 1848 verbreiteten, wandte sich auch die Publikumsmeinung gegen das Spektakel der Laufer-Wettbewerbe. Ihm lag nicht nur mangelndes Verständnis für eine sportliche Herausforderung und den Wettbewerbsgedanken zugrunde, sondern auch Argwohn, daß sich die Laufer hier ihren aristokratischen Dienstherren zuliebe schinden müßten, sowie die Ablehnung des feudalen Luxus von Laufern vor den Kaleschen.

Die Polizeidirektion Leopoldstadt gab diese Stimmung in einem Bericht vom 3. April 1848 wieder:»Bereits vor dem in den Märztagen stattgefundenen Umschwung der Dinge in Wien ... sind Stimmen laut geworden, welche die Abschaffung des Wettlaufes der herrschaftlichen Laufer als inhumanes und barbarisches Fest gefordert haben. Auch sei dieses Wettlaufen nach ärztlichem Ausspruche mit den nachtheiligsten Folgen für die Gesundheit verbunden; anderseits fänden nurmehr die untersten Volksklassen an derlei Spektakel Interesse, und es ergäben sich dabei allerhand Unzukömmlichkeiten, indem Bereiter und Stallknechte in Aussicht einer Belohnung von Seite der Dienstherrschaft die gegnerischen Laufer umgeben und so am Fortkommen hindern; ja, es sei wohl auch oft schon im Vorhinein unter den Teilnehmern ausgemacht, welchen von ihnen die Preise zufallen sollte.«

Die Forderung, den Lauf zu verkürzen und den Wettbewerbern eine Fahne mit der Aufschrift »Fortschritt« voranzutragen, wurde nicht mehr realisiert. Die Antragsteller verzichteten — unter dem Eindruck einer Kritik, in der sich das

Distanzmarsch: Magdeburg-Berlin (133 km). Der Sieger, Nippe vom Sportclub »Marathon«, siegte in 16.48 Stunden.
Laut Postkarte waren die drei Sieger Vegetarier.

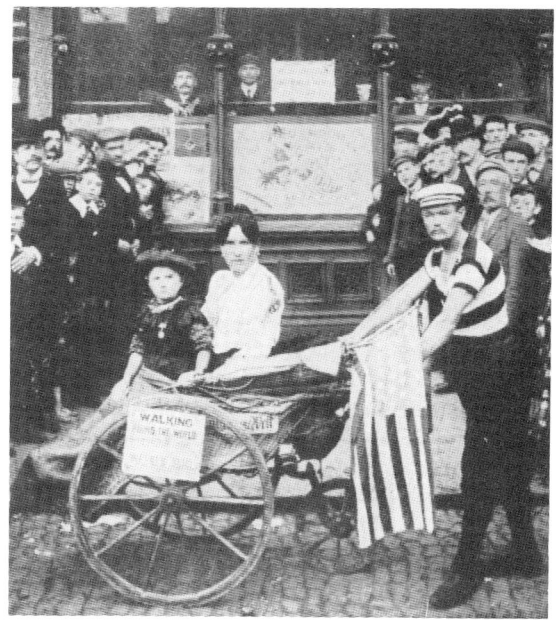

Berufsgeher: Zu Fuß um die Welt — Anton Haslian

»Schondenken« der Medizin bereits abzeichnete — gänzlich auf die Veranstaltung von Wettläufen.

Im nachhinein wurden die Läufer als arme Opfer unmenschlicher Ausbeutung hingestellt, und auch die Behauptung findet sich, nach drei, vier Jahren dieser anstrengenden Tätigkeit stürben sie an Auszehrung. Auch Läufer »mit greisem Haar«, die noch Kutschen voranlaufen mußten, wurden bedauert. Es mag Todesfälle gegeben haben — wie in anderen Berufen auch —; doch sind Mitteilungen, wonach Läufer jahrzehntelang ihren Dienst verrichteten, nicht gerade ungewöhnlich.

In Wien im 3. Bezirk — er nennt sich »Landstraße« — gibt es wie anderswo eine Straße, die auf eine weitere Entwicklungslinie des Laufwettbewerbs hindeutet, den »Rennweg«. Diesen Namen hat die Straße höchstwahrscheinlich von den »Scharlachrennen«, die auf ihr in den Jahren von 1382 bis 1534 ausgetragen wurden. Das Rennen war nach einem Stück Scharlachtuch benannt, das als erster Preis ausgesetzt war. Solche Läufe waren auch in der Schweiz um ein Stück »Schürtzlintuch« bis ins 16. Jahrhundert üblich. Das Wettrennen auf dem Wiener Rennweg gliederte sich in ein Pferderennen und in ein Fußrennen, aufgeteilt in ein Rennen der Männer und eines — nun ja — der öffentlichen Dirnen. Dies bestätigt den Charakter jener Läufe: Man ließ laufen. Die Rennen waren Volksfest-Spektakel. In der württembergischen Schäferei gehörten sie als »Schäferläufe« — in Markgröningen seit 1443 bezeugt —, einem Rennen über Stoppeln, zum Fest der Schäfer. Aus verschiedenen Orten, so aus Florenz und aus Nördlingen, sind spezielle Frauen-Wettläufe bezeugt. Derartige Wettbewerbe waren im Sinne des Wortes »Volks«-Läufe, in denen noch nicht jene Ideen sichtbar waren, die wir als »sportlich« bezeichnen. In dieser Beziehung ist an eine andere Entwicklung — gerade im Hinblick auf den Ultralanglauf — anzuknüpfen. Manche Aristokraten erblickten in den Leistungen ihrer Botenläufer eine Herausforderung. Sie traten selbst zu Wettkämpfen an — nicht gegen Boten, wie sich versteht, sondern gegen ihresgleichen. Dies war zumal in England weitverbreitet. Der erste soll Sir Robert Carey gewesen sein, der im Jahr 1595 von London nach Berwick marschierte. Analog zum «Herrenfahrer» der Motorisierung kann man vom »Herrenläufer« sprechen, der sich ungeniert unter die »Pedestrians« — in die Nachbarschaft von Seiltänzern und Gauklern — begab. Soziologisch wird damit eine Entwicklung vorweggenommen, die bei der Jogging-Bewegung zu beobachten gewesen ist: Zum Lauftreff eilten Angehörige der Mittelschicht, die wieder schwitzen lernen wollten, und eher konnte man laufenden Managern als laufenden Hilfsarbeitern auf der Lauftreff-Runde begegnen.

Den Beginn des modernen Langstreckenwettbewerbs datiert man auf das Jahr 1837. Über einen britischen Cricket-Platz führte eine 20 km lange Rennstrecke. Einen weiteren Markstein setzte das Ultra-Rennen von London nach Brighton 1837, an dem sich damals nur Berufsläufer beteiligten.

Aus den Botenläufern gingen die Schauläufer hervor; aus den »footmen« wurden, beginnend im 17. Jahrhundert, die »Pedestrians«, die aus dem Dauerlaufen oder -gehen »l'art pour l'art« machten. Wir finden auch heute wieder im Ultralanglauf Anklänge daran, wenn wir insbesondere an SIEGFRIED BAUER denken, der vom Laufen lebt. Der »Pedestrianismus« erlebte gerade in England im 18. und 19. Jahrhundert seine Höhepunkte. Vielleicht ist hier ein Zusammenhang zwischen der frühen Industrialisierung und der Herausbildung des Sports der Neuzeit zu sehen, zwischen der Knechtschaft im Maschinenzeitalter und der Befreiung durch Bewegung. Die materielle Basis mögen die nun besser ausgebauten Straßen geboten haben. Doch die Berufsläufer traten auch auf Jahrmärkten und in Hallen auf. Das waren keineswegs immer Wettkämpfe, sondern ein einziger Pedestrian, auf den dann gewettet wurde, legte eine lange Strecke in nicht festgesetzter Zeit zurück.

Eine sicher beträchtliche Anzahl von »Kunstläufern« oder »Schnelläufern«, die ihr Talent vermarkteten, rekrutierte sich aus den Botenläufern. Sie wurden nach der Etablierung der Post und eines Verkehrsnetzes und auch nach dem feudalistischen Rückzug in der Öffentlichkeit nicht mehr gebraucht. Einer von ihnen inserierte am 8. Mai 1838 im »Herzoglich Sachsen-Altenburgischen Amts- und Nachrichtenblatt«: »Ich unterzeichneter Altenburgischer Schnelläufer empfehle mich dem verehrten Publikum zur schnellsten und billigsten Ausführung jedes expressen Wegs als Eilbote in die Nähe und Ferne. Ich laufe in der längsten Tour 13 Meilen täglich (Anm.: gemeint sind deutsche Meilen zu je im Länderdurchschnitt 7,5 km; zusammen also knapp 100 km), mache zwei Stunden Wegs in der Umgebung Altenburgs in 50 Minuten hin und zurück, gehe in 3 Stunden nach Leipzig, in 7 hin und zurück, in 8 1/2 Stunden nach Dresden, ja, wenn er nötig sein sollte, in einem Tage hin und zurück, selbst wenn dieser Weg den andern Tag müßte wiederholt werden: in 3 1/2 Stunden nach Chemnitz, in 1 1/4 Stunden nach Penig, in 3/4 Stunden nach Borna, nach Weimar in 9 Stunden. Über alle diese und noch mehrere gemachte Eilwege habe ich die richtigsten Atteste aufzuweisen und werde bei geneigter Bestellung zeigen, daß ich wirklich ein schneller Läufer bin. Karl Hebenstreit jun. auf der Kehriggrube bei meinen Eltern wohnhaft.« Solche Läufer reisten von Ort zu Ort und versuchten, durch Schnelligkeit, Ausdauer oder Originalität des Laufes Zuschauer zu beeindrucken. ARTHUR LAMBERT (1891 - 1983), der Nestor der deutschen Dauerläufer, hat mir noch davon erzählt, daß er als etwa Vierjähriger einen solchen professionellen Läufer durch Arneburg bei Stendal habe laufen sehen und unter dem Gelächter der Erwachsenen versucht habe, es dem Läufer gleichzutun. Übrigens war es auch bei den Erwachsenen durchaus beliebt, ein Stück mit einem solchen Läufer mitzulaufen. Offenbar hat der Ultralanglauf — nicht nur für Hunde — Aufforderungscharakter.

»Der Beitrag, den die Kunst-Schau-Läufer des Jahrmarkts zur Herausbildung des Sportlaufens leisteten, ist bisher unterschätzt worden. Es war ein Fortschritt hin zum modernen Sport, daß der Jahrmarkt dem vorher einsam und unbeachtet laufenden Boten (bzw. dem auf der Hasenheide — Anm.: Berliner Turnplatz — vor sich hin schneckenlaufenden Burschenschafter) das Publikum zuführte, das ihm zujubelte. Damit wurde dem Ehrgeiz des Läufers ein ganz neues Ziel gesteckt: der öffentliche Ruhm und der Beifall der Zuschauer« (OETTERMANN).

Der wohl — trotz SIEGFRIED BAUER und YIANNIS KOUROS — ausdauerndste Läufer der Laufgeschichte war der Norweger MENSEN ERNST (1799 - 1843). Er war nicht aus dem Botenstand hervorgegangen, sondern war — als Sohn eines Kapitäns aus Bergen — zur See gefahren. Im zwanzigsten Lebensjahr musterte er ab. Bis dahin hatte er sich lediglich aus Neugier an Wettläufen von Farbigen in Kapstadt beteiligt. Sein Biograph GUSTAV RIECK, der Mensen Ernst in der Ich-form erzählen läßt, schreibt (zitiert nach OETTERMANN): »Die ganz unbezwingliche Lust zum Reisen, wo möglich nach und nach die meisten Länder unserer Erde, nicht nur, wie bisher, an den Rändern gegen die See hin, sondern durchaus kennen zu lernen, ließ mich also einen Beruf wählen, der, wie wenig hergebracht und nützlich er auch den Meisten erscheinen mag, mir doch große Ehren und große Einkünfte verschafft hat... So kam es denn zuerst in London, daß ich auf einem Wettgange nach Portsmouth, 72 englische Meilen (etwa 116 km) in 9 Stunden, ferner von London nach Liverpool, 150 englische Meilen (etwa 240 km) in 32 Stunden, durch beide Siege eine gewisse Berühmtheit erlangte, welche die wettlustigen Engländer in Massen um mich drängte. Dabei befand ich mich körperlich so wohl, wie fast nie, ich verspürte trotz so ungewöhnlicher Anstrengungen weder Müdigkeit noch Milzbeschwerden...«

Am 11. Juni 1832 um 4.10 Uhr brach er auf der Place Vendôme in Paris zu einem 2600 km währenden Lauf nach Moskau auf. Am 25. Juni, nach 14 Tagen fünf Stunden und 50 Minuten, kam er am Kreml an. Unterwegs nächtigte er auf dem nackten Erdboden. Wetten für 100 000 französische Francs waren auf seine Ankunft innerhalb von 15 Tagen abgeschlossen worden. In 24 Tagen 20 Stunden lief er — trotz Umwegen und Überfällen und zweimaliger Verhaftung — von München nach Nauplion, der damaligen Hauptstadt Griechenlands. 1836 begab er sich in Konstantinopel auf den Weg nach Kalkutta, um Briefe von Kaufleuten der britisch-ostindischen Kompagnie zu überbringen. Nach 30 Tagen erreichte er tatsächlich Kalkutta, und nach Tagen verließ er es wieder — auf einer anderen Route. In 59 Tagen schaffte er die etwa 8400 km; sein Tagesdurchschnitt betrug demnach 142 km. Bei solchen Läufen praktizierte er einen »Sprungschritt«, der ihn trotz kurzer Beine jeweils 1,50 bis 2 m vorwärtsgebracht haben soll.

1840 trat er in die Dienste des Fürsten Pückler und verrichtete Kurierdienste zwischen Muskau und Berlin (über 150 km). Mit 14 Stunden war er um 10 Stunden schneller als die Postkutsche. Fürst Pückler motivierte Mensen Ernst zu einem Lauf nach Ägypten — mit dem Ziel, die Quellen des Nils zu entdecken. Dieses Ziel hat Mensen Ernst nicht mehr erreicht. Beim ersten Katarakt des Nils hielt ihn eine Erkrankung auf, wahrscheinlich die Ruhr. Am 22. Januar 1843 starb er, angeblich bei Assuan. Fürst Pückler soll dort einen Grabstein haben setzen lassen mit der Inschrift:»Flink wie ein Hirsch, ruhelos wie eine Schwalbe. Die Erde, seine Arena, hat seinesgleichen nie gesehen.«

Dem berühmten Läufer Mensen Ernst und anderen waren im 18. Jahrhundert, als der Pedestrianismus seinen Höhepunkt erreichte, die großen Geher vorangegangen. 1709 marschierte Vronow von Moskau nach Smolensk (380 km); an einem Tage schaffte er 100 Werst (106 km). 1754 gab es in England einen Wettbewerb über 100 Meilen in 24 Stunden. 1758 blickte Georg Guest nach 28 Tagen auf 1000 Meilen (1609) zurück. 1762 vollbrachte John Hague eine Gehleistung von 100 Meilen in 23 Stunden 15 Minuten. Der Schreiber Foster Powell wurde bekannt durch seinen »long walk« von London nach York und zurück mit zusammen 637 km. Diese Leistung vom Jahr 1773, als er 29 Jahre alt war, in 5 Tagen und 18 Stunden wiederholte er 1791 und 1793. Andere Ultralangstreckler waren (nach LENNARTZ) Thomas Savanger — 690 km, gelaufen 1789 in 139 Stunden, und Daniel Crisp — 724 km, gelaufen 1814 in 143 Stunden. 1790 trugen Oberst Thornton und Mr. May einen Wettbewerb über 50 Meilen aus, für die sie über 14 Stunden brauchten. Captain Barcley Allardice (1779 - 1854) erregte im Jahr 1809 Aufsehen durch einen 1000-Meilen-Marsch. Vom 1. Juni bis zum 11. Juli lief oder ging er ohne Unterbrechung jede Stunde eine Meile. Er hatte 1000 Guiness gewettet. Powell, der Gentleman-Läufer Captain Barcley und professionelle Läufer wie Abraham Wood trugen erheblich dazu bei, Ultralanglauf-Ereignisse zu etablieren (ANDY MILROY). Auf einen Wettkampf von Barcley und Wood im Jahr 1807 soll auch die Teil-Disziplin der 24-Stunden-Rennen zurückzuführen sein. In einem 1813 in Aberdeen (Schottland) erschienenen Buch von WALTER THOM, »Pedestrianism«, sind die bis dahin bekannten Ultraläufe und -rekorde aufgezählt.

Die Bewegung des Pedestrianismus erfaßte auch die Vereinigten Staaten. Einer der großen Pedestrians ist Edward Payson Weston. Seine Karriere hatte damit begonnen, daß er als neunzehnjähriger Bürobote des »New York Herald« 1858 der Frau des schottischen Verlegers, Mrs. Bennett, die gerade nach Europa hatte abreisen wollen, noch rasch und rechtzeitig ein Paket von Bloomingdale's geholt hatte (TOM OSLER). Ein paar Monate später war er Reporter seiner Zeitung, und da — in der Zeit, da rasche Nahverkehrsmittel und das Telefon noch nicht vorhanden waren — kam ihm seine Fußfertigkeit journalistisch sehr zugute. Im Alter von 22 Jahren marschierte er zur Amtseinführung von Präsident Lincoln 1861 von Boston nach Washington — das waren 700 km in 208 Stunden. Sechs Jahre später legte er in 25 Tagen (an den Sonntagen übte er immer Feiertagsruhe) etwa 2000 km zwischen Portland und Chicago zurück. 1868 erging er sich den Weltrekord mit 100 Meilen in 22 : 19 : 10 Stunden. 1874 versuchte er dreimal, die magische Grenze von 500 Meilen in sechs Tagen zu durchbrechen. Im vierten Anlauf, im Dezember 1874 in Newark, schaffte er es.

Seinen Titel »Pedestrian Champion of the world« mußte er freilich nach einem Sechs-Tage-Lauf vom 15. bis zum 20. November 1875 im Exposition Building in Chicago an Daniel O'Leary abgeben. O'Leary war sein großer Gegenspieler, der im Mai ebenfalls 800 km bewältigt hatte und mit 806,6 km vor Weston mit 720 km gewann. Der Ire Daniel O'Leary, der 1866 im Alter von 20 Jahren nach Amerika ausgewandert war, mietete 1874 die West Side Rink-Halle in Chicago, wo er lebte, und kündigte 100 Meilen in unter 24 Stunden an; es waren 23 : 17 Stunden. Eine Begegnung mit Weston hatte dieser zweimal abgelehnt. Beide, Weston und O'Leary, fuhren unabhängig voneinander und in zeitlichem Abstand nach England, um gegen englische Pedestrianisten anzutreten. Weston erreichte in der Agriculturel Hall zu London 501 Meilen in sechs Tagen. Im Jahr darauf setzte O'Leary in Liverpool eine Stunde vor Ende der sechs Tage mit 502 Meilen eine neue Bestmarke. Vom 2. bis zum 7. April 1877 kam es in der Agriculturel Hall zu einer abermaligen Begegnung beider. Nch 141 : 06 : 10 Stunden hatte O'Leary eine neue »Weltbestzeit« mit 519 Meilen (836,701 km) crgangen, 9 Meilen mehr als Weston.

Auf Westons Sieg hatte Sir John Drysdale Astley gewettet; er verlor 20 000 Pfund dabei.

Ungeachtet dessen setzte Astley einen Preis für eine »Long Distance Challenge Championship of the World« aus, bestehend aus einem Gürtel im Wert von 100 Pfund und einem Preisgeld von 500 Pfund. Die nun folgenden »Astley Belt-Wettbewerbe« sollten das Goldene Zeitalter des Pedestrianismus werden (TOM OSLER). Bei diesem ersten Rennen am 18. März 1878 in der Agricultural Hall in Islington, London, wurde erstmals das Prinzip »Go as you please« eingeführt, das was in Frankreich als Style libre, als freier Stil, bezeichnet wird, der Wechsel von Gehen und Laufen. Astley hatte gemeint, Westons schwankende Gangart könne Grund zum Einspruch sein, und O'Leary schien es notwendig, daß, seitdem die amerikanischen Pedestrians besser als die englischen Walker seien, ein fortschrittlicher Stil eingeführt werde, mit dem die legitimen Champions ermittelt werden könnten. Abermals siegte O'Leary mit 520 Meilen und 420 Yards (837,321 km) nach 139 : 30 Stunden. Weston nahm an diesem Rennen nicht teil; er wies ein ärztliches Attest vor, das manchen als »zu dünn« erschien (OSLER). Konkurrenten O'Learys waren William Gentleman, ein 46 Jahre alter Londoner, Henry Brown, Henry Vaughan und ein 21 Jahre alter Neuling, William Lewis. Vaughan legte 500 Meilen, Brown 477 Meilen zurück. Im Oktober 1878 unterbot Gentleman O'Leary's Distanz um eine Stunde.

Die dritte Meisterschaft um den Astley-Gürtel gewann der Engländer Charles Rowell vom 27. Februar bis zum 4. März 1882 im Madison Square Garden in New York. Seine Leistung kommentiert LENNARTZ damit: Rowell's 100-Meilen-Zeit (13 : 26 : 30 Stunden) und die 24-Stunden-Zeit (241,763 km) fänden auch heute noch Beachtung. Rowells Sieg bedeutete jedoch das Ende der Geher; niemals würde ein Teilnehmer, der ausschließlich ginge, eine Siegeschance haben können.

Damit schien auch der Geher Weston, inzwischen 40 Jahre alt, ausgeschaltet zu sein. Doch Weston dachte über das Laufen nach. Er beobachtete, daß manche Läufer offenbar mit weniger Anstrengung 10 Meilen in der Stunde zurücklegten als Geher mit 5 Meilen. Weston begann zu laufen und fand Gefallen daran. Das Erstaunliche geschah: Beim vierten Astley Belt Race im Juni 1879 errang Weston mit 550 Meilen (knapp 885 km) den Gürtel, einem neuen Weltrekord. Zu seinen Ehren wurde in London der Alexandra Park, in dem er trainiert hatte, in Weston Park umbenannt. Beim fünften Rennen um den Astley-Gürtel litt Edward Payson Weston, der einen sensiblen Magen hatte, unter dem Tabaksrauch der Zuschauer. Diesmal mußte er sich geschlagen geben. Rowell siegte mit 530 Meilen. An diesem Sechs-Tage-Rennen 1879 in New York nahm auch ein Deutscher, Krohne, teil, der nach 450 Meilen völlig ausgelaugt war.

In jenem Jahr, 1879, hatten in England und den USA an die hundert Veranstaltungen für Pedestrians stattgefunden. In verschiedenen Städten, so in New York, Philadelphia, New Orleans und San Francisco, wurden Sechs-Tage-Rennen für Frauen veranstaltet, die jedoch nicht so populär waren wie die Wettbewerbe der Männer. Die Wogen der Leidenschaft gingen zuweilen so hoch, daß es zu Angriffen auf Teilnehmer kam. Auch von zwei Todesfällen wird berichtet.

1888 stellte der Engländer George Littlewood im Madison Square Garden in New York in 144 Lauf- und Gehstunden den absoluten Weltrekord mit 1003,6 km auf. Er hätte am sechsten Tage noch weiterlaufen können; doch wollte er es nicht so schwer machen, beim nächstenmal den Rekord zu brechen. Das nächste Rennen 1889 fand nicht statt. Das Interesse ging zurück. Die Sechs-Tage-Rennen erholten sich noch einmal zu Beginn des Jahrhunderts. Doch von 1903 an verdrängten die Sechs-Tage-Rennen der Radfahrer den Pedestrianismus. Dramatischere Sportarten zogen die Aufmerksamkeit auf sich. Noch einmal, 1929, wurde ein Sechs-Tage-Rennen bestritten, und zwar von Teilnehmern des Transkontinental-Rennens im Jahr zuvor.

Am 13. Mai 1929 starb Edward Payson Weston im Alter von 90 Jahren. Nachdem er zwei Jahre zuvor von einem Taxi angefahren worden war, hatte er im Gegensatz zu der Zeit davor seinen Gehsport kaum noch ausüben können. Ein Jahr vor seinem Tode sagte er einem Reporter: »Das Problem der Leute ist das Automobil. Deshalb sind so viele in den Krankenhäusern. Es ist falsch, es ist gegen den gesunden Menschenverstand, ein reichliches Mahl zu essen und dann in einen Wagen zu sinken und zu fahren. Was sie tun sollten, ist zu gehen. Aber sie haben nicht den Verstand, das einzusehen.«

Ähnliche mahnende Worte sind bereits zu Beginn der Industrialisierung und dann immer wieder einmal gefallen.

Bereits am Anfang der deutschen Turnbewegung hoben JAHN, GUTSMUTHS und VIETH die Bedeutung des Laufens, gerade des Dauerlaufs, hervor. JAHN schrieb: »Beim Wettrennen auf die Dauer gebührt dem der Preis, der den weitesten Raum, in der kürzesten Zeit, mit der mindesten Anstrengung zurücklegt, und am Ziel unerschöpft bei guten Kräften anlangt.« Dies ist genau der Preis, nach dem wir Ultralangläufer streben. Für VIETH »ist große Ausdauer mit gemäßigter Geschwindigkeit schätzbarer, als große Geschwindigkeit ohne Ausdauer«.

Doch das Echo kann nicht groß gewesen sein. Die Befreiung von Anstrengungen dank den Verkehrsmitteln wurde als Fortschritt empfunden. Strapazen wurden als gefährlich diskreditiert. Die Laufleistung, die einst für die Botenläufer selbstverständliches Handwerk war, entrückte im 19. Jahrhundert in den Bereich des Spektakulären. Es gab keine Brücke zu den Ultralangläufen einzelner oder gar den Sechs-Tage-Läufen.

Sieht man von jenen Berufs- und Schauläufern ab wie Fritz Käpernick, so hat der Pedestrianismus einige Spuren in Form von Distanzmärschen in Frankreich und in Deutschland hinterlassen. Der Geherwettbewerb 1892 Paris - Belfort über 496 km war eine Initialzündung für weitere Veranstaltungen. Von da an bis Anfang dieses Jahrhunderts fanden in Frankreich Ultraläufe über 150 km und mehr statt, im freien Stil von »Go as you please«. Emil Anthoine, der den ersten 100-km-Straßen-Rekord aufstellte, rief später den Geherwettbewerb Paris - Straßburg ins Leben, der mit Varianten — umgekehrte Richtung und jetzt Colmar statt Straßburg — bis in die Gegenwart reicht.

In Deutschland wurde 1893 ein »Distanzmarsch-Verein Berlin - Wien« gegründet. Nach dem ersten Lauf Berlin - Wien fanden weitere Distanzmärsche statt, bei denen auch gelaufen werden durfte, darunter 1893 Berlin - Friedrichsruh (270 km in drei Tagen).
Noch vor dem ersten Marathon gab es die Meisterschaft von Berlin über 100 km (Johannes Böge gewann sie 1895 in 12 : 33 : 50 Stunden). Die 202 km von Dresden nach Berlin bewältigte Böge in 28 : 41 Stunden und die 132 km von Dresden nach Jüterbog in 16 Stunden. Ein mehrtägiger Lauf führte von Berlin nach Breslau. Mehrfach ist ein Distanzmarsch von Magdeburg nach Berlin veranstaltet worden (133 km). Verschiedentlich wurden dabei die Leistungen von Vegetariern hervorgehoben, zum Beispiel bei den drei Siegern des Distanzmarsches von Magdeburg nach Berlin 1906.

Den Ultradistanzen — wieder abgesehen von spektakulären Unternehmen wie dem Trans-Amerika-Rennen 1928 — lief der Marathon den Rang ab, so zögerlich die Entwicklung auch begann (am 2. olympischen Marathon 1900 in Paris nahm kein einziger Deutscher teil). Der Marathon galt jedoch als so mörderisch, daß ihm auf Jahre die breite Basis fehlte. An den Distanzmärschen hatte sich immerhin auch einmal eine Gruppe der »Alten Herren« beteiligt. Pointiert gesagt: Der Marathon hat den Ultralangläufern den Weg verstellt.

Um gerecht zu sein: Ungefähr in dem Maße, wie der Marathonlauf an Faszination gewann, bildete sich jedoch auch wieder ein Reservoir für den Ultralanglauf. Immer wieder bestätigt sich, daß Marathonläufer eines Tages »mehr als Marathon« laufen wollen, und sei es nur ein einziges Mal der Erfahrung wegen. Nur ist davor zu warnen: Wer »mehr als Marathon« wie Marathon läuft, bringt sich um einiges und ist möglicherweise gar zum Scheitern verurteilt. Zu dieser Einsicht sollte der geschichtliche Rückblick, der längst nicht erschöpfend ist, beitragen.

4.1 Weshalb ist es schwerer, 100 km statt Marathon zu laufen?

Muß man überhaupt fragen, weshalb es schwerer ist, 100 km zu laufen statt 42,2 km? Man muß. Damit man nämlich auf die spezifischen Schwierigkeiten der Ultralangstrecke vorbereitet ist. Diese Schwierigkeiten liegen in
1. dem Vorstoß an die Grenzen der allgemeinen Ausdauer,
2. psychischen Faktoren,
3. wechselhaften und daher schwerer kalkulierbaren Einflüssen wie vor allem der Witterung,
4. dem Lauf gegen den circadianen und persönlichen Bio-Rhythmus,
5. der spezifischen Belastung durch die Strecke.

Ausdauer läßt sich trainieren, gewiß. Dem Sammeln von Trainings-Kilometern adäquat zur Länge der Ultralangstrecke steht jedoch nicht nur der hohe Zeitaufwand entgegen, der dafür erforderlich wäre, sondern auch — insbesondere bei Älteren — die Belastung der Gelenke. Sie sind der limitierende Faktor bei jeglichem Lauftraining, erst recht bei einem extensiven Training für die Ultralangstrecke.

Auch eine Umverteilung der Trainingskilometer, etwa an einem Tage 60 km zu laufen statt an vier Tagen je 15 km — kann nichts nützen. Hinzu kommt, daß überlange Trainingsläufe auch psychisch ermüden. 60 km oder mehr, das macht man einmal als Testlauf, aber nicht viel öfter, als Vorbereitung auf den Hunderter. Von 60 km an wird's im Training doch ziemlich langweilig. Es fehlt die Stimulanz der Wettbewerbssituation. Macht man den Testlauf zu mehreren, gibt es bestimmt einen darunter, der vor Beendigung der beabsichtigten Strecke meint, jetzt sei's genug. Und dann hört man halt mit auf.

Gewiß ist jeder, der als Läufer an einem 100-km-Lauf teilnimmt, als ausdauertrainiert zu bezeichnen. Nur, den graduellen Unterschieden in der Intensität dieses Ausdauertrainings entsprechen auch die Anforderungen, die man an sich selbst stellt. Mit anderen Worten: Je besser jemand trainiert ist, desto besser möchte er auch in einem Wettbewerb abschneiden; immer läuft man an seine Grenze heran.

Anders, zumindest weit öfter, als beim Marathon übersteigt die 100-km-Strecke das Pensum des in einem Stück gelaufenen Abschnitts; anders als bei der Marathonstrecke, die auch ein Novize schon ein- oder mehrmals im Training zurücklegt, fehlt die 100-km-Erfahrung aus dem Training. Die Ausdauer für 100 km ist bei vielen nicht in dem Maße trainiert wie für die Marathonstrecke.

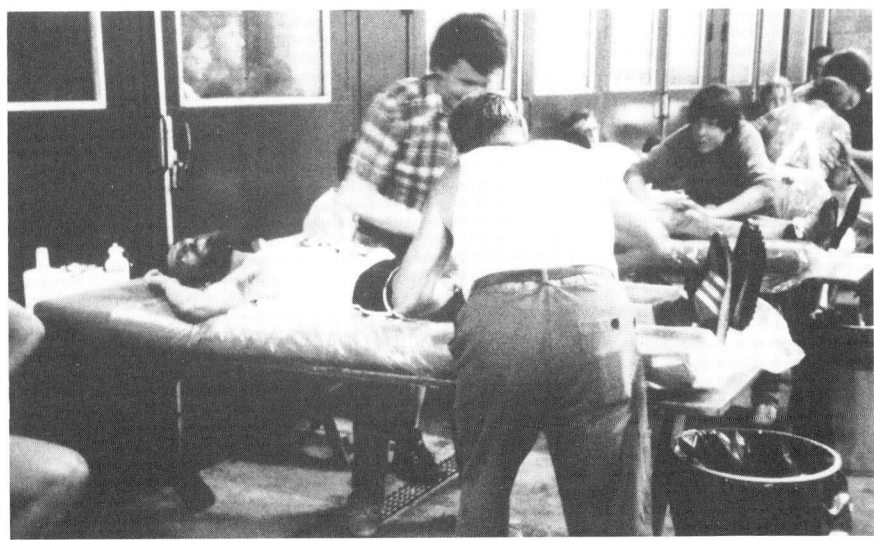

Alle Hände voll zu tun: Schmerzliche Massagepause in Kirchberg (km 59) auf der Bieler Strecke

Das wirkt sich auch psychisch aus: Selbst wer physisch in der Lage ist, die 100 km durchzulaufen, kann psychisch an den Punkt geraten, an dem er das Unternehmen in Frage stellt. Im Grunde genommen ist das der kritische Punkt der Ultralangstrecke überhaupt. Je länger die Strecke, desto wichtiger wird der psychische Faktor. Man kann vieles trainieren, aber wie es um das Durchhaltevermögen bestellt ist, das muß man erfahren. Im Training erfährt man es nicht. Auch in dieser Beziehung ist der 100-km-Lauf ein Abenteuer, das Abenteuer, seine psychischen Kräfte zu erproben. Selbst unter Marathonläufern sind solche, die es einmal mit der Ultralangstrecke probiert haben und sie ablehnen. Gewiß gibt es Läufer, die für bestimmte Strecken prädestiniert sind — der hervorragende 10.000-m-Läufer muß kein hervorragender Marathonläufer sein, obwohl er die Chancen dazu hätte, und umgekehrt. Beide sind Langstreckler.

Bei Marathonläufern, die bei den 100 km verächtlich abwinken, keimt in mir der Verdacht, daß sie ihr persönliches Problem bei den 100 km nur zu objektivieren versuchen. Man muß als Langstreckler nicht 100 km laufen — ebensowenig die Mittelstrecke, wenn sie einem nicht liegt —; aber man sollte die Ultralangstrecke als Sport gelten lassen. Auch dann, wenn sie für den Fachverband nicht existiert. Wer als Läufer mit den 100 km nicht zurechtkommt, sollte sich, bevor er urteilt, fragen, ob dieses Mißvergnügen nicht auf eine ganz persönliche Frustration dabei zurückzuführen sein könnte. Die Psyche spielt auch scheinbar rationalen Köpfen öfters einen Streich.

Auch von den Läufern selbst wird der psychische Faktor nicht immer erkannt. In den Jahren 1977 und 1978 befaßte sich Professor KLAUS JUNG samt seinem Team mit den Gründen, die Teilnehmer von 100-km-Läufen veranlaßt haben, den Wettbewerb vorzeitig zu beenden. Die Aufgebenden waren zur medizinischen Untersuchung separiert worden. Ich hatte in Biel Gelegenheit, mich unter ihnen umzusehen. Da war ich nun darauf gefaßt, einen Krankensaal zu betreten, Bilder des Jammers zu sehen, die womöglich zu ernstlicher Kritik an Wettbewerben dieser Art führen könnten. Doch mir bot sich ein Bild der Harmlosigkeit dar: Die meisten Teilnehmer benahmen sich so normal wie jeder, der eine Dauerleistung vollbracht und bereits eine Erholungsphase, etwa durch das Duschen, hinter sich hat. Zu meinem subjektiven Bild paßten die Befunde: Nichts wirklich Ernstes. Es waren Beschwerden, wie sie im Langläufer-Leben vorkommen, und es waren Beschwerden, unter denen auch solche Teilnehmer leiden, die das Ziel erreichen. Jeder zweite der Aufgebenden klagte über Beschwerden an Muskeln und Sehnen; etwa 40 Prozent sahen sich durch Schmerzen an Gelenken und Bändern veranlaßt aufzugeben; bei 32 Prozent (das Prozentverhältnis erklärt sich aus Mehrfachnennungen) war es die Haut, also insbesondere Blasen; 10,4 Prozent hatten Magen-Darm-Beschwerden, 11,4 Prozent andere Beschwerden aus dem internistisch-neurologischen Bereich, knapp 10 Prozent waren, wie sie angaben, erschöpft. Unter denjenigen, die am Ziel ankommen, fühlt sich mancher erschöpft (nach physiologisch exakter Definition liegt meist nur starke Ermüdung vor, der Sprachgebrauch ist hier unscharf), hat mancher wundgelaufene Stellen, hat sich auch der eine oder andere übergeben müssen. Zum Kontext der Aufgabe-Gründe gehört auch, daß 40 Prozent nicht zu sagen vermochten, welche der vorgebrachten Beschwerden nun konkret der Hauptgrund des Aussteigens waren.

Mit diesen Angaben möchte ich belegen, welch große Rolle die Psyche bei der Ausdauerleistung der 100 km spielt. Physische Beschwerden sind häufig nur der Anlaß, nicht der tiefere Grund, den Lauf vorzeitig zu beenden. Nach JUNG zeigte sich bei einer genaueren und kontrollierten Erfassung zum Problem »Allgemeine Erschöpfung« »eindeutig die Tendenz der Läufer, ihre Beschwerden bewußt auf organische Defekte zu projizieren und zu lokalisieren« (wobei ich nur in Frage stellen möchte, ob dies wirklich bewußt geschieht). Auch im Durchschnitt der Bevölkerung beobachtet man häufig eine Somatisierung psychischer Probleme. Bei ungünstigem Wetter steigt die Zahl der Aufgebenden; dem liegen in den wenigsten Fällen nur physische Ursachen zugrunde.

Jedoch — da sind wir bei einer weiteren, für den Hunderter spezifischen Schwierigkeit — das Wetter spielt in der Tat eine Rolle, auch wenn es unter erfahrenen Läufern heruntergespielt wird. Es ist schon ein Unterschied, ob man beim Marathon zum Beispiel drei bis vier Stunden oder beim 100-km-Lauf, wenn man Pech hat, zehn bis zwölf Stunden im Regen läuft. Kommt dann noch Kälte hinzu, können objektive Schwierigkeiten entstehen. Das war im April 1977 in Illertissen südlich von Ulm (der 100-km-Lauf besteht nicht mehr) ganz dramatisch der Fall, als

Regen, Kälte und Wind sich zu einer Läufer-Hölle vereinigten und für viele Teilnehmer die reale Gefahr der Unterkühlung hereinbrach.

Vom Wetter hängt gerade bei 100-km-Rundkursen, sofern sie nicht wie in Unna völlig über Asphalt verlaufen, der Streckenzustand ab. Mancher Bieler Hunderter ist da abschnittsweise zum Crosslauf geworden. Auch in dieser Hinsicht unterscheidet sich der 100-km-Rundkurs von der Marathonstrecke.

Mit einer schlechten Tageskondition kann man sich, wenn auch in schlechterer Zeit, auf einer »kürzeren« Langstrecke noch immer über die Runden bringen; der Hunderter jedoch vergröbert subjektive Schwierigkeiten. Ein harmloses Verdauungsproblem kann sich auf einem 100-km-Lauf zu ziemlichem Mißgefühl über Stunden auswachsen. Eine Naht der Sporthose, die irgendwo reibt — auf einem 25-km-Lauf beachtet man die gar nicht, allenfalls sagt man sich: Das heilt schon wieder. Bei einem Hunderter kann einen das, falls man keine Wechselmöglichkeit hat, an den Rand der Läufer-Existenz bringen. Die Schuhe, als einwandfrei erprobt, können, vollgesogen mit Wasser, unerwartete Reibeflächen bieten (sie sollen es nicht). Kurz und gut, äußere und innere Schwierigkeiten potenzieren sich auf der Ultralangstrecke.

Eine ganz spezifische Belastung, die auf keiner anderen Langstrecke auftritt, ist der Lauf über Tiefpunkte des Tagesrhythmus hinweg. Ausgeprägt ist dies bei den Läufen, die abends gestartet werden, zu einer Zeit, da die meisten Menschen ans Schlafengehen denken. Und wie immer auch die zeitlichen Schlafgewohnheiten sind, — den Hunderter läuft man in der Zeit, in der man sonst seine Tiefschlafphasen hat. Das geht zwar besser, als sich Untrainierte dies vorstellen; aber wir müssen uns dennoch im klaren darüber sein, daß wir eine Leistung gegen den circadianen Rhythmus, jenen biologischen Rhythmus, dem alle Lebewesen unterworfen sind, vollbringen müssen. Das gilt, in geringerem Maße, auch für den Start am Morgen; hier läuft man über das Tief am frühen Nachmittag hinweg.

Beobachtern, die sich über den abendlichen Start wundern, muß man gelegentlich sagen, daß dies nicht der Romantik wegen geschieht oder damit die Läufer nicht zu übernachten brauchen, sondern damit für die große Masse derjenigen, die auf populären Läufen und Märschen wie in Biel oder in Unna zwei Drittel oder ganz die vierundzwanzigstündige Sollzeit in Anspruch nehmen, genügend Zeit zur Verfügung steht. Es läuft sich weit besser in den frühen Morgen hinein als, wenn man schon abgeschlagen ist, in die Nacht.

Die natürliche Ermüdung — weil man dem Schlafbedürfnis nicht wie gewohnt folgen konnte — kann auch bei gut Trainierten zu Überraschungen führen. Die Regel der Vorsichtigen, einen Trainingslauf zu der Tageszeit zu machen, in der dann der Wettkampf stattfindet, gilt auch hier. Nur, wer macht schon gern, mit der Taschenlampe in der Hand, läuferisch die Nacht zum Tage?

Ein weiterer Faktor ist die Ernährung unterwegs. Die Gefahr der Dehydrierung ist auch bei Nachtläufen nicht zu vernachlässigen. Mehr als alle anderen Hunderter-Probleme jedoch kann man dieses in den Griff bekommen.

Weniger Trainierten soll dieses Kapitel deutlich machen: Der 100-km-Lauf, auch wenn man ihn marschiert, ist kein Spaziergang. Über die Marathonstrecke kann man sich auf einem Volkslauf noch mogeln; bei jedem Volkslauf gibt es einen Ältesten, und der Veranstalter freut sich, wenn dieser nach sechs Stunden auch noch eintrifft. Bis dahin fällt's gar nicht auf, wenn man nur joggt.
Mit etwas Krisenstrategie kann man auch den großen Einbruch während des Marathonlaufes noch überspielen. Beim 100-km-Lauf dagegen kommt, wie immer man ihn angeht, die Stunde der Wahrheit. Der Offenbarungseid für das Ausdauerpotential ist abzulegen.

Soll das wirklich der Schlußsatz dieses Kapitels, eines Negativ-Kapitels, bleiben? Wie wäre denn diese Haltung? Der 100-km-Lauf stellt bestimmte Anforderungen, die auf anderen Strecken nicht oder nicht in diesem Maße gestellt werden. Diese speziellen Anforderungen und Schwierigkeiten zu bestehen, macht zu einem Teil die Faszination des Ultralanglauf-Wettbewerbs aus.

Auch nach über 15 Stunden: locker und leicht — Zieleinlauf von Margret und Monika aus Wien beim 100-km-Lauf von Biel.

4.2 Weshalb ist es leichter, 100 km statt Marathon zu laufen?

Wer ist denn auf diese Idee gekommen, es könne leichter sein, 100 km zu laufen statt 42,2 km? Nun, wer wohl? Dr. ERNST VAN AAKEN, der Vater des LSD, des long slow distance running, der Verkünder des langsamen Dauerlaufs.

Ein Vier- bis Fünfstunden-Läufer beim Marathon-Wettkampf vermag das nicht einzusehen; er ist froh, wenn er nach 42,2 km am Ziel ist. Er kann nicht mehr. Nehmen wir aber einen Dreistunden-Läufer — nach drei Stunden kann er, seinem Gefühl nach, möglicherweise auch nicht mehr; liefe er hingegen dreieinhalb oder vier Stunden, »bummelte« er also, könnte er durchaus weiterlaufen. Im Training ist das ja sehr gut zu beobachten; man erzielt Fortschritte im Training der Ausdauer, indem man einfach eine Trainingsstrecke langsamer läuft, sie jedoch ausdehnt.

100 Meter werden völlig anaerob, das heißt mit Sauerstoffschuld, gelaufen; Spitzenläufer legen die Marathonstrecke mit etwa 80 Prozent ihres maximalen Sauerstoff-Aufnahmevermögens ($VO_{2\,max}$) zurück. Gut klassierte Teilnehmer von 100-km-Läufen dagegen laufen nur mit durchschnittlich 68 Prozent $VO_{2\,max}$.

Bei der Untersuchung (OBERHOLZER, CLAASSEN, HOLSCH, HOWALD) von 14 gut klassierten Teilnehmern des Bieler Laufs wurde eine maximale Sauerstoffaufnahmekapazität von 56,1 ml/min-kg ermittelt; sie liegt zwar deutlich über dem entsprechenden Wert Untrainierter gleichen Alters, bleibt jedoch relativ tief unter den Werten, die zur Erzielung von Spitzenergebnissen in anderen Dauerleistungsdisziplinen erforderlich sind.

Ältere haben ein verringertes Sauerstoff-Aufnahmevermögen; man kann sagen, daß es — gemessen an Zwanzig- bis Dreißigjährigen — je Dekade um 5 Prozent abnimmt. Im Alter von über Fünfzig ist das $VO_{2\,max}$ um über 15 Prozent gesunken. Die Pulszahl nimmt ab — je Lebensjahr im Durchschnitt um einen Schlag in der Minute —, damit sinkt die Sauerstoffleistung. Andererseits ist der ältere Läufer befähigt, nahe an seiner submaximalen Sauerstoff-Aufnahme zu laufen (HEATH, HAGBERG u. a.). Diese Beobachtung habe ich selbst einmal in der Praxis gemacht, als ich bei einem Hunderter in Biel bei km 94, in Pieterlen, einen Endspurt begann und die letzten 6 km schneller lief als am Anfang. Die Tatsache, daß dennoch mit relativ niedrigem $VO_{2\,max}$ gelaufen wird, läßt den Schluß zu, daß auf der Ultralangstrecke noch ein Zuwachs des Leistungsniveaus bei Älteren möglich erscheint.

Wenn die Sauerstoffaufnahme weit unter dem Maximum ist, bedeutet das, daß weniger Sauerstoff gebraucht wird und die Leistung der Organe damit niedriger liegt; die Anstrengung ist geringer. In ruhigem steady state (Gleichbleiben der Geschwindigkeit), bei einem Pulsschlag zwischen 80 und 120, kann man, abhängig von Trainingspensum und Trainingsniveau, relativ lange Strecken ermüdungsfrei laufen.

Als wir (eine Gruppe von sechs Läufern) im Spätsommer 1981 die Bundesrepublik laufend durchquerten, hatten wir nach dem jeweiligen Tagespensum von durchschnittlich 55 km keineswegs das Gefühl, einen Marathon oder gar mehr gelaufen zu sein. Das ist auf das ruhige Tempo und eine lange Mittagspause zurückzuführen. Schwierigkeiten traten bei zwei Teilnehmern erst in der dritten Woche auf, als sich spezifische Belastungen summiert hatten.

Es ist durchaus denkbar, als erste Langstrecke im Wettkampf einen 100-km-Lauf zu bestreiten und später erst einen Marathon. INA WESTER, Jahrgang 1936, hat das so gemacht. Im Juni 1971 nahm sie an einem 100-km-Lauf teil und erst im Oktober desselben Jahres an einem Marathon. »Ich sah hier: ein Marathon ist eigentlich härter als 100 km. Weil die Strecke kürzer ist, muß man schneller laufen, um eine gute Zeit zu erreichen.«

Auch die Schweizerin AGNES EBERLE aus Zuzwil, Jahrgang 1950, mit 8 : 17 Stunden Siegerin des Bieler 100-km-Laufs 1985, sagt von sich, daß ihr ein 100-km-Lauf leichter falle als ein Marathon.

5   Trainingsziele — Trainingsprogramme
5.1   20 - 24 Stunden lang gehen

Etwa dreiviertel der Teilnehmer am Bieler 100-km-Lauf laufen die Strecke nicht, sondern gehen sie. Dies kann man, auch wenn man kein Lauftraining hat, selbst in hohem Alter noch tun. Allerdings gibt es immer mehr Veranstaltungen, die kein Zeitlimit von 24 Stunden, sondern ein weit darunter liegendes haben.

Der Letzte beim 24. Bieler Lauf 1981 traf nach 23 : 38 Stunden ein, also noch immer deutlich innerhalb der Sollzeit; es war Gottfried Naef aus Bern, der damit seine zehnte Teilnahme in Biel beendete. Naef war damals 88 Jahre alt. Ein bißchen läßt's dann freilich schon nach: Mit 87 hatte er 23 : 33 Stunden gebraucht und im Jahr zuvor mit 86 Jahren 22 : 41 Stunden. Bernhard Naef aus Bern, Jahrgang 1894, hat ein faschistisches Konzentrationslager überstanden. Für ihn hat die Teilnahme am Hunderter eine persönliche Manifestation des Durchhaltewillens bedeutet; ein besonderes Training hat er nicht aufgewendet. Dr. Adolf Weidmann, Jahrgang 1901, mit fünfzehnjähriger Biel-Erfahrung, war 1985 in 21 : 01 Stunden am Ziel, sein jüngerer Bruder, Jahrgang 1907, blieb gar unter 20 Stunden. Max Zuckrigl, Jahrgang 1914, von zahlreichen Ultralanglauf- und Skilanglauf-Wettbewerben bekannt, pflegt immer wieder ein Stück zu traben; seine Biel-Zeit 1985: 20 : 27 Stunden.

Die Rechnung ist für Geher ganz einfach: Ein Wanderer legt etwa 5 km in der Stunde zurück. Wer den Wanderschritt durchhält — mit Geschwindschritt sind es sogar 6 km/h —, kann also in 20 Stunden am Ziel sein. Da in dieser Kategorie für die persönliche Motivation die Zeit keine Rolle mehr spielt, bleiben vier Stunden für Pausen oder Verlangsamung des Schritts, etwa an Steigungen. Für diejenigen, die in diese Kategorie fallen, ist nur eine einzige Voraussetzung wichtig: Ausdauer. Die Geschwindigkeit ist völlig sekundär. Ausdauer kann man sogar, wie Beispiele zeigen, ohne Lauftraining entfalten.

Ein Problem in dieser Kategorie ist die muskuläre Verspannung infolge der langandauernden Einseitigkeit der Bewegung; hier kann ein lockerer Trab dazwischen oder Gymnastik Wunder tun. Schläfrigkeit unterwegs läßt sich umgehen; wer flott marschiert, also 6 km in der Stunde schafft, hat noch immer ganze sieben Stunden zum Ausruhen. Es ist dann durchaus möglich, sich für eine Stunde ins Gras zu legen; man muß nur fürs Wecken sorgen oder vom Alarm der elektronischen Armbanduhr tatsächlich wach werden. Das Verschlafen eines ganzen Laufs ist bei solcher Gelegenheit wirklich schon passiert. Wer es gewöhnt ist, beispielsweise auf längeren Autofahrten bei Ermüdung sofort eine kurze Schlafpause einzulegen, wird auch aus einer Schlafrast beim 100-km-Marsch nach einer Viertelstunde von selbst, und zwar gestärkt, erwachen.

...mit Hund

...mit Alphorn

Auf die Verpflegung legen Marschierer dieser Kategorie mehr als die anderen ein besonderes Augenmerk, sofern sie nicht gelernt haben zu fasten. Mehr als alle anderen müssen die Zwanzig-Stunden-Geher ihre Ausrüstung überdenken: Bei ihnen ist Regenbekleidung nicht überflüssig; doch sollte sie, weil häufig luftundurchlässig, wirklich nur bei Regen oder starkem Wind getragen werden, es sei denn, man trägt luftdurchlässiges Material aus neuartigen Kunstfasern; ganz wird dabei der Wärmestau jedoch ebenfalls nicht vermieden. Man wählt am besten eine Jacke, die man, wenn sie unbenützt ist, als Hüfttasche trägt. Darin ist auch noch soviel Platz, daß man Verpflegung in konzentrierter Form unterbringen kann — das können ein Glukose- oder Früchtekonzentrat oder einfach eine Banane oder Nüsse und Rosinen sein. Nur maximal 30 Prozent der langsamsten Teilnehmer, im Durchschnitt 22 Prozent der Biel-Teilnehmer führen eigene Verpflegung mit sich. Möglich ist es auch, einen kleinen, leichten Rucksack, wie es ihn zum Skilanglauf gibt, zu tragen. Er gestattet auch einen leichten Trab. Der Wanderrucksack ist unnötig. Einwandfreie Laufschuhe sind auch beim Gehen Wanderschuhen vorzuziehen. Wichtig ist Fußpflege. Neuralgische Stellen sollte man — wie ein Läufer auch — vor dem Start mit enganliegendem Pflaster wie Leukoplast oder Ähnlichem — Spenco wird als »zweite Haut« bezeichnet, ist jedoch teuer — abdecken, jedoch nicht mit Mull-Pflaster, das sich verschiebt.

In dieser Kategorie sollte man unterwegs die Geselligkeit pflegen. Miteinander gehen, sich unterhalten. Wenn man nicht von Anfang an einen Kameraden dabei hat, muß man — aber dieser Hinweis ist beinahe überflüssig — kontakt- und gesprächsbereit sein.

Wer von den schnelleren Läufern über Geher dieser Kategorie lächelt: Deren Ausdauerleistung ist im Grunde genommen höher, auch wenn die physische Leistung sich wenig über das Normalmaß zu erheben scheint.

Wie bereitet man sich vor? Da Schnelligkeit, auch subjektive, in dieser Kategorie überhaupt nicht gefragt ist, genügt Ausdauer-Training. Wer gewohnt ist, sehr lange Strecken wandernd zurückzulegen — also nicht bloß 28 oder 30 km, sondern auch schon mal dieselbe Strecke zurück —, kann es wagen. Sportliche Vergangenheit — gemeint ist die als Dauerleister — zahlt sich auch dann aus, wenn man jahrelang keine Dauerleistung mehr erbracht hat. Ein bestimmtes Programm zum Training der 100-km-Leistung erscheint für Geher dieser Kategorie nicht erforderlich. An jedem Wochenende zu Fuß unterwegs zu sein — der Skilanglauf wäre dabei auch nicht gering zu veranschlagen —, das sollte genügen.

14-20 Stunden: Das schaffen auch Ältere

Max Zuckrigl auf der Bieler Strecke in Arch

5.2 Long jog: 14 - 20 Stunden

100 km in 14 bis 20 Stunden zurückzulegen, schaffen die meisten, auch diejenigen, die zum erstenmal 100 km gehen oder laufen und sich noch nicht so recht trauen. Etwa 1100 von etwa 2900 Ankommenden in Biel fallen in diese Kategorie. Man kann darüber streiten, ob man Läufer mit einer knapp 14-Stunden-Zeit noch unter »Elite II« in Biel rubrizieren soll (ich neige da eher — im Rückblick auf die eigene »Hunderter-Karriere« — zu einer Zäsur bei 12 Stunden). Wenn wir der Einteilung von Biel folgen, so handelt es sich bei den 14- bis 20-Stunden-Teilnehmern um die Kategorie, die an einigen 100-km-Läufen, den sportlichen, nicht mehr teilnehmen kann, weil dort für ihre Zeiten keine Wertung mehr stattfindet.

In diese Kategorie gehören zum einen die guten Geher, zum anderen die Läufer, die entweder wegen fortgeschrittenen Alters oder ungenügenden Trainings, mangelnder Ökonomie und schlicht ihrer Unerfahrenheit wegen langsam laufen und längere Gehpausen einlegen.

Wer vor der Wahl steht, ob er sportlich gehen oder laufen soll, kann als Richtwert 8 km/h nehmen: Von da an ist es ökonomischer zu laufen statt zu gehen. Beim Gehen bis zu einer Geschwindigkeit von 6 km/h wird nur halb soviel Energie verbraucht wie beim gleich schnellen Traben. Die Herzfrequenz verringert sich beim Gehen um 20 Schläge/min.

Diejenigen, die zum erstenmal als Läufer zum Hunderter starten, tun gut daran sich zu prüfen: Wie ist die Marathonzeit? Wie ist es um das Durchhaltevermögen bestellt? Einen Marathon muß man nicht gelaufen sein, wenn man die 100 km angeht. Ich empfehle es dennoch. Man muß den Einbruch auf der Marathonstrecke nach km 32 kennen, um zu wissen, was einem an Krisensituationen auf den 100 km bevorsteht. Die Marathonzeit ist eine Richtschnur für die mögliche, nicht die tatsächlich erreichte 100-km-Zeit: Man multipliziert die beste Marathonzeit mit drei. Wer also Marathon in vier Stunden gelaufen ist, kann die 100 km im günstigsten Fall in zwölf Stunden schaffen. Beim ersten Versuch ist es ratsam, zumal auf Strecken wie in Biel noch zwei Stunden dazuzugeben, wenn man schon beim ersten Versuch mit einer Zeitvorstellung starten will (Spitzenläufer lachen über diese Faustformel).

Auf den Marathon — wenn wir von dieser Basis ausgehen — hat man sich vorbereitet; damit ist eine gute Grundlage gegeben. Die Grundschnelligkeit braucht man, wenn man sich über 14 Stunden Zeit läßt, als Läufer nicht zu verbessern. Dafür jedoch wäre der Wechsel von Laufen und Gehen zu trainieren. Viele in dieser Kategorie machen den Fehler, im ersten Teil zu lange und zu schnell zu laufen, später jedoch zu lange und zu langsam zu gehen. Da ist es wichtig, sich bereits während des Trainings zu kontrollieren, sich für Laufphasen genügend Zeit zu lassen, aber dafür Gehphasen nicht länger auszudehnen, als man sich vorher bewilligt hat.

Ein trainierter Läufer, der nicht speziell für den Hunderter trainiert hat, kann in diesem Wechsel von Laufen und Gehen durchaus mit einem Läufer mithalten, der fast die gesamte Strecke in langsamer Geschwindigkeit durchläuft. Der Trainingsaufwand kann, da sich der Lauf weit in submaximaler Belastung vollzieht, sehr viel geringer bleiben, als sich viele das vorstellen. Mit einem Pensum von 40 km in der Woche kann man sich in der Leistungskategorie bereits an den Hunderter wagen, vorausgesetzt, man hat die Krisenbelastung wenigstens einmal im Training annähernd simuliert. Annähernd: das kann Jogging über 60 km sein.

Beim Wettbewerb selbst kommt es darauf an, sich nicht hetzen zu lassen. Im allgemeinen wird vom Start weg viel zu schnell gelaufen, selbst in Biel; man darf sich nicht an die Eliteklasse anhängen wollen. Also: Die erste halbe Stunde wirklich nur als Warmlauf- und Einlaufphase betrachten. Kommt eine Steigung, dann schon gehen und danach wieder laufen — ohne jeden Leistungsehrgeiz.

Für 14 bis 20 Stunden reicht's, wenn man auf einen Durchschnitt von 6 bis 7 km/h kommt. Solche Durchschnitte verstehen sich nicht von selbst. Wer jede Stunde 10 Minuten Pause macht, muß dann schon fast die gesamte Strecke langsam durchtraben, wenn er auf diesen Kilometer-Durchschnitt kommen will.

Wer jeweils einen Kilometer geht und einen Kilometer trabt, bewältigt nicht mehr als 6 km/h und hat etwa 6 Minuten als Trinkpause oder als eine längere Pause zum Massieren-Lassen zur Verfügung.

Für diese Kategorie, das Gros der Volksläufer, kommt es vor allem darauf an, die Kräfte einzuteilen. Sinnlos, sich auf Duelle einzulassen oder mit Krafteinsatz zu laufen. Sowohl Jüngere als auch Ältere, die zum erstenmal auf der Ultralangstrecke starten, sollten sich selbst zunächst einmal kennenlernen, ehe sie auf Zeit laufen. Gerade in dieser Gruppe sollte man den 100-km-Wettbewerb ganz verhalten angehen; denn die Gruppe, die folgt, die über Zwanzigstündigen, kann nicht schneller, die Gruppen davor hingegen sind schneller und behindern nicht. Also kann man in der Gruppe von 14 bis 20 Stunden die Geschwindigkeit bestimmen. Den lockeren Trab auf lange Distanz durchzuhalten, bringt viel mehr als ein forciertes Anfangstempo, von dem man sich dann erholen muß. Vor allem bringt der lockere Trab ein frisches Aussehen am Ziel.

Wo ein Aufenthalt notwendig wird, zum Trinken oder an Kontrollstellen, sollte man nur so kurz wie möglich stehenbleiben, schon gar nicht sich hinsetzen, sondern lieber im Gehen trinken.
Man muß in dieser Gruppe der 14- bis 20-Stunden-Läufer und -Geher unbedingt ständig in Bewegung bleiben. Die Gruppen davor müssen es ohnehin der Zeit wegen. Hier hingegen kommt es darauf an, nicht steif zu werden, sondern warm durchblutet und locker zu bleiben. Den psychischen Faktor meistert man am besten, indem man sich mit anderen unterhält. Der dafür erforderliche zusätzliche Kraftaufwand ist geringer als sein Nutzen.

5.3 Das läuferische Ziel: 9 - 14 Stunden

Eine Zeit zwischen 9 und 14 Stunden erreicht jeder genügend Ausdauertrainierte, der den 100-km-Lauf leistungsorientiert angeht. Die Bandbreite dieser Kategorie berücksichtigt Alter und Geschlecht, Trainingsstand und Tageskondition. Auch über Siebzigjährige laufen die Strecken beispielsweise von Biel und Unna unter 14 Stunden; die Weltbestzeit von M 70 hat zuletzt 10 : 18 : 31 Stunden betragen (JULIUS HANNAPPEL).

In diese Kategorie unter 14 Stunden wächst man als Läufer ohne grundsätzliche Probleme hinein. »Wachsen« ist ein Prozeß, und das bedeutet, er kostet Zeit. Aus dem Stand heraus, also als völlig Untrainierter, kann man in zwei Jahren — bei geordnetem Training — die »Marathonreife« erreichen. Manche schaffen es auch schon nach einem Jahr; doch der Preis dafür ist hoch. Wer die Marathonstrecke sicher in den Beinen hat, also weiß, daß er ankommen wird — auch wenn das in viereinhalb Stunden geschieht —, kann die 100 km auch beim erstenmal in der Regel, Leistungswillen vorausgesetzt, noch unter 14 Stunden laufen. Das bedeutet nach dem Marathontraining mindestens ein oder zwei weitere Jahre. Wir sprechen von Untrainierten. Bei ihnen wirkt sich das Alter aus. Wer als Sechzigjähriger überhaupt erst mit dem Laufen beginnt, wird als Fünfundsechzigjähriger 100 km nicht unter 14 Stunden laufen können, sondern froh sein, wenn er seinen Hunderter ohne Zeit-Vorgabe besteht. Immerhin hat Dr. med. HERMANN WEBER, der als Mittfünfziger zum Läufer wurde, als über Fünfundsechzigjähriger die 14 Stunden in Biel noch unterschritten.

All diejenigen hingegen, die über die Lauftreffs in den Volkssport Marathon hineingewachsen sind, werden, wenn sie auf der Ultralangstrecke starten, bei demselben Trainingsaufwand wie bisher eine Zeit zwischen 9 und 14 Stunden für die 100 km schaffen. Eine Einschränkung ist bei Frauen zu machen. Sie sind langsamer. Die Bestzeiten reichen eher an 8 Stunden heran, als daß sie sich zu den 7 Stunden hin bewegten. Weshalb das so ist, steht unter dem Stichwort »Frauen« im zweiten Band.

Bei den über 14-Stunden-Läufern oder -Gehern — wobei eine solche Einteilung zwar aus Beobachtungen resultiert, aber dennoch willkürlich ist — haben wir von gezieltem Training nicht zu reden brauchen. Wie aber ist es um engagierte Läufer bestellt, die eigens auf die Ultralangstrecke hin trainieren wollen? Dies scheint eine Kernfrage zu sein, deretwegen so mancher Leser zu diesem Buch gegriffen haben mag. Auf die Gefahr hin, daß sich ein 100-km-Novize düpiert fühlt: Es gibt kein spezielles Training für die Ultralangstrecke und erst recht keine Trainingsgeheimnisse.

Ausdauernd: Waltraud Reisert, harry Arndt (rechts) und Werner Sonntag nach dem dreitägigen Donaulauf. Foto: Edgar Reisert

Was man für eine optimal zu laufende kürzere Strecke, also etwa den Marathon, braucht, ist auch hier vonnöten: Ausdauer und eine dem Wettkampfziel entsprechende Grundschnelligkeit. Die Ausdauer steht an erster Stelle. Die schönste Grundschnelligkeit nützt nichts, wenn sie nur bis km 70 reicht. Hingegen kann ein mäßig Schneller — ich zähle mich selbst dazu — durch stetiges Traben respektable Leistungen erzielen. Darin besteht ja der Vorzug der Ultralangstrecke, daß Menschen mit geringerer Grundschnelligkeit — das bedeutet auch, Menschen, die eine Bindung an feste Trainingsprogramme verabscheuen — hier ihre Chance haben. Es war eine frühe Erkenntnis des Trainers ARTHUR LAMBERT, daß ein wenig schneller, aber trainingsfleißiger Läufer dank dem Ausdauertraining einen schnelleren, aber trainingsfaulen Läufer (Ausdauertraining setzt Fleiß voraus) schlagen könne.

ARTHUR LAMBERT (24. 12. 1891 - 10. 10. 1983), der selbst nur einen einzigen Marathon und niemals die 100 km gelaufen ist, bezog diese Erkenntnis zwar auf die kürzere Langstrecke; aber sie gilt erst recht für den Ultralanglauf.

Andererseits ist die verbreitete Vorstellung zurückzuweisen, die Ultralangstrecke verlange einen viel zu hohen Trainingsaufwand. VAN AAKEN mag dazu durch seine Forderung im Ausdauertraining beigetragen haben, wer Marathon laufen wolle, müsse im Training 60 km laufen. Wer sein Training auf die Marathonstrecke abgestellt hat, kann auch 100 km bestreiten.

Nochmals die Frage: Muß man zuerst Marathon gelaufen sein, um erfolgreich die 100-km-Strecke anzugehen? Nein, man muß nicht. Es gibt Läufer, die gleich auf die Ultralangstrecke gegangen sind. Die Regel ist es nicht. Es ist ja auch ganz natürlich, wie im Training so auch im Wettkampf mit kürzeren Strecken zu beginnen. Dies ist kein rationales Argument, wenngleich dahinter die Praxis steht. Doch es spricht dennoch einiges dafür, sich zunächst auf der Marathonstrecke zu erproben.

* Das Trainingsziel liegt näher, und der Weg dahin ist, im Gegensatz zum Training für die Ultralangstrecke, einigermaßen fest umrissen.

* Die 100 km sind ein psychisches Abenteuer. Man ist in dieser Hinsicht besser gerüstet, wenn man die Sicherheit eines erfolgreich bestandenen Marathons hat.

* Durch den Marathon gewinnt man Parameter, die einen die Ultralangstrecke besser kalkulieren lassen.

Zu berücksichtigen ist freilich auch, daß das Marathon-Tempo die Gefahr mit sich bringt, den Ultralanglauf-Wettbewerb zu rasch anzugehen. Daher meint WOLF-GANG SCHWERK (Deutsche Bestleistungen 1984 in 12 Stunden, 150 km, 100

Meilen, 200 km, 24 Stunden): »Besser keine Marathon-Erfahrung, da dann nicht die Gefahr aufkommt zu schnell anzugehen.« Die Behauptung in einem Marathontrainingsbuch hingegen, es sei einfacher, die 100 km in 14 Stunden zurückzulegen, als im Marathon unter 4 Stunden zu kommen, drängt den Verdacht auf, hier seien eben nicht alle Parameter der Ultralangstrecke berücksichtigt. Die Erfahrung sieht anders aus. Damit soll die Ultralangstrecke nicht dramatisiert werden — im Gegenteil, sie soll aus der läuferischen Utopie in die Realität geholt werden —; doch solche Zielvorgaben, die sich nur auf scheinbar rationale Rechnungen stützen (Tempo »nur« etwa 7 km/h, in Wahrheit sollten es eher 8 km/h sein; der Praktiker weiß, welcher »Schwund« auf diesem Jogging-Niveau entstehen kann), erweisen sich schließlich als Illusionen, die allzuleicht auf der endlosen Straße scheitern.

Also doch viel mehr trainieren als für den Marathon? Ich will versuchen, differenziert zu antworten. Die Grenze nach unten ist relativ leicht abzustecken. Danach ist es keineswegs erforderlich, mehr Trainingskilometer als für den Marathon-Wettbewerb zu laufen. Nach TOM OSLER, amerikanischem Mathematik-Professor und einem der profiliertesten Ultralangläufer der USA, trainieren die besten amerikanischen Ultralangläufer weniger als die besten amerikanischen Marathonläufer. Viele legten im Training niemals mehr als 20 Meilen (36 km) zurück. PARK BARNER, Harrisburg, Pennsylvania, 1979 amerikanischer Rekordhalter im 24-Stunden-Lauf, hat ein wöchentliches Trainingspensum von 80 Meilen (etwa 128 km).

Für Volksläufer freilich klingt ein Pensum von etwa 500 km im Monat zunächst erschreckend. Doch wen es zur Ultralangstrecke drängt, will ja nicht unbedingt Rekorde brechen. Ich habe in einer (nicht repräsentativen) Fragebogenaktion eine Anzahl Ultralangläufer gebeten, unter anderem die untere Grenze des Trainingspensums, das sie für erforderlich halten, zu definieren. Die Angaben schwanken zwischen 50 und 100 km in der Woche, wobei noch differenziert wird: Nach Dr. med. BERND HOLSTIEGE genügt es, in den letzten zwei Monaten je 80 km in der Woche zu laufen. ROLAND WINKLER, Sportlehrer und einer der profiliertesten Ultralangläufer der DDR, der damit auch die Meinung seiner Ultra-Sportfreunde wiedergibt, hält 100 km wöchentlich für ausreichend, gute bis sehr gute Leistungen zu erzielen.

Das Fazit: Wer nichts weiter als den Einstieg bei der Ultralangstrecke sucht — jedoch mit dem Ziel, überwiegend zu laufen und nicht zu gehen —, wird mit 200 Trainingskilometern im Monat auskommen. Zur untersten Grenze habe ich selbst beigetragen: Unfreiwillig habe ich ein Jahr lang nur einen Durchschnitt von 140 km im Monat gehabt; es hat dennoch für Biel gereicht. Allerdings habe ich — eines Wanderbuches wegen — dazu noch etwa 100 km im Monat wandernd zurückgelegt. Die 19 Teilnehmerinnen des 100-Meilen-Laufs in Waldniel — im Alter zwischen 32 und 65 Jahren — gaben ihr wöchentliches Trainingspensum mit

35 km (eine Fünfundsechzigjährige) bis 130 km (eine Vierzigjährige) an. Der Durchschnitt aller 19 betrug 74 km in der Woche.

GERHARD WERNER (5. Platz 1983 in Winschoten mit 8 : 07 : 08 Stunden) meint: »Nach meiner Erfahrung ist das von Läufer zu Läufer verschieden; ich hatte schon ein Übertrainiertsein — zu viele Trainingskilometer —, da ging es im Wettkampf schlecht, lief aber auch — für meine Verhältnisse — mit etwa 130 km Wochentraining gute Zeiten.«

Unter dem Aspekt des Übertrainings ist im Hinblick auf die Gelenkbelastung die obere Grenze zu ziehen. Ganz klar, daß diese beschränkenden Faktoren individuell unterschiedlich sind. Bei meiner Umfrage sind als Maximum Trainingsleistungen von 180 bis 230 km in der Woche, also 920 km im Monat, genannt worden. 260 km werden als Trainingsspitze genannt, aber eben nur kurzzeitig, weil sonst die Erholung nicht gewährleistet sei.

Als Regeltraining gelten — der Umfrage nach — 100 bis 130 km in der Woche. Niemand sollte sich davon ins Bockshorn jagen lassen. Wem es nur ums Mitmachen geht — jedoch schon mit dem Erfolgserlebnis einer akzeptablen Zeit —, kommt mit dem Umfang des Marathontrainings völlig aus.

Beim Marathontraining ist seit Jahren ein Zug zu kürzeren, aber schnelleren Trainingseinheiten zu beobachten. Berücksichtigt man diesen Trend, wird man als ambitionierter Läufer den Trainingsaufwand für die Ultralangstrecke — wegen des spezifischen Ausdauertrainings — doch etwas höher veranschlagen müssen als für den Marathon.

Gibt es im Trainingstempo Unterschiede zum Marathontraining? FRANZ WEISSENBÖCK, der in der Zeit zwischen 1972 und 1984 hundertmal die Ultralangstrecke von 100 km und darüber gelaufen ist und damit für Österreich, die Bundesrepublik und möglicherweise für Europa den quantitativen Rekord hält, plädiert für eine niedrigere Trainingsgeschwindigkeit des Ultralangläufers. FRANZ-NORBERT DIETZEL, der während seiner aktiven Zeit 1976 100 km Bahn in 6 : 50 : 19 gelaufen ist, gibt die Laufgeschwindigkeit in Hauptvorbereitungszeiten mit »oft um 5 min/km und drüber« an. Die 5 min/km tauchen auch bei anderen Leistungsläufern als Richtgeschwindigkeit auf. WALTRAUD REISERT, wie MONIKA KUNO, eine der erfolgreichsten deutschen Ultralangläuferinnen, kann keine Angaben machen, »da ich Marathonläufe als flotte Trainingsläufe für Ultralangstrecken ansehe«. Im Gespräch hat sie geäußert, daß sie — auch im Wettkampf — spontan laufe; beispielsweise trägt sie im Wettkampf keine Uhr. Diese Haltung ist für Ultralangläufer nicht untypisch. Ich selbst neige ebenfalls zu der Anschauung, nach Gefühl zu laufen. Aus Erfahrung kann ich sagen, daß eine Trainingsgeschwindigkeit von 6 min/km für Ultralangläufer der 100-km-Kategorie 9 bis 14 Stunden keineswegs dem erstrebten Wettkampfziel entgegensteht. Für die Leistungsspitze sieht das freilich anders aus; darüber im nächsten Abschnitt.

Meine persönliche Empfehlung für Läufer dieser Kategorie lautet: Im Training entspannt laufen, die Uhr allenfalls als Kontrollinstrument und nicht als Einpeitscher benutzen, primär die Ausdauer trainieren und einige Marathonläufe im Jahr als Tempotraining verwenden.

Ausdauertraining heißt nicht, daß jede Trainingseinheit nun Stunden dauern müsse. Läufern dieser Kategorie kann auch hier wieder das Marathontraining als Richtschnur dienen. Liegt keine hohe Ambition vor, kann man mit dem werktäglichen Entspannungslauf über 10 km und einem längeren Lauf in der Woche — je nach Saison zwischen 20 und 30 km — auskommen. Zur Vorbereitung auf den oder die ersten Ultralanglauf-Wettbewerbe sollte mindestens ein »Ultra«-Trainingslauf — vor einem Hunderter etwa 60 km — vorangehen. Diese Ausdauerprobe, die selbstverständlich verlängert werden kann — doch wer macht das schon? — muß in genügendem Abstand vor dem Wettkampf liegen; drei Wochen erscheinen ausreichend. Lieber sollte man dann noch einen Tempolauf dazwischenschieben, beispielsweise die Teilnahme an einem Marathon.

Diese Hinweise mögen zum einen diejenigen, die einen Hunderter probieren wollen, zum anderen die Kritiker des Ultralanglaufs beruhigen. Die 100 km zu laufen, ist ein »anderes« Laufen als beim Marathon — nichts sonst. Das Training steht grundsätzlich dem Gesundheitssport viel näher als das leistungsorientierte Marathontraining.

5.4 Die Elite: Unter 9 Stunden

Die Klassifizierung ist notgedrungen willkürlich, sagte ich. Auch wer das Training so locker nimmt, wie das in der vorangegangenen Gruppe möglich ist, kann bei 100 km ebenfalls unter 9 Stunden kommen. Dann aber wird's ernst, und Spitzenzeiten von 7 Stunden und darunter wollen hart erarbeitet sein.

Doch selbst SERGE COTTEREAU, der es mit präzisen Trainingstabellen für den Marathon hält, ist im Hinblick auf die Ultralangstrecke relativ großzügig. Auch bei ihm steht selbstverständlich das Ausdauertraining im Vordergrund. Seine Unterscheidung in »Endurance« (Ausdauer) und »Résistance« (Widerstand, in unserem Sprachgebrauch das Tempotraining) spielt beim Ultralanglauf-Training nur noch eine geringe Rolle. Dem individuellen Training ist Raum gelassen. Auch bei den Spitzenläufern ist das Trainingstempo geringer als im Marathontraining. Ein Argument ist, daß man auf diese Weise Verletzungen vorbeugen könne. Vielleicht ist es ein vorgeschobenes Argument. Beim Ultralanglauf kann es sich eben auch der Spitzenläufer leisten, langsamer zu sein. Interessant wäre freilich eine sportwissenschaftliche Untersuchung darüber, ob der Verletzungsanteil von Spitzen-Ultramarathonern tatsächlich niedriger ist als der von vergleichbaren Marathonläufern.

Wenn schon bei Trainingsplänen für den Marathon der Verdacht nicht immer von der Hand zu weisen ist, es könne sich vielleicht um Kabbalistik handeln, den Glauben an die magische Zahl, um eine kühne Intuition, der ein rationaler Mantel umgehängt wird, so erweisen sich exakte Trainingspläne für die Ultralanglauf-Spitze vollends als Fiktion. Und auch von SERGE COTTEREAUS Trainingsplänen bleibt als Quintessenz nur, daß eben bei Spitzenläufern zur Ausdauer auch die Schnelligkeit und damit das Tempotraining kommen muß. Solche Trainingstabellen sind Abstraktionen. Eigenwillige Läufer bahnen sich mit Hauruck ihren Weg durch das Zahlengestrüpp. Ich denke insbesondere an HELMUT URBACH, den auf lange Jahre erfolgreichsten deutschen Ultralangläufer.

Im Grunde kann man im Ultralanglauf nur die höchst individuellen Trainingskonzepte extrapolieren. Betont werden muß, daß man dazu zunächst einmal sein Trainingsziel klar umreißen muß. Den Unterschied macht BERND DIGULLA (100-km-Bestzeit 7 : 21 Stunden) deutlich: »Um die Zeit zu erreichen, die ich mir für die Zukunft setze (unter 7 Stunden), müßte ich sicher 180 bis 200 km in der Woche trainieren, mit jeweils einem Lauf über die Marathondistanz hinaus. Eventuell hin und wieder zwei Trainingseinheiten täglich. Falls ich aber die 100 km als 'Erlebnislauf' angehe, reicht der Trainingsaufwand von etwa 100 km pro Woche (1 Tag Ruhe, 5 mal 15 km, 1 mal 25 km).«

ROLAND WINKLER (100-km-Bestzeit 6 : 45 : 06, DDR-Bestleistung) beschreibt die Trainingserfordernisse eines Spitzenläufers so: »Meiner Ansicht nach braucht sich ein Ultralangstreckentraining gar nicht, beziehungsweise nur sehr wenig von einem Marathontraining zu unterscheiden. Ein gut trainierender Marathonläufer kann bei entsprechender psychischer Einstellung auf einen Ultralauf diesen ebenfalls gut bestehen.

Ich persönlich sehe in meinen Trainingsvorbereitungen auf einen Marathonlauf und auf einen 100-km-Lauf kaum Unterschiede. Höchstens daß ich ein bis zwei Trainingseinheiten bei maximal 60 km am Stück vor einem Ultrarennen gelaufen bin und daß ich mich in der letzten Woche vor einem Ultralauf noch mehr ausruhe (maximal bis 3 Ruhetage); aber das könnte ich sicherlich ebenso vor einem Marathonlauf tun.

Man kann natürlich beim Ultratraining länger und langsamer laufen und kommt doch auf ansprechende Zeiten; aber nach meiner Theorie ist es effektiver, auch für den Ultraläufer, öfter kürzere Strecken in schärferem Tempo zu laufen, natürlich bei entsprechender Grundlagenausdauer (Anmerkung: Dazu muß man den Kontext des Marathontrainings in der DDR sehen. Dort ist auch zu jener Zeit, als VAN AAKENS Waldnieler Methode in der Bundesrepublik Wirkung zeigte, immer schon ein schärferes Training mit höherer submaximaler Belastung über kürzere Strecken bevorzugt worden, W.S.). Meine persönlichen Erfahrungen besagen, daß ich um so bessere 100-km-Zeiten erziele, je besser ich vorher auf den Unterdistanzen zwischen 10 und 25 km oder Marathon gewesen bin.« Ein sehr wichtiger Hinweis!

ROLAND WINKLER — Training des entsprechenden Zeitraums 1981

	Insgesamt	Trainingseinheiten über 35 km (Marathonspezifische Läufe)	Sehr schnelle Läufe, in profiliertem Gelände (WK = Wettkampf)
1.-6. Woche	125 km		
7. Woche	157 km	1 x 50 km langsam	15 km Hügel
8. Woche	127 km	1 x 36 km mittel	WK 15 km
9. Woche	140 km		WK 20 km
10. Woche	184 km	1 x 50 km mittel	10 km
		1 x 44 km mittel	
11. Woche	134 km	1 x 36 km mittel	WK Marathon
12. Woche	124 km	1 x 35 km mittel	15 km
13. Woche	142 km		WK 100 km
14. Woche	125 km		6 x 1000 m in 3:20 min
15. Woche	134 km		WK 25 km, 10 km
16. Woche	178 km	1 x 40 km mittel	2 x 15 km
17. Woche	148 km	1 x 37 km zügig	1 x 15 km, WK 15 km
18. Woche	121 km		WK Marathon
19. Woche	120 km		WK 15 km

FRANK-NORBERT DIETZEL veranschlagt das Regeltraining auf etwa 30 km am Tag, individuell unterschiedlich, in einer Geschwindigkeit nicht schneller als 4 : 30 min/km. Bei einem optimalen Training komme dann noch eine höhere Intensität dazu, und auch andere Wettkämpfe hält er für wichtig. »Ich bin davon überzeugt«, schreibt GERHARD WERNER, »daß es die Summe der 100-km-Läufe ausmacht, sich im Wettkampf zu verbessern.«

WOLFGANG SCHWERK differenziert nach Wettkampf-Strecken: 100 km — »Das Training weicht kaum vom Marathontraining ab. Unterschied: Weniger Tempoarbeit und gelegentlich zweimal die Woche 40 bis 50 km.« SCHWERK selbst läuft zweimal in der Woche 30 bis 40 km im gewünschten Renntempo. Vor dem Marathon absolviert er nur Tempoläufe über 15 bis 25 km. 150- bis 200-km-Wettbewerbe: »Hier wird man nicht ohne vier bis fünf 40- bis 60-km-Läufe je Woche auskommen, so daß man gut auf 200 bis 250 km je Woche kommt. Wichtig ist hierbei das Tempo, das ich persönlich um 5 min/km für richtig halte, damit Verletzungen vermieden werden.« Sechs-Tage-Rennen: »Hierfür würde ich speziell Nachtläufe über 5 bis 6 Stunden einbauen und am Wochenende gelegentlich 80 km laufen, danach versuchen, 4 Stunden zu schlafen, und dann nochmals 4 bis 5 Stunden weiterlaufen.«

Die Trainingslehre unterscheidet Makro-, Meso- und Mikrozyklus, nämlich lang-, mittelfristige und Pläne über kürzere Zeit (Wochenpläne). Der Makrozyklus ist auf den (Haupt-)Wettkampf hin orientiert, also bei zwei Wettkämpfen im Jahr auf den im Frühjahr und den im Herbst. Er gliedert sich in Mesozyklen, die zum Beispiel aus zwei- bis dreiwöchigen Belastungsphasen und einer einwöchigen Entlastungsphase bestehen. Aus den bisherigen Überlegungen und Umfragen ergibt sich, daß im Makrozyklus das Schwergewicht auf dem Ausdauertraining liegt. Mit der gezielten Vorbereitung muß ein Leistungsläufer drei bis vier Monate vor dem Wettkampf beginnen. COTTEREAU gibt das Trainingspensum für diese Zeit mit 6 bis 10 Stunden wöchentlich an; er selbst hat durchschnittlich 14 Stunden in 6 Einheiten trainiert. Unbedingt müssen in die Zyklen Erholungsphasen eingebaut werden. Die Trainingsintensität muß vor dem Wettkampf rechtzeitig herabgesetzt werden. COTTEREAU hält eine Reduktion in der vorletzten Woche vor dem Wettkampf um fast die Hälfte für angebracht. Die letzte Woche sollte unbedingt nur aus Lockerungstraining bestehen.

Für PETER RUPP, dreimaliger Sieger von Biel mit der Bestzeit von 6 : 42 : 43, sehen die letzten Tage vor dem Start so aus:
Sonntag 27 km in der Gruppe/ 2 Stunden
Montag 17 km leicht/flach
Dienstag 17 km leicht/flach
Mittwoch 10 km leicht
Donnerstag nur Gymnastik, eventuell Vitaparcours
Freitagabend Start zum Wettkampf

Dazu muß jedoch hervorgehoben werden, daß sich bei einem solchen Spitzenläufer das gesamte Training auf sehr hohem Niveau vollzieht.

Mittelklasseläufern und Novizen, die dieses Kapitel für Leistungsläufer lesen, sei gesagt, daß nach meiner Beobachtung im allgemeinen das intensive Training zu dicht an den Wettkampf heran fortgeführt wird. Gewiß, wer — wie in den vorangegangenen Teilkapiteln beschrieben — ohnehin ein allgemeines Fitnesstraining ohne intensivierende Phasen betreibt, braucht das Training nicht zu reduzieren; wohl aber sollte er auf eine sehr ruhige letzte Woche vor dem Wettkampf bedacht sein. Wer in der letzten Woche zum Beispiel nur noch 30 km in 3 Einheiten läuft, hat keinerlei Nachteile zu erwarten. Auch wenn der nahende Wettkampf zum Laufen stimuliert, sollte man den Tag vor dem Wettkampf als reinen Ruhetag nehmen. Insbesondere gilt das für ältere Läufer.

Start in Illertissen

6) Der wichtigste Faktor: die Psyche

Langstreckenlauf belastet
* Herz und Kreislauf,
* Gelenke und Bewegungsapparat,
* die Psyche.

Laien überschätzen die Beanspruchung von Herz und Kreislauf bei weitem. Läufer unterschätzen die Bedeutung des psychischen Einflusses. Je länger die Strecke ist, desto mehr treten die anderen Faktoren, selbst die Belastung der Gelenke, hinter der psychischen Beanspruchung zurück. Beim Wettbewerb auf der Ultralangstrecke gibt, vergleichbare Leistungen vorausgesetzt, die Stabilität der Psyche den Ausschlag. »Physische Anstrengung dominiert im Training, und psychische Anstrengung gewinnt im Wettbewerb die Oberhand« (MIROSLAV VANEK).

Umgekehrt: Keine andere Laufleistung trainiert die psychische Belastbarkeit so intensiv wie der Ultralanglauf. Keine andere Laufleistung macht intrapsychische Prozesse so transparent wie der Ultralanglauf.

6.1 Tiefenpsychologisches Modell

Wenn ich den Ultralanglauf in ein tiefenpsychologisches Modell (FREUD) einordne, ergibt sich diese Kräfteverteilung: Das Ich muß mit einem hohen Anspruch des Über-Ichs fertig werden; diese moralische oder, bescheidener, soziale Instanz, nämlich die Übereinkunft einer Wettbewerbsregel und die subjektive Herausforderung, verlangt eine Leistung, die für viele unvorstellbar ist und mit der sich nun das Ich auseinandersetzen muß. Die unbewußten triebhaften Kräfte des Es, die das Spiel zunächst mitspielen — es läuft, das »ES« läuft —, führen schließlich in der Krise des Wettkampfes zum Konflikt. »Es« geht nicht mehr.

Ein Wiener Reporter, der erstmals Marathon gelaufen ist, drückte diesen Konflikt dramatisch, nichtsdestoweniger treffend so aus: »Mein Körper schrie: Laß mich in Ruh'!« Den Konflikt zwischen dem Über-Ich, das dem Ich eine hohe Aufgabe gestellt hat, und den unbewußten Kräften des Es, das der Strapaze ein Ende machen möchte, muß das Ich durchstehen. »Ich« stehe vor dem Dilemma: die Strapaze beenden und aufgeben = verlieren oder Unlustgefühle (»Discomfort«) ertragen und weiterlaufen = siegen. Das Ich wird auf eine harte Probe gestellt.

Das Ich, das die Ansprüche des Über-Ich verinnerlicht hat, kommt sich in der Krise kläglich vor; der Läufer, gepeinigt von muskulären oder anderen Beschwerden, erlebt sich als schwach. Die Krise ist eine narzißtrische Kränkung. Sie setzt Kompensationsmechanismen in Gang. Nur wenn diese zu schwach sind, kommt es zum Scheitern. Behauptet sich das Ich mit seiner Entscheidung: Weiterlaufen trotz alledem!, erfüllt es die Forderung des Über-Ich, geht es aus diesem Kampf zwischen Über-Ich und Es gestärkt hervor — das ist die Katharsis des Laufens (Katharsis, Läuterung, ist ein Element des antiken Dramas). Der Lauf bis an die physischen Grenzen — das ist der Ultralanglauf in letzter Konsequenz — trainiert Ich-Stärke.

Manche sagen das viel einfacher: Der »Kampf mit dem inneren Schweinehund« meint dasselbe, nur macht dies nichts deutlich (außer einer Reminiszenz an eine trübe Zeit).

Training bedeutet, Belastungsreize setzen. Der Ultra-Anfänger hat seine »narzißtische Kränkung« laufend bisher nicht oder vor langer, langer Zeit in seinem läuferischen Anfangsstadium erlebt. Er hat es auf seinem ersten Lauf ziemlich schwer, es sei denn, sein läuferisches Ich sei durch die Erfolgserlebnisse etwa der Marathonstrecke hinreichend gestärkt.

Mit anderen Worten: Der erste Hunderter ist am schwersten. Der Schwierigkeitsgrad der Strecke ist angesichts der für den Ultralanglauf noch unzureichend trainierten Psyche, des nicht genügend starken Ich, von sekundärer Bedeutung. Ist der Läufer durch die narzißtische Kränkung hindurch, in der er sich zwar als schwach erlebt hat, aber seine Abwehrmechanismen geübt worden sind, hat er einen psychologischen Trainingseffekt erzielt, der übrigens weit über das Gebiet des Laufens hinausreicht und auf das ganze Leben abstrahlen kann. Er ist zu einer Stabilisierung seines Läufer-Ichs gekommen. Er weiß fortan, daß er, sofern keine physischen Katastrophen eintreten, sein Ziel erreichen wird. Das ursprüngliche Abenteuer der Ultralangstrecke ist kalkulierbar geworden — solange, bis eine neue Herausforderung angenommen wird.

Wie immer man die psychische Beanspruchung durch den Ultralanglauf artikuliert, ob — wie geschehen — tiefenpsychologisch, ob verhaltenspsychologisch — »operantes Konditionieren« (SKINNER) durch positive Verstärker (= Erfolgserlebnis) — oder ob vulgär-psychologisch — der »innere Schweinehund« —, man muß nur wissen, daß man auf der Ultralangstrecke in letzter Prüfinstanz psychisch gefordert ist.

Diese psychische Herausforderung besteht derjenige leichter, dessen läuferische Ich-Stärke (schlechthin »Ich-Mensch« zu sein, genügt nicht, ja, ist eher hinderlich) bereits genügend trainiert ist.

Solches Training besteht aus
* dem Erwerb läuferischer Sicherheit, nämlich sich physisch genügend vorbereitet
  zu haben,

* Erfahrung in vergleichbaren Krisensituationen und der Summe der Erfahrung
  im Ultralanglauf,

* psychologischen Techniken.

Tiefenpsychologisches Wettkampf-Profil (Sonntag)

Intrapsychischer Prozeß	Situationserlebnis	Problemlösung
Omnipotenzgefühl	Das läuft (ich laufe) großartig. Schon wieder eine Gruppe überholt. Richtig euphorisch ist mir zumute	Realistische Zielsetzung, Laufplan aufstellen, eigenes Tempo entwickeln!
Narzißtische Kränkung Frustration — Aggression	Schon wieder hat mich einer überholt. Wie mich das frustriert! Der nächste rempelt mich dabei gar an — gleich werde ich aggressiv. Das Knie tut mir weh. Dieser Wettkampf nimmt gar kein Ende.	Nicht fremdbestimmt laufen! Ich rufe ihm ein Scherzwort zu: Immer gegen die Kleinen! Wenn ich nicht laufe, tut das Knie auch weh. Vielleicht wird's beim Laufen besser. Die Strecke strukturieren!
Kompensationsmechanismen a) Regression auf einen Primärzustand Bedürfnis nach »oraler Tröstung«	Ich schaff' das nicht; ich bin (als Läufer) viel zu klein. Weshalb hab' ich mich bloß darauf eingelassen! Schluß mit der Schinderei! Mir geht es ja so schlecht; ich habe Mitleid mit mir. Wenn ich mich jetzt langlegen könnte, entspannen — die Schmerzen fallen ab. Ich denke, ich werde aufgeben müssen. Bis zur nächsten Verpflegungsstation muß ich sowieso. Da kann ich trinken (essen, das Präparat XY nehmen).	Rationale Auseinandersetzung: Es war mein freier Wille, hier mitzumachen. Den anderen wird's auch nicht besser gehen. Andere Sachen habe ich doch auch geschafft. Schmerzen? Nicht drandenken ... Oder Schmerzreiz durch andere Reize überdecken.
b) Verleugnung und Idealisierung	Was sind die blöd, die da laufen und mich überholen! Ich geh' im Schritt. Ich kann mir das leisten. Bis km——— bin ich schon gekommen. Ich bin schon toll. Unter meinen Freunden bin ich der Größte.	Gehpausen streng limitieren. In welchem Feld bewege ich mich als Läufer, wenn ich die und die Zeit erreiche? Erstes Viertel, letztes Drittel?

c) Angleichung an die Realität	Jetzt überholt mich schon die dritte Frau (der 65jährige Soundso). Ich bin gar nicht so großartig, wie ich mir eingebildet habe. Aber so miserabel bin ich auch wieder nicht. Es ist ja erst ____ Uhr.	Kämpfen, aber dabei Kräfte einteilen!
d) Verinnerlichung	Wenn ich ____ km durchtrabe und dann im Schritt gehe, reicht's vielleicht bis um ____ Uhr. Das ist für mich noch immer eine gute Zeit (zwar keine so gute Zeit, aber bei dem Wetter ..., bei dieser gestörten Nachtruhe ..., bei diesen Beschwerden ...)	Ich weiß, daß auf diesem Lauf eine Krise kommen mußte. Ich bestehe diese Krise.
Narzißtisches Gleichgewicht Forderung des Über-Ich wird erfüllt, der Drang des Es nach Beendigung der Unlustgefühle wird abgewehrt.	»Es« läuft zwar nicht mehr gut, aber **ich** schaff' das. Dies ist mein erster (soundsovielter) 100-km-Lauf. Wenn ich diesen Lauf bestanden haben werde, werde ich diese Erfahrung nicht mehr missen wollen.	Kein Problem.
Training der Ich-Stärke Erhöhung des Selbstwertgefühls	Ich habe diesen Lauf (trotz dieser und jener Beschwerden, immerhin auf dem soundsovielten Platz) geschafft. Also bin ich erfolgreich. In meinem Verein werden sie Augen machen. Und wenn ich schon Schwächen gezeigt haben, — **ich** bin zufrieden.	Welche Herausforderung nehme ich als nächstes an?

6.2 Psychologische Hilfen

Die bekannteste psychologische Trainingsmethode ist das Autogene Training nach J.H. SCHULTZ. Bei dieser »konzentrativen Selbstentspannung« wird Autosuggestion eingesetzt. Körperempfindungen, die dem Muskeltonus in entspanntem Zustand entsprechen, werden bei entspannter Körperlage in einer festgelegten Reihenfolge suggeriert, beginnend mit »Mein rechter Arm ist ganz schwer«. Autogenes Training sollte mit Hilfe eines Lehrers, in einem Kurs zum Beispiel, erlernt werden. Für neurotische Menschen — also solche mit überschießenden psychischen Reaktionen — eignet sich das Autogene Training wenig. Daher löst es auch das Problem länger anhaltenden Startfiebers bei hoch leistungsmotivierten Läufern zumindest kurzfristig nicht.

Die unspezifische Wirkung des Autogenen Trainings besteht in körperlicher und seelischer Entspannung. Sie kann den Erholungseffekt während des Trainings und während Laufpausen verstärken. Im Sport will man jedoch eine Aktivierung erreichen. Insbesondere sowjetische Sportpsychologen haben das Autogene Training um eine solche Aktivierungsphase erweitert (HÜLLEMANN). Dieses »Ideomotorische Training« geht dann in die »Tonisierung« über, eine Art mentales Training.

Der autogen trainierende Läufer kann spezifische Formeln suggerieren. In den Tagen vor dem Lauf:
«Ich bin in einem hervorragenden Trainingszustand und werde den Wettkampf gut bestehen.«

Die Formel sollte einfach sein. Statt einer Negation »Ich werde keine Krise haben« empfiehlt sich eine positive Formulierung wie zum Beispiel:
»Ich werde mich die ganze Zeit wunderbar fühlen.«

Eine Zeitvorstellung »Ich werde 9 : 30 Stunden laufen« kann man nicht suggerieren; das Unterbewußtsein mißt keine Zeit. Dagegen ist es durchaus möglich, eine Geschwindigkeitsvorgabe zu suggerieren:
»Ich werde ein Fünf-Minuten-Tempo halten.«
Die Vorgabe muß nur realistisch genug sein. Auch wer die Technik des Autogenen Trainings nicht beherrscht, kann sich zumindest eine solche Formel suggerieren. Dies kann vor dem Einschlafen geschehen, wenn man ohnehin entspannt und ungestört daliegt. Wer zu Startfieber oder Reise-Unruhe neigt, muß vorsichtig am Abend vor dem Starttag sein. Es könnte sein, daß der Gedanke an den Lauf und die persönliche Zielvorgabe geradezu Startfieber provoziert. Sonst aber ist der Abend günstig, das Unterbewußtsein zu »programmieren«. Auch die Zeit vor dem Start kann man für die Autosuggestion nützen. Da ist es jedoch wichtig — wie das beim regulären Autogenen Training auch geschieht —, die Entspannung wieder

zurückzunehmen (im Gegensatz zur konzentrativen Selbstentspannung vor dem Einschlafen).

Der Vorgang vollzieht sich dann so:
* Entspannte Lage einnehmen (auf den Rücken legen oder sitzend in der »Droschkenkutscherhaltung«, nämlich vornübergebeugt und mit den Unterarmen sich auf den Oberschenkeln abstützend),

* Augen schließen,

* tief und ruhig atmen (keine Hyperventilation!),

* Einleitungsformel vor sich hinsprechen oder denken: »Ich bin ganz ruhig. Wenn ich die Augen wieder öffne, werde ich ganz frisch sein. Ich werde voller Aktivität an den Start gehen.«

* Autosuggestion mit einer Laufformel, zum Beispiel »Ich werde ganz locker laufen«, »Ein unbändiger Wille treibt mich vorwärts.«

* Augen öffnen, aufstehen, sich bewegen.

Ist man noch unerfahren, empfiehlt es sich, Autogenes Training nicht kurze Zeit vor dem Start zu treiben; die entspannende Wirkung des Autogenen Trainings hält an und könnte als mentale Bremse nach dem Start wirken.

Erwünscht ist hingegen zeitweilig ein entspannender Effekt während eines Ultralanglaufs. Durch zweiminütiges Autogenes Training kann man die Erholung erreichen, die einem zweistündigen Schlaf entspricht (ROCHAU). Allerdings halte diese Wirkung nur eine bis anderthalb Stunden an. Der leistungsorientierte Läufer wird die Minuten für das Autogene Training unterwegs nicht erübrigen. Ist jedoch ein starker Einbruch insbesondere infolge Verspannung erfolgt, wird der Zeitverlust durch Autogenes Training das kleinere Übel sein. Verspannte Muskeln erfordern einen höheren Kraftaufwand, den Schmerz nicht gerechnet. Besonders hilfreich kann Autogenes Training beim 24-Stunden-Lauf sein, weil jeder Wegfall oder zumindest die Reduzierung von Schlafphasen die Kilometerleistung erhöht. ROCHAU stellt das Autogene Training auch als Streßprophylaxe dar, nämlich als Mittel, von Temperatureinflüssen unabhängig zu werden.

Wer Meditationstechniken praktiziert, wie zum Beispiel die Transzendentale Meditation (sie wird hier ideologiefrei gewertet) oder Meditation nach SRI CHINMOY, wird dies auch vor dem Lauf tun. Solche Techniken eigens für den Ultralanglauf zu erwerben, erscheint nicht notwendig; sie setzen ohnehin eine gewisse Affinität der Persönlichkeit mit der bevorzugten psychohygienischen Technik voraus.

Für die Meditation vor dem Start ist jedoch in jedem Fall zu beachten: Nicht Entspannung muß jetzt der Inhalt sein — auch nicht die Bekämpfung des Startfiebers, das spätestens mit dem Startschuß von allein endet und sich häufig in einem brünstigen Schrei Luft macht —, sondern vielmehr die Motivation zur Leistung, sei es die zur guten Plazierung oder auch nur die zum Durchhalten.

SONJA GEHLEN empfiehlt Hatha-Yoga insbesondere als Mittel gegen die starken Verspannungen, die häufig auf langen Strecken auftreten. Laufen und Körper-Yoga seien eine ideale Ergänzung. Die Tiefenentspannung im Yoga bewirke eine Lockerung der Muskulatur durch Ruhigstellen. »Beim Läufer wird zum Beispiel der Quadriceps (= der vierköpfige große Streckmuskel am Oberschenkel) benutzt, um den Schenkel zu strecken. Wenn sein Gegenspieler auf der Rückseite des Oberschenkels entspannt ist, bewegt sich sein Bein mühelos nach vorn. Ist der Gegenspieler aber auch angespannt — aufgrund von Verspannungen —, wird das harmonische Zusammenspiel der Muskeln und damit auch der harmonische Bewegungsablauf gestört.« Das gleiche gilt für Verspannungen im Schulter- und Nackenbereich. Verspannte Muskeln übersäuern bei Belastung rascher als Muskeln, die während der Dauerlaufbewegung die Möglichkeit haben, immer wieder kurz zu entspannen. »Der verspannte Läufer muß seinen Lauf also eher abbrechen als ein entspannter Läufer, bei sonst gleichen Voraussetzungen. Yoga-Übungen können hier ausgleichend eingesetzt werden, um den freien Bewegungsfluß wieder zu erlangen.« Yoga-Übungen vermindern dank Lockerung und Dehnung auch die Verletzungsgefahr. Eine elastische Wirbelsäule erfüllt ihre Pufferfunktion beim Aufprall der Füße auf den Boden besser.

SONJA GEHLEN weist desweiteren auf die Notwendigkeit der Dehnungsübung hin. Beim Dauerläufer sei die Rückseite der Beinmuskulatur übermäßig ausgeprägt, häufig unelastisch oder sogar verspannt. »Verfolgt man einmal das Zusammenspiel aller Muskeln im Körper, läßt sich feststellen, daß auch Rücken und Nacken indirekt mit der Rückseite der Beinmuskulatur in Zusammenhang stehen... Dieser Sachverhalt könnte vielleicht erklären, daß viele Läufer zusätzlich zu den Verspannungen an der Rückseite der Beine auch Nackenverspannungen haben. Der Körper gleicht nur das Ungleichgewicht aus — leider durch Verspannungen.« Yoga verbessert auch die Atmung; die Luftaufnahme kann durch tiefes, bewußtes Atmen auf 3,5 bis 5 Liter erhöht werden. »Verspannungen des Zwerchfells, der Bauch- oder Brustkorbmuskulatur behindern freies Atmen. Eine harte Bauchdecke schränkt das Vorwölben des Bauches beim Einatmen ein. Verspannte Zwischenrippenmuskulatur, die den Brustkorb starr und unbeweglich hält, behindert tiefes Ein- und Ausatmen. Auch ein ständig angespanntes Zwerchfell läßt die Atmung flach werden. Es liegt auf der Hand, daß ein Läufer mit Verspannungen es ungleich schwerer hat, intensive Belastung auf längeren Strecken durchzuhalten.«

Körper-Yoga bedeutet hier Ausgleichsübung. Ich habe es dennoch unter den Psychotechniken angeführt, weil es im Gegensatz zur reinen Lockerungsgymnastik und zum Stretching eine starke seelisch-geistige Komponente hat. Daher ist es mit dem Erwerb einiger Übungen nicht getan. Wer Yoga in sein Läuferleben integrieren will, kommt um das Studium eines Anleitungsbuches oder einen Kursbesuch nicht herum.

Diejenigen, die sich noch mit keinere Psychotechnik befaßt haben, können jedoch ein Minimalprogramm praktizieren. Eine Lockerung erzielt man durch die progressive Muskelentspannung nach JACOBSON. Dazu sucht man sich einen ruhigen Platz, auf dem man sich entspannt niederlassen kann. Eine Möglichkeit bietet sich im Umkleideraum, wo man sich sogar hinlegen kann. Selbst am Startplatz kann man sich am Bordstein hinsetzen, Oberkörper leicht nach vorn gebeugt, die Unterarme locker auf den Oberschenkeln. Man schließt die Augen und beginnt nun bewußt und systematisch, einzelne Muskelpartien anzuspannen. Die Anspannung soll 5 bis 8 Sekunden dauern. Man fängt am besten mit Hand und Unterarm an. Die Spannung löst man und konzentriert sich nun auf die Entspannung. Erst die maximale Anspannung macht die völlige Entspannung erlebbar. Auf diese Weise spannt und entspannt man nacheinander Schultergürtel, Rücken- und Bauchmuskulatur, Nacken, Hals, Gesicht, Gesäßmuskulatur, Beine und Füße. Verkrampfungen dürfen dabei nicht auftreten. Am besten übt man diese Entspannungstechnik außerhalb der Wettkampfsituation. Führt man die progressive Muskelentspannung vor dem Start aus, aktiviert man den Körper durch leichte Muskelanspannung, ähnlich wie man beim Autogenen Training die konzentrative Selbstanspannung mit einer Aktivierungssuggestion beendet, sofern man nicht ruhen will.

Der Ultralangläufer, der ganz besonders auf einen ökonomischen Laufstil angewiesen ist, sollte sich daher unterwegs immer wieder kontrollieren. Bereits die formelhafte Suggestion unterwegs »Ich laufe ganz locker« kann eine Verspannung und Verkrampfung verhindern oder beseitigen. Üben ist auch dabei von Vorteil.

Auch ohne daß man das Autogene Training erlernt hat, kann man das suggestive Element daraus übernehmen. Man sucht sich vor dem Start einen ruhigen Winkel, nimmt eine bequeme Lage ein, schließt die Augen und gebraucht eine autosuggestive Formel wie zum Beispiel:
»Ich bin gut vorbereitet. Ich werde mich die ganze Zeit wunderbar fühlen. Ich werde diesen Lauf hervorragend bestehen.«

Solche Formeln sollten jedoch nicht einfach, zum Beispiel aus diesem Buch, übernommen werden, sondern der eigenen Mentalität und Artikulationsweise entsprechen. Wichtig ist auch bei dieser vereinfachten Suggestion, die Entspannung durch eine Formel zurückzunehmen, es sei denn, man habe noch Zeit zum Ruhen, zum Beispiel:
»Wenn ich gleich die Augen aufschlage, bin ich ausgeruht und völlig fit.«

In diesem Zusammenhang: Aus der Macht des Unterbewußtseins ergibt sich, daß man die weitverbreiteten negativen Startgespräche vermeiden sollte. Häufig ist am Start auf die konventionelle Frage »Wie geht's?« zu hören, wie sehr einem eine Verletzung zu schaffen gemacht habe, wie schlecht man diesmal vorbereitet sei, wie elend man sich fühle, und heute sei nun wirklich gar nichts mit einem los. In solchen Äußerungen ist ein atavistisches Moment: Es ist, als wolle der Läufer den Neid der Götter vermeiden (die Wahrheit ist, daß die Götter allenfalls schimpfen, wenn ein Läufer nichts leistet). Vielleicht soll auch ein Sportkamerad über die eigene Leistungsfähigkeit getäuscht werden. Wenn er sich denn überhaupt täuschen läßt, ist es besser, den Konkurrenten durch läuferische Selbstsicherheit zu beeindrucken. Dann erkennt er möglicherweise einen Einbruch nicht und kann daher diesen Schwächezustand nicht durch rasche Entfernung nach vorn ausnützen.

Die kritische Einschätzung des eigenen Leistungsvermögens hat längst vor dem Lauf stattgefunden und sich in einer realistischen Zielplanung niedergeschlagen. Wenn man dann am Start ist, sollte man in optimistischer Grundhaltung hinter der Linie stehen.

Diese Grundhaltung zu erreichen, ist eine Sache der Wettkampfvorbereitung. Trainer und Mannschaftsführer, die eine Mannschaft zum Ultralanglauf bringen, müssen auch auf die psychische Grundeinstellung achten. Beim Ultralanglauf ist dies Hauptbestandteil des mentalen Trainings.

Mentales Training bedeutet im Prinzip die gedankliche Vorstellung eines Bewegungsablaufes. Da der Langlauf jedoch keine Anforderungen an Koordination und Flexibilität stellt, können die Vorstellungen im mentalen Training nur dem Rennverlauf, nämlich der Bewältigung der Strecke, dienen. Voraussetzung ist, daß man die Strecke kennt. Dies ist in jedem Fall bei Ultraläufen mit starkem Wettbewerbscharakter nützlich. Auf 10-km-Rundenstrecken kann man eine Trainingsrunde laufen. Einen 100-km-Rundkurs kann man wenigstens streckenweise abfahren. Die Strecken von mehrtägigen Läufen abzufahren, könnte eher entmutigen. Doch ist es durchaus hilfreich, einige Streckenabschnitte kennenzulernen und sich insbesondere über kritische Punkte, bei denen man sich verlaufen könnte, zu orientieren. Im Wettkampf motiviert es, wenn man auf bekannte Abschnitte stößt.

Hat man seine 100-km-Strecke kennengelernt, wird man sie »auswendig zu lernen« versuchen; hilfsweise genügt auch die Vertiefung in die Karte. Dabei wird man — immer vorausgesetzt, man ist ein leistungsorientierter Läufer, der eine bestimmte Zeit erreichen will — seinen Laufplan aufstellen und auch von vornherein die Trink- oder Verpflegungspausen einplanen. Stück um Stück stellt man sich die Strecke vor, strukturiert sie dabei und versucht, sich einzufühlen, wie man den jeweiligen Abschnitt optimal bewältigt. Eine Unterstützung kann das »observative« Training sein, in diesem Fall die Betrachtung eines Films über den entsprechenden Wettkampf.

Psychologisches Trainingsziel sollte die Stärkung dieser Einstellungen sein (nach HÜLLEMANN), abgewandelt für die Ultralangstrecke:

* Selbstvertrauen (überzeugt von Trainingserfolg und Leistungsfähigkeit)

* Ernsthaftigkeit (den Wettkampf wichtig nehmen!),

* Mut zum Kampf (jede Strecke kann bezwungen werden),

* Unabhängigkeit (aus eigenem Antrieb und nicht an vermeintlichen Gegnern die Laufleistung optimieren).

Angst vor der Strecke muß abgebaut werden. Dazu ist Kommunikation dienlich.

Insbesondere bei Hochleistungsläufern können Fehlreaktionen vor dem Start auftreten; Startfieber kann den Läufer bereits Tage vor dem Start ergreifen, insbesondere jedoch am Abend vor dem Start. Die Prophylaxe kann nur langfristig erfolgen. Guter Kontakt zu einem Betreuer oder Trainer ist sicherlich vorteilhaft. Schlaflosigkeit in der Nacht vor dem Start muß sich nicht leistungsmindernd auswirken. Es wäre daher falsch, in Panik zu fallen.

Das spezifische psychologische Problem der Ultralangstrecke ist die Monotonie. Symptome des Monotoniezustandes sind (FRANK SCHUBERT):

* Neigung zu Müdigkeit und Schläfrigkeit, Unlustgefühle und geistige Stumpfheit,

* Verminderung des Wachheitsgrades (Dämmerzustand), Abnahme des Sauerstoffverbrauchs, der Pulsfrequenz und des Blutdrucks,

* Verminderung der Reaktions- und Umstellungsfähigkeit, starke Leistungsschwankungen und Absinken der Gesamtleistung.

Die Monotonie beim Ultralanglauf — als Zustand herabgesetzter psychischer Aktivität — tritt ein »infolge Überforderung durch Unterforderung«. Im einzelnen resultiert sie aus

* Der Gleichförmigkeit des Bewegungsablaufes,

* Der Reizarmut — sowohl an Belastungs- wie auch an äußeren Reizen,

* den geringen Anforderungen an die Aufmerksamkeit,

* durch fehlende Interaktion (am anderen Ende der Skala stehen Mannschafts- und Kampfsportarten),

* der zeitlichen Dauer.

Kennzeichen verschiedener Vorstartreaktionen (nach Puni)

aus Hüllemann »Leistungsmedizin - Sportmedizin - für Klinik und Praxis«

		Kampfbereitschaft	Startfieber	Startapathie (gehemmt)
Kennzeichen vor dem Wettkampf	physiologische	Alle physiologischen Prozesse verlaufen normal	Stark irradiierende (sich ausbreitende) Erregung, akute vegetative Umstellungen (erhebliche Pulsbeschleunigung, Schweißausbruch, Harndrang, Gliederzittern, Schwächegefühl in den unteren Extremitäten u. ä.)	Träge, völlig gehemmte Bewegungen, Gähnen
	psychische	Leichte Erregung, freudige, etwas ungeduldige Erwartung des Kampfes, optimale Konzentrationsfähigkeit, beherrschtes Auftreten, kraftsprühend	Starke Nervosität, unkontrollierte Handlungen, Vergeßlichkeit, Zerstreutheit, unsicheres Auftreten, Hast, unbegründete Geschäftigkeit	Schlaff, träge, apathisch, Stimmungstief; wünscht den Kampf abzumelden, müde, »sauer«, unfähig zum Einarbeiten
Handlungen im Wettkampf		Kampf wird sehr organisiert nach dem taktischen Plan aufgenommen, klare Orientierung, die Kampfsituation wird beherrscht, alle verfügbaren Kräfte werden taktisch richtig zum Einsatz gebracht; das erwartete Wettkampfresultat wird erreicht oder noch übertroffen	Tätigkeit des Sportlers ist gestört, teilweise desorganisiert, er kämpft »kopflos«, verläßt seine taktische Linie, verliert das Tempogefühl, verausgabt sich vorzeitig; Bewegungsabläufe sind unbeherrscht, bei hohen bewegungstechnischen Anforderungen Häufung von Fehlern, stark verkrampft	Es wird nicht energisch gekämpft, die Willensaktivität läßt schnell nach; der Sportler ist unfähig, seine vorhandenen Kräfte zu mobilisieren, es »läuft« nicht; nach dem Wettkampf nicht verausgabt, weil alle Handlungen auf einem niedrigen Niveau lagen

Fast jeden dieser Faktoren kann man gezielt angehen:

* durch bewußten Tempowechsel,

* durch Kompensation auf dem Wege über absichtlich gesuchte Sinnesreize; beispielsweise kann auch die Abkühlung mit Wasser über den physiologischen Zweck hinaus psychologisch einen Außenreiz bedeuten,

* durch zielgerichtete Aufmerksamkeit, beispielsweise Beobachtung von Landschaft, Wetterlage, Tieren, Mitläufern, Fahrzeugen, Bauwerken,

* Registrierung von Körpersignalen,

* Kontakte zu Mitläufern, Betreuern und Publikum,

* Strukturicrung der Strecke — Gliederung in einzelne Abschnitte, die man sich als Teilziele vornimmt.

Jedoch, auch der Begriff »Monotonie« selbst ist keine festumrissene Größe, sondern zum einen subjektiv auslegbar — darauf beruhen die Vorurteile von Sportfunktionären, die niemals für die Langstrecke trainiert haben, — zum anderen ist sie trainingsabhängig.

Erfahrene 100-km-Läufer wissen, daß die Verarbeitung der Monotonie Hauptbestandteil des psychischen Anforderungsprofils im Ultralanglauf ist. Anfänger wissen das noch nicht und sind daher auf die Gefahr der Monotonie nicht vorbereitet. Deshalb ist es für Anfänger besser, eine schwierigere, aber zahlreiche Außenreize setzende Strecke für das Debüt zu wählen als eine schnelle, aber reizarme Strecke. Strecken mit mehr als zwei Runden sind in der Regel reizarm. Mit Sicherheit tritt Monotonie beim 24-Stunden-Lauf und bei mehrtägigen Läufen auf.

Monotonie, selbst da, wo sie objektiv besteht, wird weniger stark empfunden

* bei hoher Motivation,

* bei starker seelisch-geistiger Aktivität,

* hoher Aufmerksamkeit,

* Heraufgesetzter Ermüdungsschwelle,

* vermehrten Außenreizen (Publikum),

* Mobilisierung motorischer Reserven (»Duell«, »Endspurt«).

84

Anfänger haben als Plus, daß sie als Außenreize empfinden, was für routinierte Ultra-Läufer gar kein Reiz mehr ist. Im allgemeinen aber haben es Anfänger schwerer. Um so wichtiger ist es für sie, sich der psychischen Ermüdungsfaktoren bewußt zu werden, sie notfalls im Training zu simulieren (auch mal unbekannte, objektiv monotone Strecken laufen) und gezielt Innenreize zu setzen. Das bedeutet, sich mit Dingen zu befassen, die mit dem Laufen gar nichts zu tun haben. Man kann sich vom Laufen und seinem Monotonie-Problem dadurch ablenken, daß man sich emotional oder intellektuell beschäftigt. Man denkt an Probleme oder Zustände, die Gefühle hervorrufen; man erörtert in Gedanken Fragen, die einen interessieren, und selbst einfache geistige Vorgänge wie das Aufsagen von Gedichten sind ein Mittel, der Monotonie der Ultralangstrecke zu begegnen.

WILLIAM MORGAN bezeichnet dies als dissoziatives Laufen; assoziatives Laufen ist die Identifikation mit der Strecke. Da wo hohe Leistungsintensität erbracht werden muß, ist assoziatives Laufen von Vorteil, also etwa für Hochleistungssportler beim Marathon. Da kommt es darauf an, ständig die Kontrolle über seine Leistung und seine Position zu behalten. Beim Ultralanglauf überwiegt das dissoziative Laufen, die Ablenkung von Strecke und Bewegung .Stark leistungsorientierte Ultralangläufer müssen sich darüber im klaren sein, daß dabei die Gefahr eines Kontrollverlustes besteht, man also, weil man nicht mehr auf Geschwindigkeit, Position und Streckenorientierung achtet, langsamer wird. Jeder muß also für sich auspendeln, welche Gefahr größer ist — der Kontrollverlust oder die Monotonie — und danach den Anteil assoziativen Laufens bemessen. Für die Masse der Ultralangläufer besteht dieses Problem nicht. Da kommt es vor allem darauf an, psychische Ermüdung zu vermeiden und sich immer wieder vom Bewegungsvorgang und von der Strecke abzulenken.

Auch ein Rundkurs mit monotonen Abschnitten kann die Aufmerksamkeit dann vermehrt beanspruchen, wenn man ihn zum wiederholten Male läuft. Man wartet gewissermaßen darauf, daß bestimmte Streckenmerkmale, die vom ersten Lauf noch in Erinnerung sind, wiederkehren. Der Erfahrung nach scheint es dabei jedoch eine Kurve zu geben: Sie steigt nach dem ersten Lauf an, erreicht — nach einem oder mehreren Erfolgserlebnissen — den Höhepunkt und fällt dann ab. Man merkt schließlich: »Die Luft ist raus.« Es bedarf neuer Movivation, diese altbekannte Strecke leistungsorientiert wieder zu laufen. Veranstalter, die einen Teilnehmerstamm behalten wollen, sollten daran denken.

Assoziatives Laufen: Biel-Läufer nach innen gewandt

6.3 Läuferpersönlichkeit

Der 100-km-Lauf weist ein psychologisches Anforderungsprofil auf, das zwar noch nicht exakt definiert ist, aber — empirisch gesichert — kongruent mit bestimmten Eigenschaften ist. Ultralangläufer werden die Frage, welches Verhalten den Ultralanglauf-Erfolg begünstigt, damit beantworten:

* Durchhaltevermögen, Zähigkeit, Willenskraft, Geduld, Stetigkeit = psychische Ausdauer.

* Hoch motivierbar, auch für extreme Leistungen, Mut zum Abenteuer = Mut zu psychophysischer Selbsterfahrung.

* Nicht zimperlich im Ertragen von Beschwerden und anderen Unlustgefühlen, »Sturheit« = Hohe Erregungsschwelle.

* »Charakterstärke«, Selbstbehauptung = Ich-Stärke.

Die psychischen Voraussetzungen für die Ultralangstrecke können erworben und trainiert werden. Positive Verstärker (SKINNER) sind für Ultralangläufer

* Erfolgserlebnisse (Steigerung des Selbstwertgefühls),

* soziale Anerkennung,

* individuelle Einzigartigkeit in negativ eingestelltem Umfeld.

Auch hier zeigt sich wieder, daß es derjenige, der zum wiederholten Male die Ultralangstrecke läuft, leichter hat. Die vorangegangenen Erfolgserlebnisse sind positive Verstärker.

Allerdings kann der erste Versuch — bei schlechter Vorbereitung oder ungünstigen Bedingungen — auch eine traumatische Wirkung haben, die lange anhält oder überhaupt dazu führt, daß jeder weitere Versuch abgelehnt wird. Wer die Ultralangstrecke für sich selbst ablehnt, ist leicht geneigt, scheinbar vernünftige Argumente gegen den Ultralanglauf überhaupt vorzuschieben. Ist der erste Versuch gescheitert — Scheitern bedeutet: Aufgeben, ohne daß eine ernsthafte Verletzung vorliegt —, bedarf es für den zweiten Versuch häufig einer von außen kommenden Motivation: Wiederholung deshalb, weil zum Beispiel ein Vereinskamerad den Hunderter gerade laufen will. Leider fehlt bei den Sportvereinen traditioneller Prägung nicht selten die Stimulation gerade für Ultralangläufer.

Zusammengefaßt: Da die psychischen Voraussetzungen für die Ultralangstrecke erarbeitet werden können, kann jeder, wie immer er psychisch strukturiert sein mag, die Ultralangstrecke laufen.

Gibt es gleichwohl eine bestimmte Läuferpersönlichkeit, die für die Ultralangstrecke prädestiniert ist? Es scheint so zu sein, unabhängig von den konditionellen Bedingungen, genauso wie es Läufer gibt, die zeitlebens eine bestimmte Laufdisziplin unterhalb des Marathons bevorzugen. Doch um dazu eine schlüssige Aussage zu formulieren, sind die Prämissen nicht eindeutig genug. Noch fehlt die Aussage darüber, ob sich die Läuferpersönlichkeit erst innerhalb des Laufsports herausbildet oder ob selektiv bestimmte Persönlichkeiten zum Laufsport finden. »Einerseits spricht die Blutgruppenverteilung (Blutgruppe O ist unter guten und älteren 100-km-Läufern überproportional vertreten, d. Verf.) eindeutig für die große Bedeutung genetischer Komponenten, andererseits weist die Erfahrung immer wieder auf die tiefgreifenden Veränderungen bestimmter Persönlichkeitsstrukturen durch die Ausübung von Langlauftraining hin« (KLAUS JUNG). Solche Veränderungen sind an Hand von Fragebogen-Erhebungen registriert worden (ALEXANDER WEBER).

Ich selbst halte es für möglich, daß sowohl das eine wie das andere zutrifft: daß Menschen mit einer entsprechenden Veranlagung zum Laufsport allgemein und zum Ultralanglauf insbesondere finden, daß aber auch dank tiefenpsychologischen und dank lerntheoretischen Prozessen Veränderungen stattfinden. Jeder Mensch unterliegt im Lauf des Lebens mehr oder weniger Verhaltensänderungen — Wesensänderungen wären pathologisch —; die psychischen Vorgänge beim Laufen und insbesondere die Grenzerfahrung beim Ultralanglauf führen sicherlich zu tiefgreifenderen Veränderungen. Daraus erklären sich sowohl positive wie auch negative Auswirkungen eines extensiven Trainings — positiv die Ausstrahlung auf andere Lebensbereiche, die Steigerung der Belastbarkeit, die Erhöhung des Selbstwertgefühls, die Weckung und Steigerung des Gesundheitsbewußtseins, negativ Konflikte mit einer verständnislosen Umwelt und Partnerschaftsprobleme, zumal wenn sich die Partner allzu unterschiedlich entwickeln.

Wie auch immer die Läuferpersönlichkeit geformt wird, — nach einer Erhebung (JUNG) zeichnet sich ein Persönlichkeitsprofil des 100-km-Läufers ab. Die Auswertung von 62 Fragebogen nach dem Freiburger Persönlichkeitsinventar (FPI), einer gebräuchlichen Befragungsmethode — ausgefüllt von Teilnehmern am 100-km-Lauf in Unna — ergab deutliche Abweichungen einzelner Persönlichkeitsmerkmale im Vergleich zum Bevölkerungsdurchschnitt. In 5 von 12 FPI-Skalen liegen die 100-km-Läufer deutlich unter dem Durchschnittswert der Allgemeinbevölkerung.

JUNG interpretiert die Ergebnisse so: »Läufer leiden seltener unter psychosomatischen Störungen; sie scheinen Streß und die Beanspruchungen der modernen

Lebensweise eindeutig besser bewältigen zu können, obwohl sie sich weder in beruflicher Hinsicht noch im Hinblick auf die Größe ihres Wohnortes von der Allgemeinheit unterscheiden. Die geringe Nervosität bei Läufern läßt sich auf die besseren Möglichkeiten zur Verarbeitung und Bewältigung von Streßfaktoren bei Läufern zurückführen, vor allem wenn er allein läuft und sich dadurch intensiver auf seine Probleme konzentrieren kann. Hier liegt der Vorteil des Laufens aus psychologischer Sicht vor allem im Zwang zum Nachdenken über Dinge, die sonst häufig verdrängt oder aus dem Bewußtsein verloren werden. Vor allem die Bewußtwerdung von bisher Verdrängtem trägt maßgeblich zu dem geringen Nervositätswert bei; denn die Gefahr des Verdrängens besteht in der Überlastung des Unterbewußtseins und damit der gesamten Psyche.

Fügt man den Gedanken noch das körperliche Empfinden des Läufers beim Laufen hinzu, so läßt sich daraus die Möglichkeit einer allgemeinen psychophysischen Regeneration durch das Laufen erkennen (SONNTAG, 1976).

Die spontane Aggressivität und das Dominanzstreben des 100-km-Läufers sind ebenfalls deutlich schwächer ausgeprägt als bei der Durchschnittsbevölkerung, welche Eigenschaften auf tolerantes und wenig aggressives Verhalten schließen lassen. Aggressivität kann auf verschiedene Ursachen zurückgeführt werden. Nach DOLLARD et. al. (1939) sind Frustrationen die kausale Bedingung für ihre Entstehung, BERKOWITZ (1969) läßt auch anderen Faktoren bei ihrer Genese eine wichtige Rolle zukommen. Wenn Frustrationen für jeden Menschen mehr oder weniger im täglichen Leben gegeben sind — davon ist auszugehen —, kann dies nur bedeuten, daß Langstreckenläufer sie günstiger bewältigen und verarbeiten können, ohne sie zu verdrängen.

Bewußtmachungen positiver Gegenpole, beispielsweise Leistungen und Erfolge beim 100-Kilometer-Lauf, sind dabei von großer Bedeutung, indem sie die Befriedigung geben, das selbstgesetzte Ziel erreicht oder auch nur sein körperliches Leistungsvermögen beobachtet zu haben.

Depressivität und emotionale Labilität stehen in relativ engem Zusammenhang, indem sie ähnliche Symptome darstellen, die beispielsweise Stimmungslabilität und Minderwertigkeitsgefühle betreffen. Beide Skalen sind bei Langstreckenläufern gering ausgeprägt. Das Aufkommen von Minderwertigkeitsgefühlen wird durch eine verbesserte körperliche Leistungsfähigkeit abgeschwächt bis ganz verhindert. Auch sie beruhen meist auf Frustrationen, die sich durch Langlauf bewältigen lassen.

Die Stimmungslabilität geht in der Regel von psychischer Unausgeglichenheit aus. Sie kann mit Unordnung der Gedanken und Überlastung durch die verschiedensten Eindrücke zusammenhängen. Beim Langlauf bietet sich die Chance zur Selbstfindung und zum Ordnen der Gedanken, was sonst durch die ständig wech-

selnden Eindrücke nur schwer möglich ist, wodurch man zur emotionalen Ausge-
glichenheit findet.

Der Gesamtdurchschnitt der 100-Kilometer-Läufer liegt bezüglich der Skala E
(Extraversion) leicht unter dem Wert der Allgemeinbevölkerung, womit zumindest
widerlegt ist, daß sie im allgemeinen überdurchschnittlich stark introvertiert sind.
Sie neigen zwar zur Introversion, die Abweichung vom allgemeinen Durchschnittswert läßt jedoch keine eindeutige Aussage zu...

Die übrigen Skalenergebnisse entsprechen etwa denjenigen der Durchschnittsbevölkerung, besonders auch die Geselligkeit, die ja in engem Zusammenhang mit
der Extraversion zu sehen ist.«

Dieses Persönlichkeitsprofil zeigt — in schlichten Worten gesagt —: Wir sind
nicht die Spinner, für die wir gehalten worden sind und als die wir uns in der Vergangenheit wohl auch empfunden haben. Dies war die Zeit, in der eine Gesellschaft der Bequemen jede Anstrengung als pervers diskriminiert hat. Inzwischen
hat das Umdenken begonnen. Wir Ultralangläufer können für uns in Anspruch
nehmen, daß jede unserer Teilnahmen an Ultraläufen eine Pionierleistung
gewesen ist — auch innerhalb des offiziellen Sports, dessen Repräsentanten sich
von den Zehntelsekunden faszinieren lassen, aber den äußerlich undramatischen,
ja in Publikumsaugen langweiligen Kampf mit der Strecke ins Kuriositäten-
Kabinett verbannen.

Aus jener Zeit, da das Vorstellungsvermögen beim Marathon endete, hat sich der
Verdacht erhalten, wir seien samt und sonders Masochisten. Merkwürdigerweise
ist noch keiner auf die Idee gekommen, dann müßten ja wohl Fußballer samt und
sonders Sadisten sein.

ED DODD, Lehrer in New Jersey, der als Crossläufer begonnen hatte und Erfahrungen in 24-Stunden-Läufen hat, bezeichnet die Behauptung, Ultramarathoner
seien von Natur aus Masochisten, als einen Mythos.»Männer und Frauen, mit
angemessenem Training und Tempo, können Distanzen von 50 bis zu mehreren
hundert Meilen zurücklegen, ohne sich mit ihren Energiereserven oder ihrer Willenskraft zu übernehmen. Wenn einige Athleten diesen Sport mit einer 'Alles-oder-
nichts'-Attitüde, mit 'Blut und Schneid' oder 'Niemals verzweifeln' angehen, werden sie sich damit vielleicht ins Unglück stürzen. Ultramarathon ist einfach zu
schwierig, ihn mit solcher Intensität anzugehen. Nachdem er sich selbst in fehlge-
leiteten Anstrengungen beim Rennen in die Erschöpfung getrieben hat, wird der
schneidige Läufer gern Opfer einer Verletzung. Der erfahrene Ultrastrecken-
Spezialist weiß, daß es auf den letzten Meilen eines Rennens zu leichten Beschwerden kommen dürfte, aber diese sind in der Atmosphäre der Wettbewerbsstimulanz
leicht zu bekämpfen.«

6.4 Emotionen beim 100-km-Lauf

Eine beliebte Frage an Langläufer — erst recht an Ultralangläufer — lautet:»Was denkt ein Läufer beim Laufen?« Die Frage ist insofern falsch gestellt, als ja ein Mensch, der keiner intellektuell zielgerichteten Tätigkeit nachgeht, keineswegs unentwegt»denkt«. Auch beim Autofahren, wenn man nicht noch in den Anfangsjahren steckt, denkt man nicht. Allenfalls denkt man über irgend ein Problem nach, das mit dem Autofahren nichts zu tun hat.

Die beiden Bewußtseinsebenen, Bewußtsein und Unterbewußtsein, werden beim Laufen ausgefüllt durch

* psychosomatische Antworten auf Reize,

* freies Assoziieren,

* Emotionen,

* Akte des Verstandes

Bei den Emotionen kann man, im Gegensatz zu den individuell jeweils völlig unterschiedlichen anderen Bewußtseinsinhalten, nach Gemeinsamkeiten suchen und vielleicht sogar Kausalitäten feststellen.

In einem sportpsychologischen Kongreß unter dem Generalthema»Leistung und Emotionen« sind erstmals auch»Emotionen beim 100-km-Lauf« behandelt worden. Veranstalter war die 1969 gegründete»Fédération Européenne de Psychologie des Sports et des Activitées Corporelles« (FEPSAC). Der Kongreß fand im Sommer 1983 in der Eidgenössischen Turn- und Sportschule Magglingen oberhalb von Biel (Schweiz) statt. In einem Workshop bestritten die Ultralangläufer GABY BIRRER (mit 8 : 28 Stunden Siegerin 1983 in Biel), PETER RUPP (dreifacher Sieger in Biel, Bestzeit dabei 6 : 42), RETO CALDERARI und der Verfasser eine Podiumsdiskussion; sie wurde moderiert von dem Bieler Chefredakteur MARTIN BÜHLER, der ebenfalls mehrmals den Bieler Hunderter gelaufen ist. Die Befragung soll in einfachen Worten deutlich machen, welche Emotionen Ultralangläufer in bestimmten Situationen bewegen. Alle Befragten haben an demselben Lauf teilgenommen.

BÜHLER: Ich blende zurück zum Start des letzten Bieler 100-km-Laufs. Welches waren Ihre Gefühle in den letzten drei, vier Minuten vor dem erlösenden Startschuß?

Populär-Psychologie

Emotionen bei
km 20	Wunderbar, es läuft!
km 30	Nanu, leichte Beschwerden?
km 40	Mist, doch falsch trainiert.
km 50	Nächstes Jahr... (neuer Trainingsplan)
km 60	Hunger!
km 70	Scheiße, keine Lust mehr!
km 80	Was soll dieser Blödsinn, 100 km laufen!
km 90	Aufgeben? 90 km vergeblich gelaufen?
km 100	Hervorragend, geschafft! Aber nie wieder!

Nach drei Tagen
      Mal sehen, wie der Termin im nächsten Jahr liegt...
Aus: CONDITION 5/78

RUPP: Aus meiner Sicht muß ich unterscheiden, in welcher Situation, in welcher Rolle man da an den Start geht. Ich habe nämlich beides erlebt; 1982 wollte ich einfach einmal mitmachen, möglichst gut durchkommen. Ich war in dem Sinne überhaupt nicht belastet. Ziel war einfach, 100 Kilometer zu laufen, irgendwie in Biel anzukommen. Da nahm ich die letzten fünf Minuten vor dem Start sehr gelassen; ich stand auch nicht zuvorderst, obwohl ich wußte, ich kann 7 Stunden und 30 Minuten laufen. Trotzdem war ich nicht nervös oder angespannt. Ich dachte einfach: Ich habe genügend Zeit, die ganze Nacht, und wenn es schlecht läuft, auch noch den Samstag hindurch. 1983 war die Situation komplett anders. Ich wurde als Favorit herausgestellt. Ich wußte auch auf Grund meiner Zeit, die ich 1982 in Genf gelaufen bin — 6 : 43 —, daß ich noch schneller laufen kann. Auf Grund meines Laufvermögens fühlte ich mich selber irgendwie in einer Favoritenrolle. Da beschäftigt man sich dann eher mit dem Rennen und mit dem Gegner. Man fragt sich: Wer zieht schnell los? Wie geht es auf den ersten Kilometern? Macht einer Tempo oder gibt es eher ein taktisches Rennen? Natürlich beschäftigt man sich auch mit der Riesendistanz, vielleicht auch mit der Dunkelheit, wenn man im Hintergrund die dunkle Nacht sieht und das erleuchtete Biel. Man fragt sich selber: Was kommt auf uns zu — gibt es Regen? Man beschäftigt sich mit der Temperatur, man beschäftigt sich auch mit dem eigenen Körper vorher, man fragt sich nochmals: »Habe ich mich gut vorbereitet? Ist alles okay?«, um möglichst selbstsicher starten zu können.

GABY BIRRER: 1983 war mein vierter Hunderter in Biel. Die ersten zwei habe ich in Begleitung meines Mannes gemacht. Da kam es uns nicht auf die Zeit an. Wir wollten einfach zusammen durchkommen. Das dritte Jahr startete ich für mich allein — auch mein Mann —, und mein Ziel war, eine gute Zeit zu laufen, so unter elf Stunden. 1982 war die Zeit 9 : 51. 1983 konnte ich das erstemal bei den Eliteläufern starten. Das war sehr angenehm für mich; ich mußte nicht in dem

Rummel von den Leuten sein. Ich beobachtete die guten Läufer, und ich fühlte mich eigentlich nicht dazugehörig. Auch bei den Damen am Start, die ich dort sah, sah ich mich in den hinteren Regionen. Deshalb war ich vor dem Start ganz unbelastet. Ich machte mir keine Sorgen. Es kam mir vor dem Start nicht vor, als hätte ich jetzt 100 Kilometer zu laufen. Vielleicht war das der ausschlaggebende Punkt, daß ich so locker die Strecke durchstehen konnte.

BÜHLER: Ob da ein Verdrängungsmechanismus mitspielt, müssen die Sportpsychologen beurteilen können. — Drei Minuten vor dem Start, Herr Sonntag!

SONNTAG: Ich muß Sie ganz schrecklich enttäuschen. Drei Minuten vor dem Start habe ich keine Gedanken. Ich glaube auch, daß ich keine Emotionen habe vor dem Start. Was Sie hier ansprechen, die emotionale Beschäftigung mit dem Lauf, die findet bei mir viel früher statt. Bevor es zur Startaufstellung kommt, versuche ich zu meditieren. Mir über meine Situation klar zu werden und über die Strecke. Das ist also eine Art mentaler Vorbereitung, mit Elementen des Autogenen Trainings. Ich versuche, mir die Strecke vorzustellen und mir zu suggerieren, daß ich in ausgezeichneter Verfassung sei und daß alles gutgehen werde. Das findet etwa dreiviertel Stunden vor dem Start statt. Bei der Startaufstellung selbst fühle ich mich schon von Berufs wegen in die Rolle des Beobachters gedrängt. Ich genieße aber auch das soziale Erlebnis. Solche großen Läufe sind ja eben auch in der Laufszene — viele von uns kennen einander — soziale Ereignisse. Nun aber die drei Minuten vor dem Start — sie sind erfüllt von Spannung. Ich schaue immer auf die Uhr, ob auch der Stoppmechanismus geht. Das ist also ganz prosaisch. Wenn ich mich so erinnere: Es ist eigentlich ein Gefühl der Leere, das ich in diesen drei Minuten davor habe.

CALDERARI: 1983 wollte ich gut abschneiden, weil es der 25. Jubiläumslauf war. Vor dem Start war ich sehr aufgeregt — ich rannte hin und her, da sah ich noch zehn Minuten vor dem Start, daß ich die Nummer vergessen hatte, da mußte ich noch schnell die Nummer holen. Dann steht man voran, dann denkt man, daß man so schnell wie möglich am Ziel ist. Ich als Volksläufer habe vor allem Freude, daß es endlich los geht. Und ich beobachte das auch bei anderen. Das äußert sich auch daran, daß man wildfremden Leuten auf die Schultern klopft, daß man sich einen guten Lauf wünscht.

BÜHLER: Der Startschuß ist gefallen, der Lauf geht die ersten, drei, vier Kilometer durch Biel. Es hat Tausende von Zuschauern links und rechts der Strecke. Welchen Einfluß hat das Publikum auf Sie?

CALDERARI: Ich brauche das Publikum. Das ist seit zwanig Jahren so. Wenn ich in den Wald reinkomme, dann hab' ich wieder eine Krise. Und wenn es durch das Sparlier des Publikums geht, dann bin ich wieder ganz locker. Biel ist unglaublich faszinierend. Diese vielen Zuschauer auf der ganzen Strecke ... Drum mach' ich diesen Sport.

SONNTAG: Das Publikum hat auf mich einen durchaus stimulierenden Einfluß. Ich kann das auch vergleichen mit anderen Laufveranstaltungen. Ich bin neulich einen Nachtmarathon gelaufen, ich war völlig allein, kein Mensch an der Straße, allerdings auch keine Betrunkenen, die einen verspotten. Aber dennoch, ein solcher Lauf ist öde. Das Gegenstück ist etwa New York, wo zwei Millionen an der Strecke stehen, und man keinen Meter ohne Zuschauer läuft. Da ist allerdings die Gefahr einer Übermotivation gegeben, wenn man von dem Publikum vorwärtsgepeitscht wird — über seine Verhältnisse hinaus. Wenn ich Biel nun einordne, dann kommt das eher in der Richtung auf New York, aber ohne diese Überstimulation. Das Publikum motiviert mich, aber ich übernehme mich dabei nicht.

GABY BIRRER: Mir geht es in gewissen Teilen wie dem Herrn Sonntag. Ich schätze Publikum, auf jeden Fall, aber ich schätze auch die Augenblicke, wo ich alleine in der Natur springen kann. Und hier in Biel, das spornt einen an, wenn die Leute massenweise dastehen am Straßenrand. Aber für mich wirkt das Publikum manchmal fast etwas störend. Und zwar ist das in Momenten, wo es einem vielleicht nicht so gut läuft und wo das Publikum stark schreit, so daß es einem fast Ohrenschmerzen bereitet. Trotzdem spornt es einen an. Nachher, wenn man wieder in der Natur ist, merkt man erst, wie schön es auch ist ohne Publikum. Im Ziel natürlich wäre es traurig, ohne Publikum. Deshalb finde ich den Hunderter hier in Biel so schön, weil es abwechselt. Man merkt schon von weitem, hier kommt wieder ein Dorf, wo es Leute hat. Was mich sehr stört beim Publikum, in Aarlberg ist eine ziemlich schmale Passage, auch hat es viele Leute, die rauchen und einem den Rauch ins Gesicht blasen. Wahrscheinlich denken sich die Leute nicht viel dabei. Aber für die Sportler ist das manchmal sehr unangenehm.

RUPP: Ich hab' mir nach jedem Lauf Gedanken gemacht, wie weit das Publikum meine Leistung beeinflussen kann. Ich habe alles schon erlebt, ich war in New York; ich hab' dort eine gute Zeit gelaufen. Ich bin in Genf gelaufen, 100 Kilometer lang, alles Asphalt, auf der Hauptstraße — keine Zuschauer —, im Verkehr, ich kam mir manchmal fast als Sonderling vor, da auf der Straße, mit einer Nummer auf der Brust. Ich war voraus und bin 6:43 gelaufen. Wie gesagt, ich war natürlich mit dieser Zeit auch sehr zufrieden, bei einem Lauf, da überhaupt keine Atmosphäre herrschte. Biel ist ja anders. Man schätzt schon, daß man ab und zu wieder in ein beleuchtetes Dorf, in ein belebtes Dorf hinein läuft; aber ich schätze es immer wieder, wenn ich dieses Dorf, den Lärm, verlassen kann. Ich habe zum Beispiel auch meinen Betreuern sehr oft unterwegs gesagt: »Seid doch einmal ruhig, ich will jetzt nichts hören.« Ich wollte nur meinen Schritt hören, in die Natur hineinhören. Und wenn ich die Zwischenzeiten in Biel manchmal analysiere, dann habe ich immer in diesen Phasen, wo überhaupt keine Menschen sind, auf dem Ho-Tschi-Minh-Pfad, das Rennen entschieden. Ich bin dort eindeutig am schnellsten gerannt, ohne Publikum. Ich trainiere auch sehr oft alleine. Und ich weiß auch, wenn ich allein trainiere, daß ich sehr viel schneller renne, als wenn ich in einer Gruppe trainiere. Ich persönlich brauche für eine gute Leistung das Publikum nicht unbedingt. Ich setze mir einfach ein Ziel. Ich will so schnell laufen. Und ich kann mich, um dieses Ziel zu erreichen, ohne Publikum während dem Lauf immer wieder genügend motivieren dazu.

BÜHLER: Welchen Einfluß hat das Wetter auf die Psyche des Läufers?

CALDERARI: Das Wetter spielt für mich eine entscheidende Rolle. Bei warmem Wetter, da bin ich einfach nicht genügend gut aufgelegt, um schnell zu rennen. Mir behagt es, wenn es recht kühl ist, ja sogar wenn garstiges Wetter ist. Ich habe meine Laufleistungen auch diesbezüglich immer wieder analysiert. Im Vergleich zu anderen Rennen laufe ich, wenn schlechtes Wetter ist, immer die besten Zeiten. Wenn es warm ist, kann ich weniger gut kämpfen.

GABY BIRRER: Für mich ist auch das kühle Wetter einfach angenehmer. Das soll nicht heißen, daß ich bei wirklich heißem Wetter unbedingt schlechter laufe. Ich glaube, daß beim Hunderter das Wetter für mich keine so große Rolle spielt. Vermutlich würde es eine größere Rolle spielen, wenn man länger unterwegs wäre. Die Nacht ist ja meistens relativ kühl. Ich glaube, diejenigen, die 24 Stunden unterwegs sind, müssen natürlich unter dem Wetter leiden, sei es kalt oder heiß. Viele geben ja auch auf, wenn es zu kalt ist oder bei zu großer Hitze.

SONNTAG: Für mich übt das Wetter insofern den größten Einfluß aus, als davon die Wegbeschaffenheit abhängt. Wenn es eben vorher geregnet hat, dann sind die Feldwege zumal auf dem ersten Teil der Bieler Strecke aufgeweicht, dann bedeutet jeder Schritt, bei dem man einsinkt oder in Pfützen tappt, eine Hemmung. Ich kann auch sagen, daß ich einmal auch den Gedanken gehabt habe aufzugeben, und das war bereits nach Kilometer 1. Das war bei jenem Regenlauf, als die Eisenbahnunterführung unter Wasser stand. Ich bin da knietief durchgewatet und fand, die Fortsetzung habe keinen Zweck. Ich bin eigentlich nur aus Gewohnheit weitergelaufen. Und siehe da, die Sachen trockneten nach Stunden allmählich. Aber auf die Leistungen hatte das gar keinen so großen Einfluß. Deswegen meine ich, nicht das Wetter an sich ist der entscheidende Faktor, sondern die Folgen des Wetters.

BÜHLER: Ich kann hier einfügen, die Sanitäter hatten noch nie so wenig Blasen oder Wunden zu behandeln wie bei diesem Lauf.

RUPP: Ich bin im Ausland und in der Schweiz immer gut gelaufen, wenn es geregnet hat oder ziemlich kühl war. Wenn es warm war oder schwül, hatte ich Mühe zu springen.

BÜHLER: Wir laufen weiter, wir haben Biel durchquert, die erste Steigung. Dann wird's langsam kühl. Mir persönlich geht es so, bei diesem Punkt beginnt's bei mir zu laufen. Nun die Frage an Sie: Wann kommt bei Ihnen der Punkt, wo's bei Ihnen läuft — automatisch, und es gibt eine Loslösung von Körper und Kopf, das heißt, der Körper läuft seine Kadenz, und der Kopf beginnt an Alltagsproblemen herumzustudieren? Wann beginnt, wenn überhaupt, Trennung von Kopf und Körper?

RUPP: Ich muß kurz das Rennen schildern. Ich lief dieses Jahr die ersten 10 Kilometer in 35 Minuten, das ist ein sehr schnelles Tempo. Bei einem derart hohen Tempo beschäftigt man sich natürlich noch mit dem Laufen. Das ist nicht ein automatisches Laufen. Diesen Punkt erreiche ich so bei 20, 30 Kilometern. Da kommt ein Vier-Minuten-Schnitt. Dieses Tempo kann ich einfach durchlaufen, ohne daß ich mich quäle und zwinge, schneller zu laufen. Das geht dann automatisch.

GABY BIRRER: Bei mir ist es ähnlich. Aber dieser Zustand, den Herr Rupp beschrieben hat, kommt bei mir schon nach 10, 15 Kilometern. Da läuft es bei mir einfach, wie viele ausdrücken, wie ein Motor. Die Loslösung des Geistes ist bei mir unterschiedlich. Wenn ich Mühe habe, wenn ich Krisen habe, dann beschäftige ich mich mit meinem Körper. Aber wenn es läuft, wie man so sagt, dann hat man hundert andere Gedanken. Alltagsgedanken, Beruf, Familie oder was man vorhat, in den Ferien. Es kommt aber auch darauf an, wo man steht. Man fängt an, sich Gedanken zu machen: Kann ich — als ich bei den Damen in Führung lag — diese Führung behalten oder bin ich vielleicht zu schnell angegangen?

SONNTAG: Ich möchte zurückblenden auf die ersten Kilometer, weil mir da ein wesentliches Moment noch aufzutreten scheint. Zunächst mal: Ich bin nicht der Sprinter-Typ, vor allem bin ich ein älterer Mensch; ich brauche also eine gewisse Anlaufzeit, so 3 Kilometer, um warm zu werden. Damit ist aber noch nicht dieser Automatismus des Laufens, dieser steady state erreicht; ich würde den ebenfalls so ansetzen zwischen Kilometer 10 und 15. Was mich auf den ersten Kilometern stört und gerade bis Kilometer 8 oder 10, das ist das sehr dichte Feld in Biel. Ich bewege mich ja nicht in den Höhenregionen von Peter Rupp, sondern ich laufe eben dort, wo sehr viele laufen. Da muß ich gestehen, ich habe auf diesen ersten Kilometern Aggressionen. Ich bin ein sehr friedfertiger Mensch, vielleicht bin ich zu angepaßt; jedenfalls muß ich in Biel bei diesem sehr dichten Feld immer beobachten, daß mir das Aggressionspotential einen Streich spielt. Mich stören diejenigen, die vor mir sind, und ich hab' die auch schon mit dem Ellenbogen weggedrängt. Das ist schrecklich. Wenn sich das dichte Feld dann zwischen Kilometer 8 und 10 löst, bin ich in meinem Element, da sind die Aggressionen weg, da fließt alles, da bin ich auch psychisch im Gleichgewicht. Was das Verhältnis Körper und Geist betrifft, — man könnte von einer Loslösung sprechen. Ich bemühe mich natürlich, assoziativ zu laufen, nämlich eine gute Zeit zu erreichen, Streckenvorteile zu nutzen, ganz auf der Strecke zu sein. Es kommen aber eben auch Passagen auf dem Bieler Kurs, bei denen ich mich sogar bewußt von der Strecke löse, an anderes denke, aufgehe in der Natur, den Sonnenaufgang beobachte, die Farben — der Morgen ist ja wunderschön. Ja, die Loslösung der Psyche vom Laufen findet statt, aber bei einem Wettkampf eben doch in sehr eingeschränktem Maße.

BÜHLER: Ich füge hier die Stimme des Volksläufers ein. Sie haben mich draufgebracht, ich habe auch Mühe mit dem Laufen in der Menge, in der Meute, bös ausgedrückt. Denn das keucht vorne, links und rechts, und hinten keucht jemand, und jeder in anderem Rhythmus. Das ist für mich dann sehr schwierig, meinen eigenen Rhythmus zu finden. Der einzige Ausweg wäre, daß ich so schnell werde wie Sie ... Aber das ist ein interessantes Phänomen, die Aggression in der Menge drin. — Wir sind noch beim Thema, von welchem Zeitpunkt an läuft es automatisch?

CALDERARI: Die ersten 40 Kilometer sind im Grund kein Problem. Da schaut man, auf welchem Platz man ist. Bei 60 Kilometer, da stelle ich mir immer einen anderen Lauf vor, zum Beispiel den Frauenfelder Waffenlauf, einen kürzeren. Zum Schluß kann man dann noch einen Fünftausender nehmen. Und da geht das automatisch — bis zum Ziel.

BÜHLER: Man spricht beim 100-km-Lauf von Trance, von Euphorie, von Einsamkeit. Vielleicht tritt Angst auf. Wie ist das bei Ihnen mit Stimmungsschwankungen?

RUPP: Während der Ultralangläufe geht die Psyche auf und ab. Ich erlebe da Tiefs, daß ich mich nach dem Sinn dieser ganzen Sache frage. Und vor allem wenn man sehr schnell startet, dann ist immer noch die restliche Distanz... Da gibt es eben viele, viele Einflüsse schon von außen, die diese Stimmung eben erniedrigen oder erhöhen können, wenn man zum Beispiel einen Konkurrenten überholt. 1983 habe ich mich von Anfang an von der Spitze abgesetzt, und nach 30 Kilometern war ich dann alleine, da konnt' ich niemand überholen, und ich mußte einfach 70 Kilometer durchstehen. Ich wußte, vielleicht kommen sie von hinten. In diesem Fall war eine wertvolle Stimulation jeweils der Vorsprung. An die sechs Minuten zum nächsten, und da war ich wieder euphorisch und dachte, ja, ich kann's, das geht gut. Wenn er wieder schmolz auf vier Minuten, dann, dann war die Moral wieder gesunken. Dann halfen mir meine Betreuer und zum Teil ich selber; ich redete mir immer wieder ein, daß ich das kann, noch schneller laufen. Beim erstenmal war ich relativ weit hinten gestartet und ich habe beim sechzigsten Kilometer den letzten Konkurrenten überholt. Ich hatte das Gefühl, ich fliege an dem vorbei, und tatsächlich in diesem Streckenabschnitt zwischen dem sechzigsten und siebzigsten Kilometer habe ich dem Zweiten etwa 6 Minuten abgenommen. Und er ist dann wesentlich langsamer geworden. Das war eben wahrscheinlich bedingt durch dieses Erfolgsmoment. Es war mit Abstand meine schnellste Zeit auf diesem Streckenabschnitt.

GABY BIRRER: Bei mir sind viele Ähnlichkeiten. 1983 war ich bis zum 93. Kilometer bei den Damen in Führung. Und dann hörte ich einen Ruf aus dem Publikum »Die Verfolgerin ist dir auf den Fersen«. Ich hatte keine Ahnung, wie nahe diese Verfolgerin war. Aber das hat mich schon beschäftigt. Deshalb bat ich meinen Betreuer, mir zu sagen, wie weit sie zurück sei. Ich glaube, das ist sehr wichtig. Da konnte ich mich schon, bevor sie mich überholte, darauf einstellen. Zwischen dem 93. und dem 94. Kilometer habe ich mir gesagt: Ich bin eigentlich im Vorteil. Ich bin von hier, und meine Verfolgerin, sie war eine Ausländerin. Erstens hat sie aufholen müssen, und zweitens kenne ich die Strecke — fast jeden Bogen — genau. Deshalb sollte es mir gelingen, sie wieder zu überholen. Und als ich dann merkte, daß sie nicht richtig wegkam, daß ich wieder aufschließen konnte, gab das einen Auftrieb. Die letzten 6 Kilometer waren meine schnellsten Kilometer. Ich habe diese Ausländerin überholt und um 5 oder 6 Minuten noch distanzieren können auf diesen letzten 6 Kilometern. Für mich war das ein Auftrieb, für sie wahrscheinlich, als sie sah, daß es nicht gelang, entmutigend, und deshalb wahrscheinlich hat sie noch soviel auf mich verloren.

SONNTAG: Stichwort »Euphorie« — wir haben das schon angesprochen, als die Rede vom Automatismus des Laufens war, populär gesagt »Jetzt läuft es gut«, da kommt diese Euphorie auf, in der man meint, so könne es ewig weitergehen. Das ist ja eben für uns auch der große Reiz des Laufens, dieses euphorische Gefühl. Dazu kommt noch das Naturerlebnis, wobei ich nicht weiß, was ist Folge, was ist Ursache; genieße ich die Natur, weil ich dieses euphorische Gefühl habe oder steigert das Naturerlebnis mein euphorisches Gefühl? Bei mir tritt das verständlicherweise nur auf der ersten Hälfte der Strecke auf; danach muß ich kämpfen, da ist von Euphorie keine Rede mehr. — Stichwort Angst. Nimmt man jetzt Sorge um Verletzungen, konkretisiert man also die Angst, dann möchte ich sagen: Richtige Sorge um Verletzungen habe ich nicht; ich pass' einfach auf. Man wird, denke ich, wenn man älter wird, immer vorsichtiger. Und ich wundere mich manchmal über Mitläufer, die unbekümmert auf schlechten Streckenabschnitten voranspringen. Da kann man vielleicht eine Minute gewinnen: das wiegt das Risiko des Aussteigen-Müssens jedoch überhaupt nicht auf. Stichwort Trance. Ich habe das einmal erlebt, einen Zustand, in dem man sich überhaupt keine Rechenschaft gibt über das, was man tut, und zwar auf dem letzten Teil nach Pieterlen, da war ich bei Kilometer 94 noch so gut beieinander, daß ich einen Endspurt versucht habe, und der erstreckte sich über 6 Kilometer. Das war ein Lauf in Trance. Ich weiß nicht, wen ich überholt habe. Ich weiß nicht, was rechts und links war, ich kannte nur das Ziel. Ich hab' wohl mal auf die Uhr gesehen, da war also eine rationale Kontrolle da. Aber das, was man unter Trance versteht, habe ich wohl auf jenem Lauf auf der letzten Strecke gehabt. Das ist bei anderen Läufen nicht wiedergekehrt, offenbar habe ich mich da vorher schon verausgabt.

CALDERARI: Ich kenne vor keinem Lauf Angst, weil ich einfach überhaupt noch nie eine Verletzung hatte. Mir hilft auch die Betreuung. Wenn ich nicht meinen Betreuer gehabt hätte, 15 Jahre lang, dann hätte ich wahrscheinlich nicht an Wettkämpfen dieser Art teilgenommen.

BÜHLER: Wir nähern uns dem Ziel. Die letzten drei, vier Kilometer und dann der Zieleinlauf, welche Gefühle haben Sie in Sichtweite des Ziels?

CALDERARI: Zwei, drei Kilometer vor dem Ziel, da mach' ich mich ein wenig zurecht, nehme den Schwamm, halte mich aufrecht und freue mich auf den Einlauf. Ich bin bis jetzt noch nie so daher gelaufen wie manche, die kämpfen, bis sie umfallen. Das gibt's bei mir nicht. Die letzten drei Kilometer sind ziemlich schön.

SONNTAG: Bei mir tritt dieser Adrenalin-Stoß etwa zwei Kilometer vor dem Ziel auf. Auf diesen letzten zwei Kilometern habe ich dann keinerlei Probleme mehr. Davor muß ich schon kämpfen. Ich laufe jedoch nie bis zur Erschöpfung, weil ich einfach nach Beendigung eines solchen Laufes das Gefühl haben möchte, wieder gern zu laufen und nicht etwa eine Trainingspause zu machen.

GABY BIRRER: Auch ich laufe so, daß ich in einem guten Zustand ins Ziel komme.

BÜHLER: Sie waren 1983 zwei Minuten über dem Damenrekord. Wenn Sie das gewußt hätten, hätten Sie wahrscheinlich das Tempo doch noch gesteigert?

GABY BIRRER: Ich glaube nicht. Das wäre wohl nicht möglich gewesen. Ich habe gar nicht mehr auf die Uhr geschaut; aber mein Mann sagte mir, daß ich die letzten 6 Kilometer in 24 Minuten gemacht habe. Wenn ich schnell laufe, sind normal 4:10 Minuten. 4 Minuten pro Kilometer, das war eigentlich meine Höchstgeschwindigkeit. Aber ich hatte ein sehr schönes Gefühl.

RUPP: Das Ziel nach 100 Kilometern zu erreichen, ist ein Riesenerlebnis in verschiedener Hinsicht. Man fühlt sich körperlich fit. Als Spitzenläufer weiß ich, daß nach mir noch viereinhalbtausend Läufer kommen, daß ich so quasi der größte war, das ist schon eine Steigerung des Selbstwertgefühls — bis zur Euphorie. Beim 80. Kilometer wußte ich auch, daß ich Rekord laufe. Das war jedoch eher noch ein untergeordnetes Ziel. Ich wäre gar nicht enttäuscht gewesen, wenn es keinen Rekord gegeben hätte. Das wesentlichste Moment auch bei mir als Spitzenläufer ist schon, daß ich gesund, bei guter Laune und relativ frisch in Biel einlaufe.

BÜHLER: Gut, wir sind glücklich am Ziel. Wie lange dauert dieses Glücksgefühl? Dauert das noch drei, vier Tage oder hört das bei dem Rummel um den Sieger auf?

RUPP: Das kommt meiner Meinung nach auf den Charakter an. Wenn es Montag gewesen wäre, dann wäre ich am gleichen Tag noch an die Arbeit gegangen. Ich bin da eher ein Typ, der da sehr gelassen ist. Andererseits schätze ich, wenn man die Leistung würdigt. Im Moment realisiert man nicht genau, was man gelaufen ist, wie gut die Zeit war. Man nimmt einfach den Sieg entgegen und die Gratulationen. Man muß dann auch darüber schlafen. Nachher wird alles ruhiger. Es kommt auch darauf an, in welcher Situation man beruflich und persönlich ist. Ich brauche im Sport diese Leistung nicht unbedingt, um zu leben. Es gibt Sportler, bei denen sieht das sehr wahrscheinlich ganz anders aus. Die brauchen das. Die müssen Siege auch kommerziell ausschlachten. Ich muß das nicht. Folglich kann ich auch das Siegen gelassener nehmen als eben ein »Berufssportler«.

BÜHLER: Sie haben am Radio sinngemäß gesagt, der Körper wäre noch weitergelaufen, und Sie hätten den Geist zwingen müssen, nun anzuhalten.

RUPP: Da kommen wir auf den Automatismus. Der ist einfach nach dieser langen Distanz im Körper drin. Ich wäre, ohne zu übertreiben, noch ziemlich weit gelaufen. Ich mußte effektiv am Ziel abschalten. Ich war auch nicht sehr erschöpft. Jemand, der völlig ausgepumpt ist, keine Energie mehr im Körper hat, der hört von selber auf. Wenn man sich richtig verpflegt während des Laufes, dann kann man die Muskulatur immer noch ein wenig auf Trab halten.

BÜHLER: Ich lasse Sie über die Ziellinie rennen. Wie ist Ihr Gefühl, wenn Sie's geschafft haben?

CALDERARI: Wenn's gut gelaufen ist, dann ist's ein unheimliches Gefühl. Damals war mal ein ziemlicher Rummel, das war, als ich noch 87 kg schwer war. Da wurde eine Woche noch viel geredet und geschrieben. Das war dieser Lauf, als Helmut Urbach 2 Kilometer vor dem Ziel zusammenfiel, und ich habe ihn noch massiert und ihm geholfen, und dann sprach man, ich hätte den Lauf gewinnen können; ich habe ihm dann noch 8 Minuten abgenommen. Ich war viermal in Dänemark, und da war immer in der Zeitung ... zuerst hieß es »Der Bär aus der Schweiz« — ich bin immer ein anderes Tier, in Italien war's ein Pferd. Obwohl ich nicht schön laufe. Aber das gefällt mir. Ich bin ein unheimlicher Kämpfer. Keine Technik hab' ich. Am Ziel und nach dem Ziel ist es schön.

SONNTAG: Das ist bei mir ein sehr komplexes Gefühl am Ziel. Ich möchte sagen, das hängt wohl auch vom Trainingszustand ab. In dieses Gefühl fließt also wohl auch ein dieses Jetzt-abschalten-Müssen. Irgendwie fällt jetzt plötzlich die Spannung, unter der man stundenlang gestanden hat, ab, und da ist jetzt auch das Gefühl dabei: Schade, daß jetzt alles vorbei ist. Andererseits habe ich ein Erfolgserlebnis. Ich kenne meine Placierungen gar nicht einmal auswendig. Das spielt gar keine Rolle; ich bin auf dieser Strecke gegen mich gelaufen oder ich bin gegen die Strecke gelaufen und habe gesiegt. Das Gefühl: »Schade, daß es nun vorbei ist« hält nicht sehr lange an. Denn auf der anderen Seite bin ich natürlich froh, daß ich nun nicht mehr zu kämpfen brauche. Bei meinem ersten Lauf war das anders. Da bin ich sehr untrainiert an den Start gegangen. Ich habe dann später versucht das zu beschreiben und zu interpretieren. Da war mir eigentlich so zum Weinen zumute, und ich kenne sogar Läufer, denen am Ziel die Tränen herunter geflossen sind, obwohl sie angekommen sind, obwohl ihnen nichts weh tat. Das waren auch keine Freudentränen. Meine Interpretation geht dahin: Diese ganze Strecke war wegen des schlechten Trainingszustandes eine narzißtische Kränkung sehr hohen Ausmaßes; aber dann kam eben doch die Kompensation, daß man mit dieser Kränkung fertig geworden ist, und daher vermutlich diese Gemütsbewegung. Ich habe diesen Anflug später nie mehr erlebt; aber man sollte wenigstens registrieren, daß es das offenbar gibt.

GABY BIRRER: Bei dem ersten Lauf, da wo ich mit meinem Mann gelaufen bin, da war der Zieleinlauf, vor allem weil wir die ganze Strecke zusammen gemeistert hatten, das war einfach schön. Und da war es bei uns beiden so, daß uns die Tränen kamen. Aber ich glaube nicht aus dem gleichen Grund wie bei Ihnen. Wir waren einfach so happy, daß wir zusammen die Höhen und Tiefen erlebt hatten. 1983 war es wieder ganz anders. Da wurde ich fast ins Ziel getragen, so hatte ich das Gefühl. Ich hatte auch das Gefühl, daß ich weiterspringen könnte. Aber da muß ich vielleicht einschränken, ich glaube, das ist nur, wenn man den Lauf gewinnt. Ich glaube, wenn ich als zweite angekommen wäre, wäre das Gefühl lang nicht so schön gewesen. Mein Ziel war nur, meine Zeit vom vorigen Jahr um einige Minuten zu verbessern. Ich habe sie wohl um anderthalb Stunden verbessert. Wie lange das Glücksgefühl andauert... Im ersten Moment realisiert man das gar nicht so ganz. Ich glaube, als ich ankam, war ich in Trance. Ich konnte es einfach nicht begreifen, daß ich jetzt wirklich diese 100 Kilometer in einer für mich unglaublichen Zeit gelaufen bin. Richtig erfaßt, was ich geleistet habe, habe ich erst am Tag darauf. Und zwar hauptsächlich durch Gespräche mit meinem Mann und anderen Kollegen, wie die mir gratulierten.

BÜHLER: Und jetzt lassen wir das Podiumsgespräch einfach überspringen. Wer unter den Zuhörern möchte Fragen stellen?

Prof. Dr. NADOLNY, Budapest: Was ist der Unterschied in Ihrer Lebensweise vor dem 100-km-Lauf und jetzt? Ist Ihre Lebensweise durch den 100-km-Lauf beeinflußt worden?

RUPP: Da kann ich sehr Prägnantes dazu sagen. Ich habe 1976 mit dem Laufsport angefangen. Ich hatte 86 kg, das heißt, früher habe ich schon ziemlich viel Sport getrieben, doch dann zehn Jahre lang nur zugenommen. 1976 fing ich an, regelmäßig zu laufen, und die Kilo sind weggegangen — 68, 67 kg. Schon von dieser Seite hat der Laufsport mich einfach verändert. Das regelmäßige intensive Training hat ohne Zweifel auch meine Psyche verändert. Ich fühle mich einfach stabiler in jeder Beziehung. Ich kann sehr oft Nein sagen, was ich früher nicht konnte.

Ich bin früher, in meinen fetten Jahren, zweimal in der Woche mit Kollegen Bier trinken gegangen, manchmal sogar zuviel, und das hat auch dazu geführt, daß ich immer fetter geworden bin. Heute kann ich sagen, nein, ich trinke jetzt nichts. Auch zu einem bestimmten Anlaß — wenn ich keinen Wein trinken will, dann sage ich das. Die ganze Lebensweise ist für mich einfach bewußter geworden. Ich plane auch sehr wahrscheinlich mehr. Ich suche auch die Familie zu interessieren und dem Sport zuzuführen, was ich vorher nicht konnte.

SONNTAG: Nicht speziell der 100-km-Lauf, wohl aber das Laufen an sich hat meine Lebensweise entscheidend verändert — im Sinne eines erhöhten Gesundheitsbewußtseins, auch eines Umweltbewußtseins. Wer ständig durch die Natur läuft — wir laufen ja selten auf Sportplätzen, ich überhaupt nicht —, der hat einfach ein Gefühl für die Natur und dafür, daß man sie erhalten muß. Ich habe vor einigen Jahren meine Ernährung völlig umgestellt; das Ernährungsbewußtsein ist gerade bei Läufern sehr hoch entwickelt — weg vom Fleisch, von Eiweiß, hin zu Kohlenhydraten und vor allem hin zu Vitaminen, Spurenelementen und anderen Vitalstoffen. Ich habe in den letzten Jahren eine ganze Menge dazugelernt, worüber ich mir früher überhaupt keine Gedanken gemacht habe. Da habe ich mich konventionell ernährt wie alle anderen, aus Büchsen gelebt, Schokolade und Süßigkeiten hineingefuttert, während ich heute durchaus kontrolliert esse, ohne daß ich deswegen ein Kostverächter wäre. Und auch mit dem Alkohol halte ich es ähnlich. Scharfe Alkoholika habe ich ohnehin nie gemocht, die sind aber nun völlig weggefallen. Früher habe ich doch aus Konvention das Angebot angenommen, heute danke ich entschieden. Auch in psychischer Beziehung hat sich mein Leben verändert im Sinne einer Stabilisierung, natürlich auch im Sinne einer höheren Leistungsfähigkeit.

GABY BIRRER: In der Ernährung ist bei mir kein Unterschied zu vorher. Ich esse, wonach mich gerade gelüstet. Ich habe da keine Umstellung gemacht. Auch das Gewicht habe ich seit fünfzehn Jahren gleich. Was sich bei mir vor allem geändert hat — ich glaube, ich bin sehr viel widerstandsfähiger geworden. Das ist in vielen Dingen so — nicht nur gegen Krankheiten, sondern vielleicht auch im Berufsleben. Ich bin selbstsicherer. Aber sonst hat das Laufen meine Lebensweise nicht stark verändert, außer daß ich fast jeden Tag trainieren gehe.

CALDERARI: Mir hat das Langstreckenlaufen seit zwanzig Jahren sehr viel bedeutet. Früher, bevor ich von Graubünden nach Biel kam, saß ich viel in Restaurants herum, hatte schlechte Kollegen. Durch das Laufen hatte ich andere Erlebnisse. Ich mache gern Reisen, wenn irgendwo ein Lauf ist. Dann esse ich sehr gerne, und das gleicht sich wieder aus durch das Laufen.

FRAGE: Ist die Erfahrung der eigenen Grenze auch eine Motivation?

RUPP: Ja, das war sogar meine ursprüngliche erste Motivation. Für die Teilnahme an meinem ersten 100-km-Lauf. Ich wollte einfach wissen: Wo liegt die

Grenze? Ich habe in meiner Jugend sehr viel Bücher gelesen, Abenteuerbücher, Kriegsbücher, Karl May, Winnetou, da gab es Idole. Da wurde gestritten bis zur Erschöpfung. Ich wollte das auch erleben. Und da bot sich mir der 100-km-Lauf in Biel an. Ich muß heute sagen, nachdem ich die 100 km gut rennen kann, daß meine Leistungsgrenze hinausgeschoben ist. Ich möchte durchaus einen Wettkampf bestreiten — quasi so ohne Ende, wo ich sagen muß: So, jetzt geht's nicht mehr. Ob das 200 km sind oder 150 km, — ich weiß das nicht. Triathlon ist wieder etwas anderes, ich wollte da ursprünglich auch teilnehmen. Ich glaube, daß nach neun, zehn Stunden die Leistungsgrenze für mich persönlich noch nicht erreicht ist. Das wäre vielleicht im Rahmen eines 24-Stunden-Rennens möglich, ich weiß nicht, ob ich dies könnte. Es würde mich reizen, diese Grenze zu erfahren.

SONNTAG: Für mich ist das auch ein Motiv gewesen — das Laufen im Grenzbereich. Und nachdem ich nun eine Anzahl von Hundertern absolviert habe, mal besser, mal schlechter, und ich aber nun weiß, wenn nicht irgendeine Verletzung unterwegs aufträte, würde ich immer ankommen, wollte ich's nun auch wissen: Wieweit geht das nun eigentlich? Ich bin zu einem 150-km-Lauf gestartet, einfach nur aus der Neugier heraus, meine persönliche Grenze festzustellen. Ich glaube, sie festgestellt zu haben, allerdings auch noch mit einem Unsicherheitsmoment. Ich habe bei km 120 Schmerzen im Unterschenkel bekommen. Jetzt reizt es mich, dieses Experiment zu wiederholen, um zu sehen: Werde ich beim nächstenmal auch Schmerzen im Unterschenkel bekommen? Laufen im Grenzbereich war für mich auch eine Motivation, an einer Durchquerung der Bundesrepublik teilzunehmen (1981).

BÜHLER: Gibt's da ein masochistisches Element?

SONNTAG: Das habe ich mir auch überlegt. Ich meine, der Spaß am Laufen ist einfach so groß, daß er durch eine masochistische Lust niemals überdeckt werden könnte. Ich weiß, das wird uns manchmal nachgesagt. Ich meine nicht, daß ich ein Masochist wäre. Wenn ich das wäre, dann müßte ich ja auch auf anderen Gebieten einen Lustgewinn am Leiden haben. Den hab' ich aber nicht.

FRAGE: Ich schreibe über Laufen. Ganz sicher ist es schwieriger, über solche Langläufe als zum Beispiel über einen 5000-m-Lauf zu schreiben. Warum? Weil man nicht nur die physische Leistung bewerten muß, sondern auch die psychische. Das ist sehr schwierig. Ich möchte fragen: Wie denken Sie über das, was über Sie geschrieben oder nicht geschrieben wird? Legen Sie Wert darauf? Ich muß noch sagen, daß man viel weniger über Sie schreibt, weil man Sie weniger sieht. Ein 100-km-Lauf findet ja ein-, zweimal pro Jahr statt, und dann sieht man Sie einmal vielleicht bei einem Marathon und dann ist's fertig.

RUPP: Im großen und ganzen sind die Berichte in den Zeitungen (Rupp spricht von Schweizer Zeitungen) ausgewogen. Man muß auch den Platz sehen, der für derartige Anlässe zur Verfügung steht. Das Renngeschehen ist einigermaßen gut beschrieben, im Gegensatz zu anderen Zeitungen, in bezug auf meine Person, da wird sehr oft etwas geschrieben, was gar nicht stimmt. Man gewöhnt sich daran. Wie Sie gesagt haben, die Zeitungen können nur über Zeiten berichten oder über das Wetter, mehr erfahren sie auch nicht. Für viele ist das auch weniger interessant.

SONNTAG: Ich habe eher heftig Klage zu führen, und dies völlig objektiv, denn über mich als Läufer muß man ja nicht schreiben, weil ich in dieser Szene (der Leistungsklasse) überhaupt nicht auftauche. Mir geht es nur darum, daß der 100-km-Lauf keine offizielle Disziplin ist und daher in den Sportteilen völlig vernachlässigt wird. Mir scheint, ein ganz großes Ungleichgewicht zu herrschen — etwa im Heimatblatt, wenn elf Vierzehnjährige irgendwo Fußball spielen, dann kommen ein paar Zeilen. Wenn aber 4000 Leute in Biel 100 km laufen, darunter vielleicht auch 11 Leute aus dem Einzugsbereich einer Zeitung, dann kommt in deutschen Zeitungen nichts. Es gibt noch immer die Haltung bei Journalisten, daß das ganze Laufen eine Modeerscheinung sei. Ich finde, diese Kollegen haben überhaupt nicht begriffen, was sich hier vollzieht, nämlich eine Befriedigung des Bewegungsbedürfnisses, das einige Jahrzehnte in unserer Zivilisationsgesellschaft brach gelegen hat, und dieses immense Laufgeschehen spiegelt sich in den Sportteilen der bundesdeutschen Zeitungen nur sehr eingeschränkt wider. Wenn spektakuläre City-Läufe stattfinden, dann wird das dargestellt — insofern bin ich auch dankbar, daß es diese City-Marathons gibt. Aber was sich in 2000 Lauftreffs in der Bundesrepublik abspielt, auf 300 Laufveranstaltungen, und all die Fragen, die mit dem Laufen zusammenhängen, all das spiegelt sich in den Sportteilen zugunsten sensationeller Berichterstattung nicht wider.

FRAGE: Ich bin als Betreuer meines Bruders die letzten 15 km mitgelaufen, und da war ich doch erstaunt, wieviel man da an Emotionen mitkriegt. Die Leute, die da laufen, sind total kaputt, die sehen das Ziel nicht mehr, die fragen 500 Meter vorher, wo ist das Ziel? Wie sieht das bei normalen Läufern aus, wenn der nach 12 bis 14 Stunden ins Ziel kommt, was hat der für Emotionen?

BÜHLER: Was mich selbst betrifft, als ich in den siebziger Jahren fertig lief, da habe ich bei km 93 — da ist der letzte Posten — mit mir gerungen: Soll ich jetzt aufhören oder nicht? Ich hab' mich überwinden müssen, wieder aufzustehen und weiterzugehen, das ist dann nicht mehr ein Jogging, sondern ein Marschieren. Ich bin dann ins Ziel gekommen, und das Gefühl, rückblickend, war Stolz und Befriedigung. In diesem Jahr war's eine außerordentliche Situation, ich habe recht gut trainiert, ich war für meine Verhältnisse gut in Form, ich habe die ersten 60 Kilometer in siebeneinhalb Stunden gemacht, also wäre ich so gegen Mittag nach Biel gekommen. Ich mußte aufhören, weil mein Knie nicht mehr wollte. Ich habe kurz nach dem Start Schmerzen gehabt, ich hatte noch nie etwas mit dem Knie. Eine Woche nach dem Lauf bin ich schon wieder gerannt. Einfach in dieser Nacht eine Belastung, das Knie war geschwollen, ich konnte es kaum noch bewegen, und da habe ich bei km 60 aufgehört. Insofern habe ich mich geärgert, als ich mich topfit fühlte, kein Hunger, kein Durst, keine Müdigkeit, nur das Knie wollte nicht. Dann kam aber sehr rasch die Phase, in der ich mir gesagt habe: Das war jetzt mein ganz persönlicher 60-km-Lauf diese Nacht. Vielleicht ist bei unserer Kategorie Läufer der Ehrgeiz nicht so groß, der hier vielleicht nicht zugegeben wird.

FRAGE: Sie haben gesagt, man läuft einfach automatisch weiter. Ich habe bei meiner einzigen passiven Teilnahme als Betreuer gemerkt, daß das gar nicht so ist. Als ich neben meinem Bruder gelaufen bin, und ich ihm gesagt habe: Komm, tu mal noch ein bißchen, da hat er noch x Läufer überholt, die vorher das ganze Rennen immer vor ihm gelegen haben. Also daß sehr viele psychische Faktoren, Emotionen wie »Ich bin kaputt, ich kann nicht mehr«, die Leistung sehr negativ beeinflussen können.

RUPP: Das ist ohne Zweifel so. Man muß sich immer wieder selbst überzeugen, daß man es kann. Ich zum Beispiel teile die ganze Strecke in Zwischenstrecken ein, ich befasse mich nie mit der ganzen Strecke, ich versuche einfach, diese 100 km zu verdrängen. Ich gehe an den Start und will einfach einen Marathon laufen, dann habe ich diese 42 Kilometer gemacht, dann sag ich mir: Nach 8 Kilometern ist die Hälfte, und dann geht die Strecke schon so quasi abwärts. Dann denke ich, mit jedem Schritt komme ich dem Ziel näher. Dann kommt sehr rasch der 60. Kilometer. Nun tröste ich mich damit, daß es nur noch ein Marathon ist. Dann ist man geschafft, man ist immer müder, und da habe ich gemerkt, man muß die Zwischenziele auch kürzer setzen. Dann denke ich, 10 km, da ist schon gar kein Posten. Das laufe ich jetzt, und da bin ich beim 70. Kilometer. Diese 30 noch sind eine Trainingsdistanz, die ich zur Genüge kenne. Dann bin ich beim 80. Kilometer, da sag ich mir: Das ist jetzt die Strecke von meinem Zuhause. Das mache ich am Abend oder am frühen Morgen. Das ist sowieso keine Distanz. Und dann bin ich rasch beim 90. Kilometer. Dann sind es noch 10 Kilometer, und die habe ich auch noch im Griff. So ist es auch beim Spitzenläufer ein Anrennen gegen den Aufgabe-Gedanken oder den Gedanken, es geht langsam. Und dann habe ich meinen Betreuer und meine Uhr. Es ist schon so, wie Herr Sonntag sagte, man beschäftigt sich phasenweise eben sehr intensiv mit dem Laufen, phasenweise wieder nicht, es gibt auch Phasen, da ist man mit den Gedanken irgendwo. Man merkt gar nicht, daß man läuft. In diesen Phasen da will man auch nichts hören, da schätzt man es gar nicht, wenn der Betreuer neben einem spricht. So ist es natürlich ein Kampf. Von 40 km weg ist es einfach ein Kampf.

FRAGE: Man läuft ja größtenteils auf Asphalt. Was sagen denn die Gelenke dazu?

RUPP: Da bin ich vielleicht der lebende Beweis, daß dieser Laufsport den Gelenken kaum schadet. 1980 hatte ich eine sehr schlimme Meniskusoperation, und zwar ausgelöst durch ein Spiel mit meinem Sohn. Der Meniskus mußte herausoperiert werden, ich konnte zwei, drei Monate nicht mehr laufen. Ich hab sogar den Gedanken gehabt, das Gelenk könne steif werden. Ich habe den Winter hindurch Skilanglauf gemacht, und etwa 6, 7 Monate nach der Operation konnte ich wieder normal laufen, und ich merke heute gar nichts von meinen Gelenken, und speziell nicht an dieser operierten Stelle. Im Herbst 1982 in Genf hatte ich anschließend Schmerzen im Hüftbereich. Ein Arzt meinte, es sei in Richtung Arthrose, ein anderer, ein deutscher Arzt, der selber Laufsportler ist und in Biel mitmacht, hat das Gegenteil diagnostiziert, das sei Unsinn, er habe noch nie so gesunde Gelenke gesehen. Das sei gar nichts anderes als eine Ansammlung von Säure, das kann man herausmassieren. Und ich hab das gemacht, täglich massiert, und nach drei, vier Wochen war das absolut wieder gut.

Deutschland-Lauf 1981: Prof. Jung zapft Blut bei Werner Sonntag;
zwei Doktoranden warten schon...

7 Physiologische Faktoren

Die positiven physiologischen Wirkungen des Laufens auf den Körper sind bekannt:

* Ökonomisierung des Herz-Kreislaufsystems,

* Erhöhung der Vitalkapazität und Verbesserung der Sauerstoffversorgung,

* Erhöhung des Energiepotentials der Zellen (Vermehrung der Mitochondrien),

* Verbesserung des Stoffwechsels,

* bessere Wärme- und Flüssigkeitsregulation,

* Muskeltraining und Trainung der aeroben Ausdauer,

* Stabilisierung des Vegetativums,

* Prophylaxe gegen schädliche Einflüsse von außen.

Können sich die positiven physiologischen Wirkungen des Dauerlaufs durch den Ultralanglauf verändern? Sind die Trainingsreize infolge der Länge der Strecke zu schwach?

Physiologische Veränderungen sind nur durch Intensität und Dauer des Trainings möglich. Beide sind abhängig voneinander. Je intensiver die Belastung, desto kürzer die Dauer. Diese Proportion stimmt jedoch umgekehrt nicht mehr. Die Dauer wächst mehr, als sich die Leistung verringert (HANDELSMANN und SMIRNOW, nach »Ausdauerentwicklung«). Danach vergrößert sich bei zweifacher Verringerung der Leistung die Dauer um mehr als das Zehnfache.

Ein plastisches Beispiel aus unserem Gebiet: Ein 10.000-m-Läufer mit einer Zeit von 40 min müßte also, wenn er die Kilometerzeit von 4 auf 8 min verdoppelte, die 100 km in 13 : 33 Stunden joggen können. Das Beispiel ist zwar eine Abstraktion, gibt aber einen Hinweis darauf, weshalb heute auf der Marathonstrecke sehr gute 10.000-m-Läufer in vorderen Positionen zu finden sind. Ein realistisches Beispiel für das Gesetz von Intensität und Dauer: Ein Läufer, der Marathon in 3 Stunden läuft, hat eine durchschnittliche Laufgeschwindigkeit von 4 : 27 min/km. Reduziert er diese Geschwindigkeit um 25 Prozent, läuft er 5 : 33 min/km. Damit würde er 100 km in 9 : 15 Stunden schaffen. Das heißt, mit einer Geschwindigkeitsverminderung um nur ein Viertel verlängert er die Leistungsdauer auf das beinahe Zweieinhalbfache. Das entspricht annähernd der Faustformel: Die dreifache

Marathonbestzeit ergibt die mögliche 100-km-Zeit. Für die Spitze gilt dies allerdings nicht mehr. Im Falle unseres Dreistundenläufers würde die 100-km-Zeit — nach der Faustformel — 9 Stunden betragen, bei einer Laufgeschwindigkeit von 5 : 24 min/km.

Aus dieser rein quantitativen Betrachtung ergibt sich:

* Eine Verlangsamung der Geschwindigkeit, die auf einer trainierten Strecke erzielt worden ist, erhöht die Dauer der Leistung überproportional.

* Eine Erhöhung der Dauerleistung etwa auf 100 km führt daher nicht zu einer Intensitätseinbuße in dem befürchteten Ausmaß und damit zu einer entsprechenden Abnahme des Trainingsreizes.

Wird das Verhältnis von Intensität und Dauer zueinander nicht geändert, so sinkt die physiologische Qualität der Belastung auch nicht mit der Länge der Strecke.

Wenn die positiven physiologischen Auswirkungen des Dauerlaufs auch beim Ultralanglauf erhalten bleiben, kann die Frage nach der Veränderung nur lauten: Gibt es spezifische Veränderungen durch den Ultralanglauf? Darauf sind bisher nur begrenzte Antworten möglich. Die meisten wissenschaftlichen Aussagen dazu finden sich in JUNGs »Phänomen 100-km-Lauf«, der Zusammenfassung von Untersuchungen an 100-km-Läufern. Diese Untersuchungen werden, wie Teilnehmer des Laufs in Biel wissen, von Jahr zu Jahr mit immer wieder anderer Fragestellung fortgeführt.

7.1. Blutbild

Unter dem Eindruck von Beobachtungen, wonach insbesondere bei Läuferinnen Anämie (Verminderung von roten Blutkörperchen) auftrat, befaßte sich JUNG mit dem roten Blutbild. Danach scheinen sich die Werte des Hämoglobingehaltes (Hämoglobin = roter Blutfarbstoff, an Transport und Bindung von Sauerstoff beteiligt, aufgebaut insbesondere durch Eisen) beim 100-km-Lauf nicht zu unterscheiden von denen vor und nach kürzeren Strecken. Die Zahl der Erythrozyten (= rote Blutkörperchen) fällt hingegen nach 100-km-Läufen hochsignifikant ab. Die Eisenbindungskapazität ändert sich durch den 100-km-Lauf nicht. Ebensowenig sind die Werte bei Vitamin B12 verändert. Der Haptoglobinspiegel dagegen ist nach dem 100-km-Lauf für zwei Tage erniedrigt (Haptoglobin = zuckerhaltiges Protein, das Eisenverlust vermindert). Insgesamt jedoch sind die Veränderungen unerheblich. »Unwidersprochen hat ein Ausdauertrainierter trotz subnormaler Relativwerte infolge des größeren Blutvolumens absolut gesehen mehr rote Blutzellen als ein Untrainierter.« Die Viskosität (Fließgeschwindigkeit) ist erhöht. Die Lebensdauer der Erythrozyten (120 Tage) ist bei hoher körperlicher Belastung herabgesetzt; dies bedeutet eine Intensivierung des Stoffwechsels.

Auf den Serumcholesterinspiegel wirkt sich nach einer anderen Untersuchung der 100-km-Lauf kaum aus, wohl aber hochsignifikant auf die HDL-Cholesterinfraktion, die bei den Untersuchten bereits vor dem Lauf hoch war, nach dem 100-km-Lauf jedoch abermals zugenommen hatte. HDL (high density lipoproteins) verhindert arteriosklerotische Prozesse, indem es den Abbau von Cholesterin begünstigt. LDL hingegen (low density lipoproteins) trägt zur Einlagerung von Cholesterin in die Gefäßwände bei. Günstig sind daher hohe HDL- und niedrige LDL-Werte. Eine Erhöhung des HDL tritt bei jedem Ausdauertraining von einer gewissen Schwelle an auf. Trotz höherer Ausgangswerte bei Ausdauertrainierten erfolgt jedoch beim 100-km-Lauf abermals eine Steigerung (JUNG, GÜNNEWIG, Diss.) dieses »guten« Cholesterins. Hier also wird exakt beobachtet, daß sich ein positiver Faktor des Lauftrainings durch den Ultralanglauf abermals positiv verändert.

Andere Ergebnisse (nach STRAUZENBERG) bestätigen diese Abhängigkeit von der Leistung, und zwar im Hinblick auf die Leistungsintensität. Beim Vergleich von drei Gruppen — Untrainierte, gute Ausdauerläufer, Elite-Marathonläufer — ergab sich eine absteigende Kurve des Cholesterins, hingegen eine ansteigende des HDL. Im Vergleich zu Untrainierten wiesen die gut Trainierten etwa 6 Prozent mehr HDL auf, die Elite-Marathonläufer jedoch noch einmal 7 Prozent mehr, gemessen an den gut trainierten Dauerläufern. Beim LDL wiederum verlief die Kurve genau umgekehrt; die Elite-Marathonläufer standen am günstigsten, die Untrainierten am ungünstigsten da.

Auch über die HDL-Werte von Ultralangläuferinnen — ein Gebiet, auf dem vordem kaum gearbeitet worden war, herrscht inzwischen Klarheit. Die 19 Teilnehmerinnen des 100-Meilen-Laufs am 26. März 1983 in Waldniel wiesen nach dem Lauf ebenfalls eine Erhöhung des HDL-Cholesterins und eine Verminderung des Gesamtcholesterins auf.

Andere Fragen, die für die Praxis des 100-km-Laufs wichtig sind, bleiben dagegen auch nach den Untersuchungen von 100-km-Läufern offen, insbesondere die Frage des Vitamin- und Mineralstoffbedarfs.

7.2 Energiegewinnung

Für die Energiegewinnung sind Vitamine und Mineralstoffe überaus wichtig, — dies bereits für den nichtbelasteten Organismus. Der Bedarf steigt bei hohen sportlichen Belastungen. Vitamine (13) steuern die Stoffwechselvorgänge. Mineralstoffe (über 15) und Spurenelemente sind für den osmotischen Druck der Zellen verantwortlich und, was das Laufen betrifft, wichtig für den Wasserhaushalt und die Erregbarkeit von Muskeln.

In den Industriestaaten werden wir über die normale Nahrung im allgemeinen ausreichend mit Vitaminen und Mineralstoffen versorgt, ausgenommen mit B1 (siehe auch Kapitel Ernährung). Vitamin B1 und Nicotinsäureamid sind jedoch am Kohlenhydrat- und am Fettstoffwechsel beteiligt. Bei Leistungssportlern kann sich der B1-(Thiamin-)Bedarf leicht verdoppeln oder gar verdreifachen. Auch der Bedarf an Vitamin A, das am Eiweiß-Stoffwechsel beteiligt ist, steigt bei leistungssportlicher Betätigung. Zur Qualität der Zellatmung (Atmungskette) tragen die Vitamine B2 — erhöhter Bedarf beim Sport —, C, E und Nazin bei. Am Aufbau von Adrenalin, das Hormon, das uns mobilisiert, ist Vitamin C beteiligt, das auch für die Leistungs- und Abwehrfähigkeit wichtig ist.

Zu einer Unterversorgung kann es dann kommen, wenn die Nahrung verlustreich zubereitet wird und unter Umständen, wenn der Vitaminbedarf unter Belastung sehr erheblich ansteigt. Es kommt jedoch immer auf die allgemeine Ernährung an. Eine Zusatzernährung durch Präparate dürfte auch nach Meinung von Prof. JUNG überflüssig sein, wenn die Nahrung sonst vollwertig und vitalstoffreich ist.

Vitamin C wird manchmal nachgerade als Wundermittel für sportliche Leistungen gepriesen; man soll Leistungskrisen damit überbrücken können. Eigene Versuche sind völlig wirkungslos geblieben; eine Vitamin C-Tablette in einem Marathon bei km 30 genommen, hat nur meinen Magen belastet. Vitamin C-Überschüsse haben wenigstens den Vorteil, daß sie einfach ausgeschieden werden. Andere Vitamin-Überschüsse können problematisch sein. Man sollte — bei Beachtung von Grundsätzen gesunder Ernährung — lieber mit offenen Fragen leben, als der Natur ins Handwerk zu pfuschen.

Eine Ausdauerleistung erfordert einen hohen Energieaufwand über längere Zeit. Den größten Energiebedarf haben die Muskelzellen. Die Schlüsselrolle spielt dabei das Adenosintriphosphat (ATP), eine Phosphatverbindung, deren Energie der Biosynthese, dem Aufbau von Stoffen und damit der Verwertung von Nährstoffen, sowie der Transportarbeit und der mechanischen Arbeit dient. ATP ist der hautsächliche Energieträger des Muskels bei der Kontraktion (beim Laufen also der Zusammenziehung von Beinmuskeln). Der ATP-Vorrat ist sehr begrenzt; er wäre innerhalb weniger Sekunden verbraucht, wenn er nicht ständig ersetzt würde.

Bei der Ausdauerleistung wird ATP durch Glykogen (Speicherform der Glukose, des Traubenzuckers, und damit also durch Kohlenhydrat-Verbrennung) oder durch Fett auf aerobem Wege aufgebaut. Dieser Prozeß vollzieht sich in den Mitochondrien, den Energiezentralen der Zellen.

Das Adenosintriphosphat kann auch anaerob aus dem Kreatinphosphat der Muskelzellen ersetzt werden. Dies ist der Fall bei kurzzeitigen Belastungen, etwa bis zu 30 Sekunden. Gleichzeitig kommt es dabei zu anaerober Glykolyse, dem Abbau von Glykogen; das Maximum ist jedoch bereits nach 40 bis 50 Sekunden erreicht.

Eine weitere anaerobe Form der Energiegewinnung ist die ATP-Erzeugung aus Glykogen auf dem Wege der Milchsäuregärung. Diese anaerob-laktazide Form tritt dann ein, wenn nicht mehr (oder noch nicht) genügend Sauerstoff zur Verfügung steht. Die auf diesem Wege gewonnene Energie muß mit der Bildung von Milchsäure bezahlt werden. Milchsäure jedoch führt zur Hemmung der Muskelkontraktion.

Wann der Übergang von der aeroben zur anaerob-laktaziden Energiegewinnung erfolgt, ist trainingsabhängig. Untrainierte überschreiten diese Schwelle bereits bei zwei Dritteln ihres maximalen Sauerstoffaufnahmevermögens; bei Hochtrainierten hingegen setzt die Milchsäurebildung erst bei über 90 Prozent ihrer maximalen Sauerstoffaufnahme ein.

In die Gefahr der Milchsäurebildung gerät jeder, der einen Lauf zu schnell beginnt. CARL-JÜRGEN DIEM hat für die Trainingspraxis darauf hingewiesen (CONDITION 1/85). Er hebt hervor, daß die Energieausbeute bei dieser anaeroben Umsetzung von Glykogen nur 5 Prozent beträgt. Die dabei auftretende Milchsäurebildung erfordert, wenn die Milchsäure in die Leber transportiert und in Glykogen zurückverwandelt werden soll, einen erhöhten Sauerstoffbedarf. Gelingt dieser Prozeß nicht rasch genug, führt der steigende Milchsäuregehalt zur Ermüdung der Muskeln.

Der niedrige Wirkungsgrad von 5 Prozent bei der anaerob-laktaziden Energiegewinnung hat zur Folge, daß man mit einem zwanzigfachen Energieverbrauch läuft. Dies geschieht solange, wie der Sauerstoffbedarf nicht durch die Sauerstoffaufnahme gedeckt ist, der Körper also gezwungen ist, ATP anaerob zu erzeugen.

Ultralanglauf setzt den steady state, das Gleichgewicht von Sauerstoffbedarf und Sauerstoffzufuhr, voraus. Schon beim Marathon rächen sich Fehler in der Anlaufphase. Um wieviel mehr auf der Ultralangstrecke! Der ökonomische Zwang, die anaerob-laktazide Form der Energiegewinnung unbedingt — jedenfalls weit mehr noch als beim Marathon — zu vermeiden, ist ein positiver Aspekt der spezifischen physiologischen Wirkungen des Ultralanglaufs.

Hohes Trainingsniveau hat inzwischen auch auf der Ultralangstrecke zu einem hohen Anfangstempo geführt. Wer nicht zur Spitzenklasse zählt, muß sich hüten, hier mithalten zu wollen. Es gilt zu vermeiden, daß man einen Lauf mit einem zwanzigfachen Verbrauch des Glykogens beginnt, nämlich — physiologisch betrachtet — mit der anaerob-laktaziden Energiegewinnung und damit einem Wirkungsgrad von 5 Prozent. Was jeder erfahrene Langstreckenläufer aus Erfahrung weiß, hat seine physiologische Begründung. Wer erstmals auf der Ultralangstrecke antritt — auch als bereits gestandener Marathonläufer —, tut gut daran, sich am Start nicht in die ersten Reihen zu stellen, um sich nicht ein hohes unökonomisches und unter Umständen »tödliches« Anfangstempo aufzwingen zu lassen.

Jedem Läufer ist bekannt: Die ökonomischste Energiegewinnung erfolgt über die Glykolyse aus dem Kohlenhydratstoffwechsel. Dabei wird ein Wirkungsgrad von 95 Prozent erzielt. Wie jeder Marathonläufer ebenfalls erfahren hat, sind jedoch die Kohlenhydratspeicher, Muskel- und Leber-Glykogen, begrenzt. Auch der Glykogengehalt von Muskeln und Leber ist trainingsabhängig. »Die Zunahme der glykolytischen Aktivität in den Muskeln unter dem Einfluß des Trainings beträgt 30 bis 40 Prozent« (JAKOWLEW und JAKOWLEWA, 1971).

Auf dem Wege der Kompensation kann der Glykogengehalt vor einem Wettkampf erhöht werden: Kohlenhydratarme Ernährung, danach scharfes Training mit völliger Entleerung der Glykogenspeicher und als dritten Schritt kohlenhydratreiche Ernährung bei leichtem Training. Diese Methode ist auch beim leistungsbetonten Ultralanglauf nicht verkehrt. Ultralangläufer und vor allem beginnende 100-km-Läufer sollten nun nicht unsicher werden, wenn sie dies noch nicht praktiziert haben. Die Realität ist: Jeder erwähnt diese Kohlenhydrat-Überkompensation, jeder zelebriert in der »Pasta-Party« die »Kohlenhydratmast« vor dem Marathon; aber die wenigsten Marathonläufer praktizieren diese »überschießende« Methode wirklich. Deren Bedeutung sinkt — für nicht leistungsbetonte Läufer — mit der Länge der Strecke. Denn — auch dies ist bekannt — die ultralangen Strecken werden überwiegend mit dem Fettstoffwechsel gelaufen.

Fett ist die effektivste Form der Energiespeicherung. Auch Kohlenhydrate werden — was vielen offenbar verborgen bleibt — in Form von Fett gespeichert; Fett entsteht keineswegs nur aus Fett. Während die Glykogenspeicher begrenzt sind — die Grenzen zeigen sich bereits beim Marathonlauf in der »Mauer« allzu deutlich —, sind die Fettreserven nahezu unerschöpflich. Der kalorische Energiegehalt ist etwa doppelt so hoch wie bei Kohlenhydraten.

Exkurs in die Praxis: Ein guter 100-km-Läufer hat einen Energieverbrauch von 7000 Kalorien (= 29.400 Joule) während des Wettkampfes. Daraus schließt mancher in ernährungsphysiologischer Panik: Nun müsse man um Himmelswillen sehen, wie man diesem armen Menschen während der sieben bis zehn Stunden wenigstens einen Teil seines Energiebedarfs wieder zuführen könne. Man muß ihm kein Gramm zuführen. Von der Energiebilanz her ist es überflüssig, auf der Ultralangstrecke — selbst über die 100 km hinaus — auch nur einen einzigen Bissen zu sich zu nehmen. Die Fettreserven reichen auch bei langandauernder Belastung. Ein 70 kg schwerer Läufer verfügt über etwa 10 kg Fett. Diese Depots würden ihm reichen, einen ganzen Monat zu überleben, ohne daß er eine einzige Kalorie Nahrung zu sich nähme. Und selbst bei andauernder Laufbelastung könnte er theoretisch ohne jegliche Nahrung tagelang hintereinander laufen.

Wichtig ist, daß der Flüssigkeitsverlust ausgeglichen wird. Die Abnahme des Körpergewichts kann ein Indiz dafür sein, daß zu wenig Flüssigkeit ersetzt wurde. Manche — noch nicht so erfahrene — Läufer differenzieren hier nicht und rechnen als Gewichtsabnahme, was nur Flüssigkeitsabnahme ist. Wenn der Flüssigkeitshaushalt ausgeglichen ist, stellt sich die Abnahme des Körpergewichts meistens als nicht so dramatisch heraus, wie die Waage angezeigt hat, nämlich um bis zu 4 Prozent des Körpergewichts (= 4 kg bei einem 65 kg schweren Läufer), was jedoch nicht so sehr viel höher als bei Marathonläufern ist (OBERHOLZER). Infolge Abbaus von Fettreserven auf einem 100-km-Lauf hat sich dann, nach dem Flüssigkeitsausgleich bei beendetem Lauf, das Körpergewicht um vielleicht ein bis zwei Kilogramm vermindert. Dies ist in den allermeisten Fällen höchst erwünscht. Mit anderen Worten: Wer wirklich abnehmen will, muß 100 km laufen. Erst da geht es den Fettreserven ans Leder. Und wer nicht abnehmen will: Essen ohne Reue macht auch Spaß.

Die Empfehlung, die zuweilen gegeben wird, nämlich auf der Ultralangstrecke jede Stunde etwas zu sich zu nehmen, hat nichts mit der Energiebilanz zu tun, sondern mit dem Problem der Unterzuckerung, des »Hungerastes«. Viele von uns kennen diesen Zustand: Gefühl der Kraftlosigkeit, plötzlich auftretender Hunger, Schwindel, der sich auch in Taumeln äußert, Schwarzwerden vor den Augen, Schweißausbruch. Bei Aufnahme leicht verdaulicher Nahrung — das kann ein Stück Brot sein, ein Keks, Obst oder ein Glukosegetränk — verschwindet dieser Zustand wieder.

Der »Hungerast« (Hypoglykämie) wird mit einem Absinken des Blutzuckergehalts um durchschnittlich 38 Prozent des Ausgangswertes vor der Dauerbelastung erklärt (KONOPKA). »Ursache dieses Zustandes ist ein Glukosemangel des Zentralnervensystems, da der Gehirnstoffwechsel auf die Energiegewinnung aus Glukose angewiesen ist. Droht diese Energiequelle zu versiegen, dann kommt nach Art eines Schutzmechanismus eine Kette von Symptomen in Gang, die den Belastungsabbruch erzwingen« (KONOPKA). Das Auftreten des »Hungerastes« ist trainingsabhängig. Beim weniger gut Trainierten wird nach den Muskelglykogenvorräten auch das Lebenglykogen beansprucht. Dieses wird jedoch über das Hormon Insulin zur Aufrechterhaltung des Blutzuckerspiegels (normaler Gehalt: 70 - 120 mg/100 ml) benötigt. Reicht das Lebenglykogen nicht mehr aus, sinkt der Blutzuckerspiegel ab.

114

Auch gut Trainierte sind jedoch nicht völlig vor einer solchen Hypoglykämie gefeit. Insbesondere Unterkühlung bewirkt eine verstärkte Inanspruchnahme von Glykogen und damit ein Leberglykogen-Defizit; auf diese Weise wird mehr Wärme produziert. Auch eine ungewohnt lange Dauerleistung kann den »Hungerast« provozieren.

Daher ist es bei mehrtägigen Läufen wichtig, nach jeder Tagesetappe durch entsprechende Mahlzeiten die Kohlenhydratspeicher soweit wie möglich aufzufüllen.

Auch wenn die Unterzuckerung trotz einer als alarmierend empfundenen Symptomatik für Ultralangläufer nicht wirklich bedrohlich ist — es sei denn, es liege ein Enzym-Defekt vor —, kann sie jedoch zum Abbruch der Dauerleistung führen. Auf anschauliche Weise ist dies in einem Experiment mit drei Skilangläufern gezeigt worden (STRAUZENBERG). Um die Bedeutung des Kohlenhydrat-Stoffwechsels während einer Dauerleistung zu demonstrieren, verabreichte man zwei der drei Skiläufer eine atypische Kost von 60 Prozent Fett, 25 Prozent Eiweiß und nur 15 Prozent Kohlenhydraten. Der dritte erhielt eine Kost von 60 Prozent Kohlenhydraten (wünschenswert für Dauerleister), 20 Prozent Fett und 20 Prozent Eiweiß, eine Kost, die der Normal-Ernährung angenähert ist. Die drei Skilangläufer mußten nach dreitägiger Ernährung dieses Musters vier Stunden lang zügig und eng aufgeschlossen laufen. Der Spitzenläufer, einer der beiden kohlenhydratarm Ernährten, bekam etwa alle 40 Minuten 100 Gramm eines gesüßten Haferschleims, insgesamt 120 kcal (504 kJ). Der andere kohlenhydratarm Ernährte, der während der Dauerleistung nichts bekam, gab nach zweieinhalb Stunden erschöpft und mit den Symptomen einer Hypoglykämie auf; er erholte sich verhältnismäßig rasch nach Einnahme eben dieses Haferschleimes. Sein Blutzuckerwert war von knapp 140 mg% auf 44 mg% gefallen. Der Läufer mit der Kohlenhydratkost, der unterwegs nichts zu sich nahm, erlitt Minuten vor dem Vierstunden-Ziel krampfartige Magenbeschwerden; der Blutzuckerspiegel war auf 60 mg% abgefallen. Der dritte Skilangläufer, der zwar kohlenhydratarm ernährt worden war, jedoch unterwegs eine relativ geringe Kohlenhydratzufuhr erhielt, stand den Lauf mit ungefähr gleichem Blutzuckerspiegel (um 110 mg%) durch.

Ein Merkmal des Trainings — insbesondere des Ultralangstreckentrainings — ist, daß der Körper geübt darin ist, haushälterisch mit den Glykogenreserven umzugehen. Bei einer bestimmten Leistungsintensität, die durch Training beeinflußbar ist, bezieht der Körper seine Energie aus dem Fettstoffwechsel.

Der Nachteil der energetischen Umwandlung von Fett, der Lipolyse, ist jedoch, daß sie mehr Sauerstoff benötigt als der Kohlenhydrat-Stoffwechsel. Der Unterschied zwischen Trainierten und Untrainierten besteht darin, daß Ausdauer-Trainierte diesen Mehrbedarf an Sauerstoff decken und damit die Fettsäuren — Fette sind in Form von Triglyceriden gespeichert — aktivieren können, während der Untrainierte eine vergleichbare Leistung nur mit Hilfe der Glykolyse, also mit Kohlenhydraten, vollbringen kann. »Durch Training kann eine Fettmobilisierung durch Steigerung der beta-adrenergetischen Stimulation der Lipolyse (Anm.: die sogenannte Beta-Oxidation findet in den Mitochondrien statt) ausgelöst werden, so daß Fettsäuren zur ATP-Produktion bereits zur Verfügung stehen, bevor Kohlenhydratmangel eingetreten ist. Diese frühzeitige Mobilisierung von Depotfett ist besonders für Dauerleistungen wertvoll, da hierdurch die Glykogenreserven, die sehr viel kleiner als die Fettreserven sind, geschont werden« (WEICKER). Laktate hemmen die Lipolyse; mit anderen Worten: Reicht der aerobe Stoffwechsel nicht aus, können die Fettsäuren nicht oxidiert werden.

Die Energiegewinnung ist ein sehr komplexes Geschehen; an ihr sind immer Kohlenhydrat- und Fettstoffwechsel — unter widrigen Umständen auch Eiweiß — beteiligt. Das Verhältnis zwischen beiden, Glukose und freien Fettsäuren, wird durch die Intensität der Leistung bestimmt.

Bei einer Belastung von 70 Prozent der maximalen Belastung im aeroben Bereich tritt eine Fettverbrennung von 20 bis 30 Prozent auf, die sich bis zu 50 Prozent steigern kann. Bei extrem langen Belastungen steigt der Anteil der Energiegewinnung aus dem Fettstoffwechsel auf 70 bis 90 Prozent (HAVEL, 1964, PAUL, 1967).

Die Steuerung erfolgt über das vegetative Nervensystem: Die freien Fettsäuren im Blut steigen an, dringen in das Zellinnere und verhindern an der Zellmembran die Aufnahme von Glukose. Das unter Läufern vielgebrauchte sprachliche Bild einer »Umschaltung von Kohlenhydrat- auf Fettverbrennung«, mit der vor allem die kritische Phase beim Marathon begründet wird, ist also nicht sehr glücklich. Ein gut trainierter Marathonläufer kann eben einen Anteil von 50 Prozent Fettverbrennung erreichen. Damit schont er seine Glykogen-Vorräte, die er dann bei einem Spurt einsetzen kann, um Konkurrenten abzuschütteln, und erlebt auch keine »Umschaltung«. Der Ultralangläufer kann nichts Besseres tun, als primär auf die Schonung seiner Glykogen-Vorräte bedacht zu sein und soweit unter seiner maximalen Sauerstoffaufnahme zu bleiben, daß er auf einen möglichst hohen Anteil der Fettverbrennung an der Energiebereitstellung kommt. Die Glykogen-Reserven erlauben es ihm dann, zum Beispiel auf den letzten 10 km eines 100-km-Laufs den Leistungsabfall durch Ermüdung zu kompensieren, wenn nicht gar die Leistung — mit Hilfe des Kohlenhydrathaushaltes — noch zu steigern.

Eines der Verdienste des Dauerlaufpioniers VAN AAKEN, dessen Arbeiten von seinen Mediziner-Kollegen zwar als unwissenschaftlich diskreditiert wurden, aber vielfach richtungweisend waren, bestand darin, frühzeitig die Bedeutung des Fettstoffwechsels für Dauerleister hervorgehoben zu haben. Als er einmal in einem Vortrag als Beleg dafür die Herkunft der Energie aus Fett bei den Dauerflügen von Zugvögeln heranzog, kritisierte ihn ein damaliger Spitzenläufer: Dies interessiere ihn überhaupt nicht, ihn interessiere, wie er schneller werden könne. Gewiß mußte

116

das Marathontraining van Aakens, der damit auf das Intervalltraining reagierte, modifiziert werden. Für die Ultralangstrecke ist van Aakens physiologisches Denkmodell überraschend aktuell.

Aus »Sport, Ernährung, Leistung« von PETER KONOPKA (1984): »Belastungen niedriger Intensität können fast unbeschränkte Zeit durch den Fettstoffwechsel energetisch abgedeckt werden. So erklären sich die zunächst unwahrscheinlich anmutenden Dauerleistungen von Vegetariern, Waerlandisten (Anhängern der Ernährungslehren Are Waerlands), 100-km- und 100-Meilen-Straßenläufern u. a., die manchmal nur mit Aufnahme von Flüssigkeit ohne Energiezufuhr lange Strecken zurücklegen können. Dies können aber auch andere Personen mit normaler Ernährung, wenn sie ihre Ausdauerleistungsfähigkeit entsprechend trainieren und eine ausreichende Belastbarkeit ihrer Gelenke erwerben. Diese Tatsachen ändern aber nichts daran, daß bei zunehmender Intensität, d. h. in den genannten Fällen bei zunehmender Laufgeschwindigkeit, die vorhandenen Kohlenhydratvorräte die Zeitdauer begrenzen, mit der die Leistung mit hoher Intensität gebracht werden kann. Das Gütezeichen des trainierten Belastungsstoffwechsels liegt in der Fähigkeit, bei immer höherer Intensität trotzdem einen immer größeren Anteil der Energie aus freien Fettsäuren gewinnen zu können. Bei zunehmender Leistung besteht die Anpassung des Organismus also darin, die kostbaren Glykogenreserven möglichst lange zu schonen.«

Der dritte Nährstoff ist das Eiweiß. Es dient dem Körperaufbau, sowohl dem Aufbau von Zellen als auch der Bildung von Enzymen und Hormonen. Erst wenn der Nahrungsbedarf bei maximaler körperlicher Belastung — oder in Fastenperioden — nicht gedeckt werden kann, wird körpereigenes Eiweiß aufgezehrt. Dies war, wie JUNG in »Sport und Ernährung« mitgeteilt hat, auch bei den sechs Teilnehmern des Deutschlandlaufes 1981 der Fall.
Parallel mit dem Gewichtsverlust während des 1100-km-Laufs in 20 Tagen ging ein Eiweiß-Abbau. Nach JUNG wären bei noch längerer Dauer Beschwerden wie beispielsweise Ödembildungen in den unteren Extremitäten zu erwarten gewesen. Auch wenn heute viel zu viel Eiweiß verzehrt wird, darf man also bei extremen Dauerleistungen den Eiweißhaushalt nicht generell vernachlässigen, wobei die biologische Wertigkeit des Eiweißes eine Rolle spielt.

Aus den Grundsätzen der Energiegewinnung ergeben sich praktische Konsequenzen, die zum Teil schon angeklungen sind; sie werden weitergeführt in dem Kapitel Ernährung. Dort werden auch weitere Elemente der Nahrungszufuhr behandelt, darunter der Wasserhaushalt. Im Zusammenhang mit Grundsätzen gesunder Ernährung ist dabei auch von Faserstoffen (Ballaststoffen) die Rede. Beachtet man diese Grundsätze, ist eine Zusatznahrung auch für Ultralangläufer nicht erforderlich.

7.3 Atmung

Das Leistungsprinzip beim Ultralanglauf, dem sich alle Leistungsziele unterzuordnen haben, ist die Ökonomie. Wer auf der Ultralangstrecke Leistung allein nach der Uhr vollbringt und nicht überwiegend im bestmöglichen Verhältnis von Aufwand und Ertrag, ist zum Scheitern verurteilt. Zumindest raubt ein ungünstiges Last/Leistungsverhältnis Motivation und Freude an der Herausforderung.

Ökonomie drückt sich sichtbar im Laufstil aus. Bereits beim Marathontraining wird vor einem zu langen Schritt gewarnt. Dies gilt erst recht auf der Ultralangstrecke. Hier besteht insbesondere auf Gefällstrecken die Gefahr, aus dem durchgängigen Laufrhythmus in lange Sätze zu verfallen. Das Gegenteil — zu kurze Schritte, zu »trippeln« — bringt zwar keine physiologischen Nachteile, ist jedoch ebenfalls unökonomisch, weil zu wenig effizient.

Der physiologische Nachteil der langen Schritte besteht — außer dem orthopädischen und dem ergonomischen Aspekt — in einem negativen Einfluß auf die Atmung.

Grundsätzlich braucht sich der Ultralangläufer ebenso wenig wie Läufer anderer Strecken Gedanken über die Atmung zu machen. Auch die Atmung wird von dem Gesetz der Ökonomie bestimmt. Hinweise auf die Atemtechnik haben nur den Sinn, Verstöße gegen dieses Gesetz zu erkennen.

Es versteht sich, daß beim Laufen allein die Mundatmung oder mehr oder weniger Mund- und Nasenatmung zusammen in Frage kommt. Der Widerstand beim Einatmen durch die Nase ist bereits in Ruhe zwei- bis dreimal höher als bei der Mundatmung. Bei erhöhter Atemfrequenz wie beim Laufen wird dieses Verhältnis noch ungünstiger. Das Maximum der Luftmenge liegt bei der Nasenatmung noch unter 50 Prozent im Vergleich zu dem entsprechenden Wert der Mundatmung. Das Argument der Temperierung der Luft durch die Nasenatmung trifft nicht für die Lunge zu; hier kommt die Luft ungefähr, selbst beim Skilanglauf bei tiefen Temperaturen, mit normaler Körpertempertur an. Tierversuche haben ergeben, daß auch bei nach oben oder unten geänderten Temperaturwerten das Lungengewebe nicht beeinträchtigt wird. Eine erhöhte Infektanfälligkeit der oberen Luftwege tritt bei trainierten Läufern nicht auf. Auch beim Ultralanglauf besteht kein Grund, die Mundatmung nicht zu bevorzugen.

Ökonomisch ist eine langsame, tiefe Atmung. Dabei ist allerdings der Begriff »Tiefatmung« zu relativieren: Wird die Vitalkapazität zu mehr als 75 Prozent beansprucht, erfordert die Lungen-Ventilation einen unökonomischen Aufwand (ISRAEL). Bis zu diesem Wert jedoch ist die langsame Tiefatmung ökonomisch. Eine hohe Atemfrequenz hingegen ist uneffizient. Der »hechelnde Läufer«, der uns zuweilen in unkundigen Reportagen begegnet, ist atypisch, nicht genügend trainiert und auf der Ultralangstrecke unmöglich.

Große Atemtiefe ist in mehrfacher Hinsicht physiologisch vorteilhaft: Besserer Rücktransport des Blutes zum Herzen, günstigeres Verhältnis von Frischluft zu verbrauchter Luft in der Lunge, bessere Verteilung der Frischluft in der Lunge, Bewegung der im sogenannten Totraum der oberen Luftwege befindlichen unausgenützten Luft. Diese Wirkung kann dadurch erhöht werden, indem man ein Viertel länger ausatmet als einatmet. Damit soll nicht ständiger Beobachtung des Atemvorganges das Wort geredet werden.

Ökonomie auf der Ultralangstrecke bedeutet nicht Synchronisation von Atem- und Bewegungsrhythmus. Gerade die Ultralangstrecke in abwechslungsreicher Topographie — typisch der 100-km-Lauf von Biel — erfordert immer wieder Anpassung des Atem- und Bewegungsrhythmus an das Gelände. Dieser meistens ganz spontan ablaufende Vorgang würde durch die Synchronisation von Atem- und Bewegungsrhythmus gestört. Die Bewegung hat den Vorrang: Man läuft so schnell, wie man bei gleichmäßiger tiefer Atmung genügend Luft bekommt.

Eine Ausnahme von der Priorität der Bewegung macht meines Erachtens die Armbewegung. Mancher Marathontrainer empfiehlt die parallele Armführung, das Armschwingen dicht am Körper vorbei, mit dem die dabei entfaltete Energie zur Vorwärtsbewegung genützt werden soll. Beim Marathon mag man darüber streiten. Für die Ultralangstrecke vertrete ich die Meinung, daß man dem lockeren Pendeln der Arme mit der gelinden Verwindung des Schultergürtels den Vorzug geben sollte. Diese Pendelbewegung zur Körpermitte hin wird von den meisten Läufern spontan vollzogen; sie ist die Gegenbewegung zu den Beinen. Offenbar ist dieser Gegenrhythmus etwas ganz Natürliches. Beim »freien Stil« der Ultralangstrecke (der Begriff stammt aus Frankreich — Style libre) sollte sich der Laufstil aus einer inneren Ökonomie entwickeln und nicht durch ein Maximierungsbestreben oktroyiert werden. Auf der Ultralangstrecke kommt es darauf an, möglichst lange locker zu bleiben. Nicht selten ist nicht die Ermüdung der Beinmuskulatur das Problem, sondern die Verspannung des Schultergürtels. Daher sollte man jegliche Prägung des Stils, die ausschließlich von der Stoppuhr bestimmt ist, vermeiden.

Vielleicht sollte man also, um keinen Gegensatz zu konstruieren, von der Ökonomie der Natur sprechen. Das bezieht sich auf die Armbewegung ebenso wie auf die Atmung.

Von den beiden Atmungsmethoden ist überall und wie auch beim Erlernen von Sprech-, Gesangs- und Meditationstechniken gelehrt und trainiert wird, die Bauchatmung, also die Zwerchfellanhebung und -absenkung, vorzuziehen. Bei der Einatmung wird die Bauchdecke angespannt; sie wölbt sich vor.

Bei Forcierung des Tempos und verstärkter Atemtätigkeit entsteht die Tendenz zur Brustatmung. Dabei wird der Brustkorb gehoben und gesenkt. Der Bauch wird häufig eingezogen. Dies ist insbesondere bei Läufern mit langem Schritt und mit Hohlkreuz der Fall. Die Atemtechnik bei diesem Laufstil ist ungünstig; die Ausatmung wird erschwert. Die Folge ist unter anderem eine Verringerung der Sauerstoffzufuhr.

Der Ultralanglauf trainiert auf weite Strecken (diese Einschränkung wird noch begründet) die gleichmäßige Tiefatmung unter Bevorzugung der Bauchatmung. Auch an diesen Vorgängen zeigt sich ein Positivum der langen und ultralangen Strecke. Selbst bei 25-km-Wettbewerben treten diese Vorteile noch nicht deutlich zutage. Hier wird noch mit hoher Atemfrequenz und vornehmlich mit Brustatmung gelaufen. Merkwürdigerweise werden der Ultralangstrecke von Außenstehenden immer nur physiologische Nachteile angelastet, die physiologischen Vorzüge jedoch nicht gesehen. »Kurze« Langstrecken hingegen, die ein andersartiges und physiologisch weniger günstiges Training voraussetzen, bleiben von Kritik überhaupt verschont — offenbar nach der Milchmädchen-Rechnung: Je kürzer die Strecke, desto weniger kann passieren.

Nochmals sei betont: Der 100-km-Lauf ist ein Wettbewerb, und selbstverständlich muß man nicht an einem Wettbewerb teilnehmen, wenn es einem allein um positive Faktoren des langen Laufens, wie zum Beispiel ökonomische Tiefatmung, geht. Zudem entwickelt sich auch beim Ultralanglauf, gelaufen in ruhigem steady state, mit zeitlich zunehmender Belastung die Tendenz zur Erhöhung der Atemfrequenz und Abnahme der Atemtiefe (ISRAEL). Dies wird unter anderem mit der Temperaturregelung begründet. »Bei stärkerem belastungsbedingten Anstieg der Körpertemperatur wird die Ventilation spontan in den Dienst der Erwärmung des Organismus gestellt; es erfolgt eine Abgabe von Wärmeenergie mit dem auf die Körperkerntemperatur aufgeheizten Atem sowie über eine Kühlung der Schleimhäute der Atemwege durch Flüssigkeits-Verdunstung« (ISRAEL). Der thermoregulatorische Gewinn der Hyperventilation sei jedoch gering; deshalb empfiehlt auch Prof. ISRAEL, in jedem Falle gezielt die langsame Tiefatmung beizubehalten.

7.4 Thermoregulation

Das Training für die lange Strecke verbessert die Thermoregulation.

Die Körpertemperatur beträgt, wie bekannt, 37 Grad Celsius, mit Abweichungen von 0,5 Grad nach oben oder unten, bezogen auf die Kerntemperatur, nämlich der inneren Organe und Gewebe, weshalb denn auch im Darmausgang gemessen wird. Diese Kerntemperatur unterliegt dem circadianen Rhythmus und fällt zum Beispiel in der Nacht um 1 Grad Celsius ab. Dies ist bei nächtlichen 100-km-Läufen unter tiefen Temperaturen zu berücksichtigen.

Der Normalwert bezieht sich auf den Ruhezustand. Beeinflußt wird er durch hohe Außentemperaturen und/oder durch Muskelarbeit. In der arbeitenden Muskulatur kann der Energieumsatz auf das Vierzigfache des Ruheumsatzes steigen. Der mechanische Wirkungsgrad der Muskulatur beträgt nur etwa 25 Prozent; die restlichen 75 Prozent der umgesetzten Energie werden als Wärme freigesetzt. Der Temperaturanstieg erhöht den Energieumsatz und steigert damit die Leistungsfähigkeit. Dies ist ein Aspekt des Aufwärmens, der jedoch bei der Ultralangstrecke nicht beachtet zu werden braucht, weil die Leistungsintensität geringer ist.

Die durch den Energieumsatz erzeugte Wärme kann die Kerntemperatur bis zu 41 Grad erhöhen. Diese Erhöhung ist abhängig vom Trainingszustand, vom Alter und von der Lufttemperatur. Sie hat nichts zu tun mit Fieber. Dies muß man denjenigen sagen, denen diese hohe Kerntemperatur, ausgelegt als Fieber, ein Argument etwa gegen den Marathonlauf ist. Die bis zu 41 Grad beim Marathonlauf sind eine Arbeitstemperatur; Fieber hingegen — als eine Störung der Wärmebildung — hat verschiedene endogene Ursachen wie zum Beispiel bakterielle Giftstoffe oder Eiweißabbauprodukte im Verlauf von Infektionen, der Zerstörung von Körperzellen oder als Reaktion auf artfremdes Eiweiß. Immer handelt es sich dabei um krankhafte Veränderungen des Allgemeinzustandes. Veränderungen der Kerntemperatur durch Arbeit, Außentemperatur oder circadianen Rhythmus sind nicht als krankhaft zu bezeichnen. Selbstverständlich kann eine stark erhöhte Kerntemperatur in Verbindung mit anderen Faktoren auch pathologischen Charakter annehmen. Solche Faktoren sind Hitze, zumal mit hoher Luftfeuchtigkeit, oder die Einnahme von Dopingmitteln. Bei Hitze mit hoher Luftfeuchtigkeit kann die körpereigene Wärme nur ungenügend an die Umgebung abgegeben werden. Die Kerntempertur steigt dann bis zu den kritischen 42 Grad. Die Folge kann ein Hitzschlag sein.

Immer wieder werden bei Laufwettbewerben unter ungünstigen klimatischen Bedingungen Fälle von Kreislaufkollaps registriert. Vorangegangene Symptome sind: Koordinationsstörungen (zerebrale Ausfallerscheinungen wie bei der Olympia-Marathonläuferin Gabriele Andersen-Schiess), Orientierungsverlust und Bewußtseinstrübung. Sofortige Kühlung — Lagerung im Schatten, Benetzen der Haut mit kaltem Wasser — ist erforderlich. Eine Vorbeugung gegen eine zu starke Erhöhung der Kerntemperatur ist, wie das bei jedem Hitze-Marathon praktiziert wird, die Befeuchtung der Haut mit kaltem Wasser, insbesondere Kühlung des Nackens mit einem Schwamm und Eintauchen der Arme bis zu den Ellenbogen in einen Wassertrog. Auf der 100-km-Strecke in Biel bieten sich dazu die zahlreichen Steintröge an Bauernhäusern an. Gegen den Wasserstrahl aus dem auf den Oberkörper und damit die Herzpartie gerichteten Schlauch habe ich starke Bedenken. Doch begegnet man dieser Situation bei Ultralangläufen weit weniger als beim Marathon. Infolge geringerer Arbeitsintensität und damit geringerer Wärmeentwicklung stellt sich auch unter dem Gesichtspunkt der Temperaturregelung die Ultralangstrecke günstiger als der Marathon.

Die Wärmeabgabe erfolgt über den Kreislauf zur Hautoberfläche. Bei guter Durchblutung kann die Haut mehr Wärme abführen als bei schlechter. Die Durchblutung und damit die Wärmeabgabe ist am höchsten an den Extremitäten. Deshalb ist es unzweckmäßig, die Beine, die ja beim Laufen die Hauptarbeit leisten und als erste Gliedmaßen Wärme entwickeln, vor dem Start mit einer durchblutungsfördernden Massage-Emulsion einzureiben, wie das vielfach beobachtet wird. Dies hätte allenfalls Berechtigung beim Start in kurzer Hose bei sehr kühlem Wetter. Aber da würde ich, zumal auf der Ultralangstrecke, lieber eine Strumpfhose anziehen.

Hat die Wärmebildung, individuell unterschiedlich, einen bestimmten Grad erreicht, setzt die Schweißsekretion ein. Der Zeitpunkt hängt von der Akklimatisation des einzelnen ab. Auch durch die sportmedizinische Fachliteratur geistert noch immer der Verlust an Salz, Spurenelementen wie insbesondere Kalium und Elektrolyten, der während des Wettkampfes ersetzt werden müsse. Erfahrene Laufmediziner haben dies widerlegt, und die Empirie hat bestätigt, daß es genügt, den Ausgleich nach dem Lauf herbeizuführen, ja, daß die Einnahme von Salztabletten und von Elektrolytgetränken während des Laufes nachteilig sein kann. »Überbewertet werden die Salzverluste mit dem Schweiß. Der Schweiß ist hypoton, d. h. es geht immer mehr Wasser als Salz verloren« (KLEINMANN). Damit entsteht eine Salzkonzentration im Körper; diese würde man verstärken, wenn man Salz zuführen würde. Auch wenn Salz in Wasser aufgelöst wird, mindert dies die Salzkonzentration nicht so erheblich. Zu den Läufer-Erfahrungen gehört auch, daß man um so weniger Salz ausschwitzt, je salzärmer die gewöhnliche Nahrung ist.

Hitze wird zwar zu Recht als der größte Feind des Läufers bezeichnet; aber die Anpassung des Organismus an Hitze gelingt besser als an Kälte. Bei Kälte ist die Wärmeabgabe vermindert und die Wärmebildung erhöht. Die Durchblutung ist vermindert. Schließlich setzt als Gegenregulation das Muskelzittern als Mittel der

Wärmeproduktion ein. Durch den Aufenthalt in Hitze oder Kälte kann man eine Akklimatisation erreichen; allerdings braucht man etwa vierzehn Tage dazu.

Die Anpassung an Hitze oder Kälte wird am besten durch das Training bewerkstelligt. Marathonläufer können sich besser als andere Sportler an ungewohnte Temperaturen anpassen.

ERIKA BAUM hat nachgewiesen (Dissertation, 1976), daß der Grad der Adaptation auch eine Funktion der Stärke, Dauer und Anzahl der Belastungen ist und somit schwache Reize in niederer Zahl nur geringe adaptive Veränderungen bewirken. Daraus läßt sich schließen, daß der Ultralanglauf die Thermoregulation optimiert.

In 18 Versuchsreihen waren Probanden, und zwar Nichtsportler, Langstreckenläufer und Schwimmer, in der Klimakammer jeweils einstündigen Belastungen unterzogen worden. Dabei ergaben sich signifikante Trends. Die Langstreckenläufer wiesen — in indifferentem Klima — eine geringfügig erniedrigte mittlere Körpertemperatur und Kerntemperatur auf. Die Zitterschwelle, also der Zeitpunkt, von dem an der Körper bei Kälte zu zittern beginnt, war zu erheblich tieferer Körper- und Kerntempertur verschoben. Analog dazu verschob sich auch die Schwitzschwelle nach oben. Kälteempfindung und Grad der Kälteunbehaglichkeit (Discomfort) waren bei den Läufern abgeschwächt. Die Schwimmer hingegen unterscheiden sich nicht von Nichtsportlern; es waren keine Verschiebungen festzustellen. Auffallend waren die Veränderungen nach anderthalb Jahren bei einem Probanden, der erst nach der ersten Meßreihe mit dem Marathontraining begonnen hat. In der zweiten Meßreihe zeigte sich, daß die Kerntemperatur im Vergleich zu dem früheren Niveau erheblich tiefer lag und die Zitterschwelle zu niedrigerer mittlerer Körpertemperatur verschoben war.

In simplen Worten: Langstreckenläufer frieren weniger und geraten später in Schweiß. Die verbesserte Thermoregulation ermöglicht es, die Körpertemperatur während eines Laufes auf einem niedrigeren Niveau zu halten. Bei Hitze ist dadurch die Gefahr eines Wärmestaus, der die Dauerleistungsfähigkeit entscheidend begrenzt, geringer. Physiologisch hat die bessere Adaptation einen günstigeren Sauerstoffverbrauch zur Folge. Bei Senkung der Körpertemperatur erhöht sich normalerweise der Sauerstoffverbrauch. Diese Erhöhung infolge Kälte ist bei Langstreckenläufern geringer.

Mediziner aus Minsk (Belorussische SSR) haben im Tierversuch nachgewiesen, daß an dieser Anpassung das Hormon Adrenalin ausschlaggebend beteiligt ist. Eine Stimulierung der Adrenalinausschüttung, wie sie beim Laufen erfolgt, wäre also die Erklärung der besseren Kälteverträglichkeit bei Läufern.

Die hervorragende Temperaturanpassung zumal beim Ultralanglauf sollte jedoch nicht zur Leichtfertigkeit bei der Bekleidung verleiten. Zu dünne Oberbekleidung bei niedrigen Temperaturen führt unweigerlich zu schmerzhaften Verspannungen der Schulterpartie. In diesem Zusammenhang sei auch davor gewarnt, unterwegs zu kalt zu trinken. Vor den Problemen, die dabei für Rachenraum und Magen entstehen können, schützt auch die beste Thermoregulation nicht.

7.5 Herz und Kreislauf

Mehr als beim Marathon gilt: Nicht die Strecke, sondern das Tempo tötet. Das muß man auch denjenigen sagen, denen die Herz-Kreislaufbelastung beim 100-km-Lauf zu hoch erscheint.

Wer an einem 100-km-Lauf teilnimmt, auch als Marschierer, ist trainiert. Ob für die Ultralangstrecke ausreichend trainiert, mag im Einzelfall, etwa bei jungen Teilnehmern, die aufgeben, gefragt werden. Immer aber liegt bereits eine Trainingsbasis vor, auf der es zu einer Anpassung von Herz und Kreislauf an eine Dauerleistung gekommen ist und damit zu einer Ökonomisierung von Herz- und Kreislauffunktionen.

Die Vorteile sind längst bekannt. HOLLMANN hat den Wert des Ausdauertrainings für die maximale Sauerstoffaufnahme bereits 1963 nachgewiesen. Die maximale Sauerstoffaufnahme beginnt bereits um das 30. Lebensjahr abzusinken. Mit dem 60. Lebensjahr hat sie bei nicht ausdauertrainierten Männern ein Drittel bis ein Viertel, bei Frauen ein Viertel bis ein Fünftel des früheren Maximalwertes eingebüßt. Durch ein regelmäßig täglich betriebenes Ausdauertraining von mindestens 10 Minuten mit einer Belastung von 50 bis 70 Prozent der maximalen Kreislauffähigkeit kann, laut HOLLANN, ein Vierzigjähriger erreichen, daß seine maximale Sauerstoffaufnahme im 60. Lebensjahr noch immer der in der Altersstufe zwischen 30 und 40 Jahren entspricht.

Auch nach dem 60. Lebensjahr kann ein Ausdauertraining aufgenommen werden und zeitigt, wie ebenfalls nachgewiesen worden ist, selbst nach dem 70. Lebensjahr noch eine Anpassungswirkung. Nur in Ausnahmefällen werden Ältere dann noch an Wettkämpfen teilnehmen (eine solche Ausnahme ist FRIEDRICH TEMPEL, der erst mit der Pensionierung im Alter von 65 Jahren mit dem Langlauf angefangen hat). Die Entscheidung darüber kann nur individuell getroffen werden, und eine generelle Empfehlung, es ruhig einmal mit Wettkämpfen zu versuchen, wäre mit einem hohen Risiko behaftet. Die Gefahr ist groß, daß Vorschädigungen vorliegen oder daß Ältere — gemeint sind diejenigen, die erst jenseits etwa des 60. Lebensjahres mit dem Laufen begonnen haben — bei Wettbewerben zumal der kürzeren Langstrecke in eine Streßsituation getrieben werden. Bei großen Marathons mit Tausenden von Teilnehmern sieht es etwas besser aus, weil hier inzwischen ein Potential von Fünf-Stunden-Läufern vorhanden ist.

So paradox es für Außenstehende klingt: Das Herz-Kreislauf-Risiko für Ältere und »Spätberufene« wird im Vergleich zu anderen Wettbewerben auf der Ultralangstrecke minimiert.

* Das Ambiente auf 100-km-Veranstaltungen mit Volkslaufcharakter ist so, daß kein Wettkampf-Streß entsteht.

* Viele Teilnehmer solcher Veranstaltungen legen die Strecke mit 50 bis 60 Prozent ihrer maximalen Leistungsfähigkeit ($VO_{2\,max}$) zurück und bleiben damit weit unter kritischen Grenzen.

* Entsprechend ist auch die Pulszahl niedriger; sie überschreitet dann selten die für das Training empfohlene Herzfrequenz von 130. Häufig bewegt sie sich um 120.

Bei 1139 männlichen Teilnehmern in Biel (JUNG, 1979) wurde eine mittlere Herzfrequenz von 125 ± 24 Schläge/min gemessen. Am häufigsten war die Frequenz zwischen 120 und 129 Schlägen. Geher erreichen eine Frequenz von etwa 110 Schlägen. Im Zielbereich wurden die höchsten Frequenzen gemessen, nämlich ein Mittelwert von 145/min. Kardiopulmonal gesehen ist dies also der höchste Belastungsgipfel auf der 100-km-Strecke. Er hängt zudem nicht von der objektiven Belastung durch die Strecke ab, sondern von der individuellen Mobilisierung von Reserven für den Endspurt. Dies zeigt sich daran, daß die etwa 40 Prozent der vermessenen Teilnehmer, die das Ziel im Gehschritt erreichten, im allgemeinen Herzfrequenzen unter 140 Schlägen aufwiesen.

Bei einer Langzeit-elektrokardiographischen Überwachung dreier älterer Langstreckenläufer (JUNG, 1972, ebenfalls veröffentlicht in »Phänomen 100-km-Lauf«) mit Registrierung jeweils im Abstand von 5 Minuten wurde bei einem 66 Jahre alten Jogger (Laufen und Gehen, Zeit: 18 : 40 Stunden) ein Mittelwert von 113 ± 10 Schlägen/min aufgezeichnet. Eine damals 54 Jahre alte Läuferin mit einer Einlaufzeit von 13 : 52 Stunden lief mit einer Herzfrequenz von 129 ± 11 Schlägen/min. Dies würde beim Ergometertest einer Belastung von 130 Watt (= 2,1 Watt/kg Körpergewicht) entsprechen. Die Strecke wurde von beiden mit 57 oder 59 Prozent ihres Sauerstoffaufnahmevermögens zurückgelegt.

Selbst in einem Problemfall wurden noch medizinisch akzeptable Werte registriert. Es handelt sich um einen 59 Jahre alten Rentner mit asthmatoider Emphysembronchitis, Raucher (Marsch mit Laufeinlagen 21 : 11 Stunden). Seine durchschnittliche Herzfrequenz betrug $144 \pm$ Schläge/min (= Ergometerbelastung von 110 Watt oder 1,7 Watt/kg Körpergewicht). Der allerdings vergleichsweise hohe Wert von 85 Prozent der maximalen Sauerstoffaufnahme wird mit der Emphysembronchitis erklärt.

Dieser Fall sowie Messungen an ehemaligen Herzinfarkt-Patienten unter den 100-km-Teilnehmern zeigen, daß die Ultralangstrecke gerade für diesen Personenkreis ein Wettbewerbsfeld bietet, auf dem Ausdauerleistungen mit — im Vergleich zum Marathon und zu kürzeren Strecken — reduziertem Risiko für Herz und Kreislauf möglich sind. Die Streßsituationen des Wettkampfes gegen andere fallen hier weg.

128

Es soll nicht verschwiegen werden, daß sich auf der Ultralangstrecke zwei Todesfälle ereignet haben, der eines 55 Jahre alten Läufers in Hirtenberg und der eines 71 Jahre alten Läufers in Biel. Von dem Fünfundfünfzigjährigen ist bekannt, daß er erheblich vorgeschädigt gewesen war. Er hatte bereits drei Herzinfarkte erlitten. Es gilt als sicher, daß er den dritten Infarkt nicht überlebt hätte, wenn er nicht das Lauftraining, zu dem ihm sein Arzt geraten hatte, gehabt hätte. Auch beim Laufen führte jener Herzpatient immer ein Medikament mit. Und schon vor dem 100-km-Lauf fühlte er sich nicht gut. Der tödliche Zusammenbruch ereignete sich bereits bei km 12, etwa einundeineviertel Stunde nach dem Start. Der Zusammenbruch des 71jährigen Läufers in Biel, der zum Tode führte, erfolgte bei km 24. Die Laufgeschwindigkeit des Altersläufers hatte bis dahin etwa 10 km/h betragen. Es war der erste Todesfall eines Läufers in Biel nach 26 Jahren, und dies bei Teilnehmerfeldern von — in den letzten Jahren — 4000. Beide tödliche Unfälle lassen keinerlei Bezug zur Ultralangstrecke erkennen; sie hätten sich auch bei anderen, kürzeren Läufen und selbstverständlich auch bei anderen Tätigkeiten ereignen können. Wenn man eine Statistik der Todesfälle in den einzelnen Sportarten heranzieht, dürfte Kegeln — infolge des höheren Altersdurchschnitts und der kardiopulmonalen Vorschädigungen — vergleichsweise weitaus gefährlicher sein als die Teilnahme an einem Ultralanglauf.

Falls die Gegner der Ultralangstrecke noch nicht darauf gestoßen sind, sei ihnen eine Information an die Hand gegeben, aus der sich mühelos eine prächtige Schlagzeile fertigen läßt. Südamerikanische Forscher (STRACHAN et. al.) haben entdeckt, daß sich das C-reaktive Protein (CPR) während des Laufens erhöht und zwar abhängig von der Streckenlänge. CRP ist ein Eiweißkörper, der im Serum bei Entzündungen, Infektionen, Tumoren und Nekrosen (absterbendem Gewebe) auftritt. Während die CRP-Spiegel bei den untersuchten 38 Läufern in den Tagen vor dem Rennen nahezu bei null lagen und sich auch bei leichten Trainingsläufen nicht erhöhten, wurde nach dem Rennen eine hochsignifikante Erhöhung beobachtet. Die höchsten Werte fand man bei den Teilnehmern an einem Ultralanglauf über 88 km. »CRP-Spiegel von der Höhe, wie man sie nach dem Supermarathon beobachtete, kennt man auch von kleinen Myokardinfarkten«, hieß es in dem Bericht über die Studie. Läufer sollten sich dadurch nicht beunruhigen lassen, zumal da sich Infarktpatienten durch andere biochemische Parameter von Rennläufern unterscheiden. Möglicherweise — in dieser Richtung wird gedacht — könnte die CRP-Messung die Diagnose bei koronargefährdeten Ausdauer-Trainierten verbessern.

In der Interpretation von EKG-Untersuchungen an 100-km- und an 24-Stunden-Läufern kommen B. und H. BUHL, NEUMANN und GOTTSCHALK zu diesem Ergebnis: »Von kardiologischer Seite finden sich bei gut trainierten Sportlern nach einem Streckenabschnitt bis 100 km keine pathologischen Veränderungen im EKG. Im Gegenteil, außer der Tatsache, daß die Erregungsausbreitung stabil bleibt, stellt sich in der Repolarisationsphase (Anm.: Repolarisation bedeutet

Bereitschaft zur Aufnahme eines neuen Reizes in quergestreiften Muskeln) ein erhöhtes Potential dar. Die elektrischen Vorgänge am Herzen deuten auf eine angeregte Stoffwechselsituation und eine gute Durchblutung des Myokards hin. Bis 18 1/2 Stunden nach Belastung bleiben diese Reaktionen erhalten... Ein gut trainiertes Herz-Kreislauf-System erfährt keine Schädigung durch eine Langzeit-ausdauerbelastung bis 100 km. Belastungsbegrenzende Faktoren bei dieser Streckenlänge sind offensichtlich nicht im Herz-Kreislauf-System, sondern vorwiegend im Stütz- und Bindegewebsapparat zu suchen.« Dagegen sind, wie diese Fallstudien ausweisen, nach 24stündigen Belastungen Ermüdungszeichen der Herzarbeit zu erkennen.

Im Profil der Herzfrequenz spiegelt sich, wie JUNG mitteilt, das Profil des Geländes fast exakt wider (WEIDEMANN). Dies gilt jedoch eher für die langsameren Läufer, während die schnelleren ihre Geschwindigkeit den Steigungen und schwierigem Untergrund anpassen, so daß ihre Belastung gleich bleibt. Laufen auf einem Feldweg mit Bodenunebenheiten führt zu einer Erhöhung der Herzfrequenz und steigert den Energiebedarf um etwa ein Drittel (GARANTI u. BUSCA).

Umgekehrt bedeutet Bergab-Laufen oder -Gehen eine Energieeinsparung um etwa ein Viertel, bezogen auf die Fortbewegung auf ebenem Boden (MARGARIA). Mit anderen Worten: Gefälle gleicht Steigungen desselben Grades nicht aus.

Eine labile Herz-Kreislauf-Phase entsteht nach dem Zieleinlauf. Sie ist nicht so ausgeprägt wie beim Marathon, weil die Belastungsintensität geringer ist. Der Belastungsabbruch mit dem Zieleinlauf ist deshalb kritisch, weil der systolische Blutdruck abfällt, die Herzfrequenz abnimmt, Laktat in die peripheren Blutgefäße strömt und diese weitstellt. Als Gegenregulation gegen den Blutdruckabfall werden jedoch erhöht die Hormone Noradrenalin und Adrenalin ausgeschüttet, die in dieser Situation Herzrhythmusstörungen auslösen können.

Je nach der Belastungsintensität ist daher auch beim Ultralanglauf zu empfehlen, nach dem Zieleinlauf noch locker auszutraben und sich dann erst hinzulegen oder hinzusetzen. Auf diese Weise wird der Gefahr, in den ersten fünf Minuten nach Zieleinlauf zu kollabieren, begegnet. Dieser Hinweis erscheint nicht so sehr im Hinblick auf die Ultralangstrecke als vielmehr im Hinblick auf viele ältere Teilnehmer an 100-km-Läufen, die womöglich des Eindrucks auf Zuschauer wegen in einem Endspurt einlaufen, angebracht.

Eine Herzvergrößerung, die früher analog zu Radrennfahrern bei leistungsorientierten Läufern allgemein angenommen worden war, tritt bei Ultralangläufern nicht ein, weil sich die Belastung relativ tief im submaximalen Bereich vollzieht.

7.6 Magen und Darm

Der Magen-Darm-Trakt ist zwar nur durch die Vorbereitung der Energiebereitstellung an der Dauerleistung beteiligt, spielt aber eine größere Rolle bei Wettkämpfen, als vielen lieb ist. Magen-Darm-Beschwerden sind die häufigsten internistischen Beschwerden bei Läufern. Bei einer Untersuchung der Aufgabegründe (JUNG) stellte sich heraus, daß Läufer, wenn sie aus internistischen Gründen den 100-km-Lauf früher beendeten (in 29 Prozent der Fälle), zu einem Drittel Magen- und Darmbeschwerden angaben.

Solche Beschwerden sind wohl bei allen Marathonläufen zu beobachten. Auch 100-km-Läufern sind sie nicht fremd. Sie äußern sich, wie JUNG registriert hat, in Übelkeit, Erbrechen, Krämpfen und Schmerzen (besonders in zeitlichem Zusammenhang mit Nahrungs- und Flüssigkeitsaufnahme), Aufstoßen, Sodbrennen, Seitenstechen und Durchfällen. Offenbar sind gerade leistungsorientierte Läufer davon betroffen. Und wenn Spitzenläufer Probleme bekommen, haben sie überwiegend ihre Ursache im Magen-Darm-Bereich. Ganz typisch war dies 1985 bei PETER RUPP zu beobachten, der in den drei vorangegangenen Jahren in Biel gesiegt und 1984 den Streckenrekord mit 6 : 42 : 43 Stunden aufgeteilt hatte. Im Jahr darauf plagten ihn Magenbeschwerden und verhinderten eine annähernd so gute Leistung.

Nicht wenige der guten 100-km-Läufer, die schon einmal einen Lauf vorzeitig beendet haben, stellen typische Vagotoniker und Ulcuspatienten dar, hat JUNG bei Befragungen gefunden. Das wissenschaftliche Resümee: »Für den Magen-Darm-Trakt kann unter der Belastung eines vielstündigen Ultralangstreckenlaufes eine kritische Situation entstehen aus der Diskrepanz zwichen vegetativ-hormoneller und hämodynamischer Drosselung einerseits und leistungsphysiologisch erforderlicher Aktivität andererseits, die sich bei Nahrungs- und Flüssigkeitsaufnahme einer ohnehin bestehenden Reizung zentraler Regulationszentren und einem in der Persönlichkeit des Läufers vorgegebenen Dispositionsfaktor auflagern und die gastrointestinale Symptomatik hervorrufen könnte« (JUNG).

Wenn man das von hinten aufdröselt: Offenbar ist es so, daß unter Langstreckenläufern — und zwar gerade guten — eher Magenlabile zu finden sind, so wie andererseits eine negative Selektion unter dem Gesichtspunkt der Herz- und Kreislaufbeschwerden stattfindet. JUNG hat das an anderer Stelle angedeutet: introvertierte Grundhaltung (nach innen gewendet), Konfliktinternalisierung (Konflikte werden im Innern ausgetragen) und Härte gegen sich selbst seien offenbar Persönlichkeitsmerkmale von Langstreckenläufern. Im Gegensatz zu einem anderen Persönlichkeitstypus, etwa dem zum Herzinfarkt neigenden Typ A von FRIEDMAN, schlagen solche Eigenschaften, »alles mit sich selber ausmachen«, auf den Magen. Psychische Probleme äußern sich bei Frauen somatisch überwiegend in Magenbeschwerden, bei Männern hingegen überwiegend in Herzerkrankungen. Das eine ist schmerzhaft, das andere lebensbedrohlich. Magenbeschwerden bis hin zum Magengeschwür haben, wenn sie psychosomatischer Natur sind, ihre Herkunft im vegetativen Nervensystem. Gerade dieses aber wird im Marathon und auf der Ultralangstrecke besonders beansprucht. Für diese Erklärung spricht auch, daß die Magen-Darm-Beschwerden guttrainierter Läufer nicht beim Training, sondern im Wettkampf auftreten. JUNGs Frage, ob sich Wettkämpfe für derart Disponierte dann eher stabilisierend, also vorteilhaft, auswirkten oder progressiv, also negativ, ist noch nicht beantwortet.

Auf die Frage, ob sich Marathon und Ultralanglauf durch unterschiedlich starke Beanspruchung des Vegetativums unterscheiden, antworten ISRAEL, KÖHLER, SCHEIBE, MAUE nach der Auswertung eines 88-km-Laufes: »Die Veränderungen des weißen Blutbildes sprechen dafür, daß die Auswirkungen im Bereich des Vegetativums, die der extensive Lauf bewirkt, nicht ungewöhnlich stark sind und etwas hinter denen, die bei Marathonläufern beobachtet werden können, zurückbleiben. Da das vegetative Verhalten aber maßgeblich für die innere Verarbeitung der äußeren Belastung ist, läßt sich feststellen, daß der Organismus die extensive Belastung, um die es hier geht, relativ gut toleriert... Die Blutbefunde insgesamt tragen zu der Aussage bei, daß derartige Läufe für einen darauf vorbereiteten Sportler bei aller Würdigung der beobachteten großen individuellen Unterschiede eine biologisch zumutbare Belastung sind.«

Jedenfalls scheint nach meinen Überlegungen (die allerdings durch die auf diesem Gebiet ohnehin sehr spärliche Literatur nicht gedeckt sind) das Vegetativum der Angelpunkt für die Beurteilung der Magen-Darm-Beschwerden bei Läufern zu sein. Dahinter scheinen — nach meiner Betrachtungsweise — wohl die rein physiologischen Vorgänge, die JUNG erwähnt, als Folgen und nicht als Ursachen zurückzutreten.

Wie auch immer, — wer den davon betroffenen Leistungsläufern helfen könnte, würde gefeiert werden. Daher kann ich nur persönliche Äußerungen machen: Würde ich selbst unter Magen-Darm-Beschwerden bei Wettkämpfen leiden (ich bin deshalb nicht betroffen, weil mein psychosomatischer Schwachpunkt die Leber ist —»Laus über die Leber« —, die vom Laufen allemal profitiert), so würde ich mir erst einmal über meine Persönlichkeitsstruktur Klarheit zu gewinnen trachten. Muß ich zuviel wegstecken? Stecke ich zuviel ein? Was hindert mich an Konfliktlösungen? Was hindert mich überhaupt, Konflikte zu artikulieren? Sind die Nachteile dieser Artikulation wirklich größer als die psychosomatischen Folgen der »Konfliktinternalisierung«? Läßt sich ein Ausgleich zwischen den Polen Depression und Aggression schaffen? Ich würde also langfristig und ganz gezielt auf bessere Psychohygiene bedacht sein (wieder ein ganz persönliches Beispiel: Ich selbst bin auf Psychohygiene bedacht; dies ist für andere manchmal unbequem, und Freunde habe ich mir mit barschen Äußerungen nicht gemacht; aber sind die falschen Freunde — denn die echten akzeptieren mich — wirklich Magenbeschwerden wert?).

Man kann diese Ausführungen als wissenschaftlich nicht relevant abtun (und vielleicht als nicht in dieses Handbuch gehörig), aber ich weiß keinen anderen Weg, als am persönlichen Beispiel anzudeuten, in welcher Richtung zu denken wäre, um den Betroffenen zu helfen (siehe auch Kapitel über den psychischen Faktor).

Selbstverständlich müssen dazu rein physiologische Reizungen vermieden werden. Nach meinen Erfahrungen (wiederum sei betont: als magenlabil nicht Betroffener) ist es besser, vor einem Ultralanglauf gar nichts gegessen zu haben als das in dieser Situation Falsche. Diese Einschränkung mache ich, weil auch — für sich genommen — »gesunde« Ernährung Probleme bereiten kann. Auch der empfohlene und von mir bevorzugte Frischkornbrei, zu spät vor dem Start genossen, das Vollkornbrot und der frische Salat als Mahlzeit vor dem Start können während der Laufbelastung Beschwerden hervorrufen. Von vollwertiger Ernährung rücke ich kein Jota ab — und wäre ich magenkrank, würde ich mich erst recht damit befassen —: doch würde ich austarieren, ob mir zwei Scheiben Weißbrot vor einem Lauf nicht dienlicher wären als die Beachtung von empfehlenswerten Grundsätzen. Der umgekehrte Fall ereignet sich ebenfalls: Es kann auch Gründe geben, vom Laufen abzuraten.

Bei Magenproblemen würde ich unterwegs nur das zu mir nehmen, was größere Probleme verhütet: also Flüssigkeit, und hier wiederum nur Wasser. Größten Wert würde ich auf die Temperatur legen; überflüssige Reize müssen vermieden werden. Daher lauwarmes Wasser. Wenn ich Unterzuckerung vermeiden muß, dann würde ich mich wirklich mit nur kleinen Kohlenhydratgaben begnügen, sonst aber möglichst ohne Nahrungszufuhr laufen und dies auch vorher trainieren. Mehr weiß ich leider nicht. Und es ist kein Trost, daß andere es auch nicht wissen.

7.7 Orthopädische Belastung

Welche Laufstrecke man auch nimmt, — auf jeder wird am stärksten das Bewegungs- und Stützsystem belastet. Es liegt auf der Hand, daß diese Belastung mit der Streckenlänge steigt. Allerdings ist auf der Ultralangstrecke die Intensität der Belastung geringer. Je schneller die Geschwindigkeit, desto stärker der Aufprall des Läufers auf dem — zumeist harten — Untergrund. Legt man die Formel zugrunde: dreifache Marathonzeit = 100-km-Zeit, so legt ein 3 : 30-Läufer beim Marathon 3 m/sec. zurück, beim 100-km-Lauf hingegen nur 2,6 m/sec. Seine Geschwindigkeit ist um 13 Prozent verringert. Man kann also sagen: Auf der Ultralangstrecke wird schonender gelaufen. Dies ändert jedoch nichts daran, daß es zu einer Summation von Mikrotraumata kommen kann.

Wenn Läufer Beschwerden haben, betreffen sie in den meisten Fällen den Bewegungs- und Stützapparat. Eine Untersuchung an 393 Teilnehmern des Rennsteiglaufes erbrachte, daß fast jeder dritte über Beschwerden am Kniegelenk, an der Achillessehne, am Mittelfuß, an der Wade, am Knöchelgelenk und an der Wirbelsäule (in 10 Fällen) klagte. In zwei Dritteln der Fälle waren die Beschwerden kurzzeitiger Natur, zu einem Drittel bestanden sie bereits seit mehr als einem Jahr. Bei der Untersuchung von Biel-Teilnehmern, die den Lauf nicht beendeten, gaben 40 Prozent Gelenkbeschwerden als Grund an.

Weitere Untersuchungen aus jüngerer Zeit (z. B. JESCHKE) bestätigen, wie verbreitet insbesondere Knie- und Achillessehnenbeschwerden unter Läufern sind.

Eine Untersuchung von 67 Läufern im Durchschnittsalter von 36 Jahren, die erfolgreich 100 km in Unna, Hamm und Biel gelaufen waren, ergab, daß 70 prozent von ihnen Fußdeformationen aufwiesen, hauptsächlich Senk- und Spreizfuß (BRÜGGEMANN). Bis auf zwei hatten alle nach dem Lauf Beschwerden, zu 80 Prozent Beinbeschwerden; davon wiederum waren zur reichlichen Hälfte das Kniegelenk betroffen.

Andererseits hat der 100-km-Lauf keine wesentlichen Veränderungen an den Füßen, bis auf einige Druckstellen und Blasen, zur Folge gehabt. Im Gegenteil wurde eine Erhöhung des Fußgewölbes (Längsgewölbe) gemessen; dieser »Brückenindex« nahm im Verlauf des 100-km-Rennens um etwa 18 Prozent zu. In keinem Fall lag er unter dem Ausgangswert. Dies läßt sich so interpretieren: Der 100-km-Lauf — wie auch bereits der Marathon — führt zu einer Stabilisierung des Fußgewölbes. Auch andere Untersuchungen haben bestätigt, daß es trotz der intensiven Belastung — man kann auch sagen: dank des Trainingseffekt der intensiven Belastung — keineswegs zu einer Abflachung des Fußgewölbes, sondern vielmehr zu einer Aufrichtung gekommen ist.

Fast die Hälfte der Läufer trainierte auf Asphalt, 10 prozent auf gemischtem Untergrund und etwa 40 Prozent auf Waldboden. Ihr Trainingsumfang wird im Durchschnitt mit 5000 km pro Jahr angegeben.

Eine Gruppe von 148 Läufern, die den 100-km-Lauf vorzeitig beendet hatte, wies hingegen ein nur halb so hohes Trainingspensum auf und hatte erst vor vier Jahren — statt vor 5 1/2 Jahren wie die Erfolgreichen — mit dem Laufen begonnen.

BRÜGGEMANN hält fest:»Gravierende Beschwerden sowie schwere Verletzungen wurden bei den 100-km-Läufern nicht beobachtet.« Er meint allerdings, daß die Gelenke der unteren Extremitäten, insbesondere die Kniegelenke »durch die enorme Belastung des 100-km-Laufes und des dazu erforderlichen Trainingsaufwandes erheblich gefährdet«seien.

Auf orthopädischem Gebiet sind weit mehr Fragen offen als etwa auf internistischem. Der Zusammenhang von Ernährungsfehlern und Schädigungen der Wirbelsäule und der Gelenke ist noch immer im Stadium der Hypothese. Doch die Hypothese, daß sich die übliche Zivilisationskost zuerst am Gebiß, dann am Bewegungsapparat auswirke, und zwar in einer Inkubationszeit von 20 bis 30 Jahren und auch in der nächsten Generation, wird durch die Beobachtung bestätigt. Wer sich umsieht, hat wahrscheinlich in seinem Bekanntenkreis Menschen, die eine Hüftoperation hinter sich haben oder an einem Bandscheibenverfall leiden, obwohl sie niemals gelaufen sind. Vielleicht gerade deshalb: diese Meinung vertrat VAN AAKEN. Die Schwingungen der Wirbelsäule beim Laufen — er rechnete bei einem 10.000-m-Lauf 8.333 Schwingungen aus — dienten der Durchblutung und Steigerung des Stoffwechsels der Wirbelsäule.

Die Zunahme von Erkrankungen des Bewegungsapparates ist nun wahrhaftig nicht der Laufbewegung anzulasten. Sogar ein Zusammenhang zwischen Gelenkleiden und Blei-Intoxikation ist bereits diskutiert worden. Es wäre daher falsch, alle Schädigungen und Beschwerden am Bewegungs- und Stützapparat bei Läufern als Folge von Überlastungen anzusehen. In der Tat gibt es ja zumindest ebensoviele Läufer mit vergleichbarem Trainingspensum, die völlig beschwerdefrei laufen — auch auf der Ultralangstrecke.

Darunter sind auch Ältere.

Die mögliche Kausalität von Gelenkbeschwerden und Laufbelastung, zumal starker, soll nicht grundsätzlich abgestritten werden. Jedoch:»Die Ätiologie der meisten Überlastungssyndrome ist eine biomechanische Deformierung der unteren Extremitäten« (SUBOTNICK). Überlastungsschäden am Bewegungsapparat werden (nach ARNDT) begünstigt durch monotones Training, mangelhafte Aufwärmung vor Training und Wettkampf, abrupte Rhythmusänderungen im Trainingsprozeß, falsches Schuhwerk, fehlende Ausgleichsübungen, zum Beispiel der durch den Dauerlauf zu gering trainierten Muskelgruppen wie Rücken- und Bauchmuskulatur.

Bei orthopädischen Beschwerden muß man daher immer auch erst Klarheit über die Statik gewinnen. Beinfehlstellungen sind ein ernstes Problem. Fußfehlstellungen wie Pronation oder Supination provozieren infolge veränderter Statik Kniebeschwerden. Soweit wie möglich müssen Fehlstellungen oder eine — häufig lange Zeit unerkannte — unterschiedliche Beinlänge ausgeglichen werden.

Die Schuhe haben eine Schlüsselrolle. Seit über zwanzig Jahren werden spezielle Laufschuhe in nennenswertem Umfang produziert, und erst jetzt wird allgemein erkannt, daß Dämpfung nicht als absoluter Wert zu betrachten ist, sondern immer im Zusammenhang mit der Fußführung gesehen werden muß. Erst jetzt haben wir die Chance, mehr als bisher Schuhmodelle zu bekommen, die den orthopädischen Anforderungen genügen. Wieviele Kniebeschwerden und Achillessehnenreizungen mögen bis dahin auf das Konto der »Weichmacher« gegangen sein?

Man muß also die tatsächlich in großem Umfang auftretenden, wenn auch mehrheitlich reversiblen Schädigungen relativieren: Wir brauchen mehr Ursachenforschung. Doch selbst die Spezialisten stehen allzu oft mit leeren Händen da. Sie verordnen eine Salbe — oder der Läufer verordnet sie sich selbst — zur Linderung der Schmerzen. Damit wird ein Symptom behandelt; aber der Entzündungsprozeß geht möglicherweise weiter. Da die Schmerzen überdeckt sind, wird dennoch weitergelaufen, und eine akute Verletzung kann sich zu einem dauerhaften Schaden auswachsen.

Gerade auf der Ultralangstrecke brauchen wir Sensibilität für physiologische Vorgänge. Unsicher muß man darüber nicht werden. Auch Knorpel und Sehnen unterliegen unter Trainingsbedingungen der Anpassung. Wie weit sie trainierbar sind, wie das bradytrophe Gewebe auf Langzeitbelastungen reagiert, darüber fehlen noch gesicherte Erkenntnisse. »Die Belastbarkeit des Haltungs- und Bewegungsapparates und seiner Komponenten ist von vielen Faktoren abhängig, die wir weder für Einzelkomponenten (Sehne, Knorpel, Gelenkkapsel, Muskel) noch in ihrer Summe bisher berechnen können. Stoffwechselstörungen der bradytrophen Gewebe, Alterung und Störung der Gelenkernährung sind interessante moderne Gesichtspunkte dazu« (ROMPE und RIEDER). Die »Prallelastizität« des Gelenkknorpels ist bei Ernährungsstörungen, deren Folgen sich im Alter zeigen, herabgesetzt. Die Beanspruchung durch Stoß ist dann im Alter höher. Fest steht aber auch, daß ältere Sporttreibende trotz einer der Durchschnittsbevölkerung entsprechenden Arthrose und Spondylose unter geringeren Beschwerden leiden.

Eine Dauerbelastung wie der Ultralanglauf enthüllt unweigerlich Schwachstellen. Diese Beschwerden sind nicht dem Ultralanglauf immanent, wie zahlreiche erstaunliche Dauerleistungen — etwa von SIEGFRIED BAUER — zeigen; eine Anzahl von Menschen ist nur vom Bewegungs- und Stützapparat her längeren Belastungen nicht mehr gewachsen, so wie eben auch das Herz-Kreislauf-System vieler Menschen vorgeschädigt ist. Man darf sich nicht an einer Norm orientieren, die erst durch die jüngere zivilisatorische Entwicklung gesetzt worden ist. Völlig Untrainierte bekommen bereits auf Wanderungen über 15 Kilometer Beschwerden. Wären wir alle sehr untrainiert, würde es sicher eines Tages Stimmen geben, die davor warnen, mehr als 15 km zu wandern. Gegen Läufe von 10 km sind noch keine Bedenken erhoben worden. Dennoch, 10.000-m-Läufer klagen darüber, daß sie sich ihre Bandscheiben im Stadion ruiniert hätten.

Im Zusammenhang mit großen Ausdauerbelastungen muß der Ermüdungsbruch (Streßfraktur) erwähnt werden, der, als »Marschbruch« bezeichnet, bei Rekruten vorgekommen ist. Orthopäden verzeichnen eine Zunahme der Streßfrakturen. Der Zusammenhang mit zu hoher Belastung bei mangelhaftem Training ist eindeutig. Ermüdungsbrüche als für extensive Belastungen typische Verletzungen müßten sich auf der Ultralangstrecke häufig ereignen. Dies ist jedoch nicht der Fall (ich selbst kenne keinen einzigen Ultralangläufer, der einen Ermüdungsbruch erlitten hätte). Wahrscheinlich ist dies darauf zurückzuführen, daß Ultralangläufer ein mehrjähriges Training hinter sich haben. Durch allmähliches Training erfolgt eine Anpassung auch an die extensive Belastung der Ultralangstrecke, so wie sich im Verlauf des Trainings der Bewegungsapparat auch dem Hartbelag anpaßt, der bei Untrainierten durchaus Beschwerden hervorrufen kann.
Es gibt keine Sportart — ebensowenig wie andere Tätigkeiten —, bei der sich jegliches Risiko ausschalten ließe. Das Risiko des Ultralanglaufs, das im Grunde nur das Risiko des Laufens überhaupt potenziert, besteht in erster Linie darin, daß sich Funktionsschwächen und -mängel des Bewegungsapparates zeigen können.

Die hauptsächlichen Beschwerden betreffen die Knie und die Wadenmuskulatur. Diese und andere Beschwerden wie Achillessehnenreizungen äußern sich auch bei Marathon- und kürzeren Läufen. Spezifische Ultralanglauf-Verletzungen scheint es nicht zu geben, sieht man von Stürzen ab, die sich auf der Ultralangstrecke infolge ungünstiger Wegbeschaffenheit von 100-km-Rundkursen und höherer Ermüdung wahrscheinlich mehr als beim Marathon ereignen.

Erfahrene Läufer — unter den Ultralangstrecklern sind sie zu finden — wissen, wie sie mit Laufverletzungen umzugehen haben; sie wissen auch, wann der Rat von (laufenden) Orthopäden angebracht ist. Einige Beschwerden sind im Schlagwortverzeichnis des zweiten Bandes angeführt.

Was kann man prophylaktisch und was kann man im akuten Fall tun?

* Man sollte sich mit der eigenen Ernährungssituation befassen und sie gegebenenfalls verbessern. Mangelhaft ernährte Gewebe sind verletzungsanfällig.

137

* Man sollte Störfelder ausschalten: Gibt es streuende Herde im Körper, vor allem im Gebiß?

* Man sollte ein zutreffendes Bild seines Bewegungsapparates gewinnen. Das Abriebprofil bei Laufschuhen kann Hinweise auf Fehlstellungen geben. Fehlstellungen müssen bei der Schuhwahl ausgeglichen werden.

* Sorgfältig bei der Schuhwahl sein! Auch Laufshop-Inhaber, die zwar auf kürzeren, nicht aber auf Ultralangstrecken Meriten erworben haben, beraten häufig aus dem Gefühl heraus:»Wenn's so lange dauert, dann muß der Fuß vor allem gedämpft werden.«

* Locker und entspannt laufen. Sich immer wieder einmal darauf kontrollieren. Dazu gehört auch bei längeren Läufen auf der Straße, sich über das Straßenprofil zu vergewissern. Bei der Wölbung der Oberfläche würde man unter Umständen immer mit einem Bein tiefer laufen.

* Ausgleichsgymnastik treiben!

Am Anfang der Laufbewegung ist die Gymnastik von uns vernachlässigt worden. Dies war eine Reaktion auf die Zerr- und Federgymnastik von LING, nach dem Motto »Erst wenn's weh tut, ist es richtig.« Das Bild der Gymnastik hat sich gewandelt: Die Dehn- und Streckübungen unter dem Begriff »Stretching« kommen den Bedürfnissen von Ultralangläufern außerordentlich entgegen. Beim Ultralanglauf werden naturgemäß länger als bei kürzeren Strecken immer dieselben Muskelpartien bewegt und damit auch angespannt. Zur Lockerung ist Ausgleichsgymnastik wichtig. Prinzip ist: Keine Gymnastik bei kaltem Körper, erst aufwärmen, dann Stretching!

Dehn- und Streckübungen sind auch während eines 100-km-Laufs und noch mehr während eines 100-km-Marsches von Vorteil. Auf jeden Fall erfordern sie weit weniger Zeit als eine Entmüdungsmassage. Nach dem Wettkampf tragen sie zu einer besseren Entmüdung bei und bewahren vor Verspannungen, die sich auf die Dauer zu Formveränderungen des Skeletts ausweiten können. Auch dies wieder ist keine Eigentümlichkeit nur des Ultralanglaufes, sondern auch eine Folge einseitiger Arbeitshaltungen und exzessiver Autofahrten.

Stretching bedeutet Anspannung, Entspannung und Dehnung bestimmter Muskelpartien. Die Anspannung sollte etwa 20 Sekunden dauern, die Entspannung etwa zwei bis drei Sekunden, die folgende Dehnung etwa 20 Sekunden. Schmerz soll nicht auftreten, die Atmung muß ruhig und gleichmäßig weitergehen. Für Läufer ist es besonders wichtig, die vordere und hintere Oberschenkelmuskulatur zu dehnen und Wirbelsäulenübungen zu machen.
Die einzelnen Übungen kann man Anleitungsbüchern kompetenter Autoren entnehmen oder bei Physiotherapeuten, zum Beispiel auf Laufseminaren, lernen.

8 Bemerkungen zur Ernährung

Der Mensch ist kein Automat. Man kann ihn nicht mit bestimmten Trainings- oder Ernährungsplänen füttern und erhält dann bestimmte höhere Leistungen. Diejenigen, die darauf hinweisen, daß sich manche Spitzenläufer völlig prinzipienlos oder ernährungsphysiologisch geradezu falsch ernähren, haben ja recht. Es scheint so zu sein, daß Läufer keineswegs oder jedenfalls nicht in einem überschaubaren Zeitraum schneller werden, wenn sie ihre Ernährungsform gründlich reformieren. Wäre damit das Kapitel Ernährung schon abgehakt?

Man muß das alles doch wohl differenzierter sehen. Vor allem gilt es, zu enge Betrachtungsweisen — wie die angedeutete — oder falsche Ansätze aufzugeben.

Ein falscher Ansatz wäre dieser: Man hat bei einer Untersuchung von 14 Läufern, die 100-km-Zeiten unter 12 Stunden erzielen, einen Fettanteil von 22,3 Prozent an der fettfreien Körpermasse registriert, während hochtrainierte Dauerläufer im allgemeinen einen Fettanteil von unter 10 Prozent haben. Auf diesen Fettanteil kamen nur 3 dieser 100-km-Läufer; das Maximum von 29 Prozent erreichten hingegen 5 Läufer, die damit eindeutig Übergewicht hatten (HOWALD und OBERHOLZER, 1973). Auch der Augenschein bestätigt, daß die Teilnehmer an Ultralangläufen mit Volkslaufcharakter offensichtlich mehr auf die Waage bringen als Teilnehmer an Marathonläufen. Es wäre ein ausgesprochener Trugschluß, wollte man aus dieser Korrelation ableiten, nun müsse man also, wollte man in den Ultralanglauf einsteigen, an Gewicht zulegen. Das wäre ebenso irrig wie die Schlußfolgerung: Wenn man die Ultralangstrecke überwiegend mit dem Fettstoffwechsel laufe, müsse man unbedingt höhere Fettreserven ansammeln.

Der Ultralanglauf unterliegt denselben physiologischen Gesetzen wie der Marathonlauf; eines davon heißt: Gewicht kostet Kraft. Bei Teilnehmern am Rennsteiglauf (damals 75 km) haben KÖHLER und ISRAEL (1980) errechnet, daß 1 Kilogramm Gewichtsunterschied die Einlaufzeit um etwa 5 Minuten differieren läßt. Diese Rechnung kann man ohne Änderung auf den 100-km-Lauf übertragen, da der Rennsteiglauf (auch mit jetzt etwa 70 km) an Schwierigkeit und Belastungsintensität einem 100-km-Lauf auf üblichen Strecken, inbegriffen Biel, entspricht. Denselben Wert hat man in den USA erkannt.

Ernährung für Läufer muß so beschaffen sein, daß sie die notwendigen Nährstoffe bereitstellt, ohne zu einer überflüssigen Gewichtszunahme zu führen, ja, tunlichst zur Erreichung des Idealgewichts oder jedenfalls eines Gewichts unter dem sogenannten Normalgewicht beiträgt. Gewiß sorgt das Lauftraining selbst für eine Gewichtsminderung bis mindestens zur Normalisierung; jedoch läßt sich diese Wirkung durch entsprechende Ernährung, die jedoch keine Mangel-

Unna 1984: Verpflegungsstand. Manches — wie das Tafelsalz — ist umstritten;
doch eine Anzahl Läufer nimmt unterwegs Salz zu sich.

ernährung sein darf, noch erhöhen. Man hat in einer Befragung von Langläufern (JUNG) festgestellt, daß Läufer mit einer laktovegetabilen Basisernährung (= pflanzliche Ernährung mit Verzehr von Milcherzeugnissen) im Durchschnitt 3,9 Kilogramm leichter sind als Läufer, die sich von der üblichen Hausmannskost ernähren; das Gewicht jeweils bezogen auf eine Körpergröße von 170 Zentimetern.

Ernährung für Läufer muß des weiteren so beschaffen sein, daß der durch die erhöhte körperliche Inanspruchnahme entstehende Bedarf an Vitalstoffen und Mineralstoffen gedeckt wird. Auch dies ist Läufern längst bekannt. Eine Folgerung daraus war, gesondert Salz zuzuführen. Da das gewöhnliche Kochsalz fast nur Natriumchlorid enthält, Läufer jedoch weitere Mineralstoffe ausschwitzen, begann man, diese Salzgaben mit Mineralstoffen und Spurenelementen zu kombinieren. Der nächste Schritt ist die Verabreichung von Elektrolytgetränken. Elektrolyte — ein Begriff, an dem man in der Entwicklung der Laufbewegung erkennen konnte, wie weit ein Läufer in biochemische Vorgänge eingedrungen war — sind Verbindungen (Säuren, Basen, Salze), die in wässeriger Lösung in Ionen zerfallen.

Der menschliche Körper besteht zu etwa 65 Prozent aus Wasser; unter normalen Bedingungen — wobei die Gewohnheit zu Buche schlägt — nehmen wir über Essen und Trinken täglich etwa 2 Liter Wasser zu uns. Da sich alle stofflichen Umsetzungen innerhalb des Körpers in wässerigen Lösungen vollziehen, kommt also der Hydrierung elementare Bedeutung zu. Im allgemeinen ist der Durst bereits ein ausreichender Regulator, so daß es nicht notwendig erscheint, ohne Durst Flüssigkeit in sich hineinzuschütten. Bei einer Ausdauerleistung und gar bei einem Ultralanglauf ist das etwas anderes. Hier muß man mit dem Trinken beginnen, ehe sich ein Durstgefühl einstellt. Wenn der Körper erst durch Durst Flüssigkeitsbedarf signalisiert, kann es für das weitere Vollbringen der Ausdauerleistung bereits zu spät sein. Dies gilt für den Wettbewerb. Wer im Training eine Ultralangstrecke läuft, braucht sich nicht so sehr zu sorgen. Die Erfahrung hat gezeigt, daß man, selbst wenn es ziemlich warm ist, auch auf langen Trainingsstrecken ohne Getränke auskommt.

Bei mehrtägigen oder schweren und extremen Ultralangläufen, zum Beispiel dem Spartathlon, ist zu beachten: Gefahr ist im Verzuge, wenn das Körpergewicht um 7 Prozent sinkt, zum Beispiel ein 65 Kilogramm wiegender Läufer knapp 5 Kilogramm Gewicht verliert. Das nämlich bedeutet starke Dehydrierung. Der Verlust von 12 bis 15 Prozent Körperflüssigkeit über mehrere Tage kann tödlich sein. Für Betreuer insbesondere ist also die Waage ein aussagekräftiges Instrument. Bereits bei einer Minderung des Körpergewichts um 2 Prozent (bei einem Körpergewicht von 65 Kilogramm sind das 1,3 Kilogramm) kann es je nach Trainingszustand zu einer Einbuße an Ausdauerleistung um 20 Prozent kommen, weil der Wasserverlust das Herzschlagvolumen vermindert und die Herzfrequenz erhöht. Allerdings ist es auch nicht so, daß man unterwegs genausoviel Flüssigkeit ergänzen muß, wie man verloren hat. Unter Umständen wären das bei einem 100-km-Lauf 10 Liter. An der Erfahrung der Realität zeigt sich, daß Berechnungen — und seien sie nach streng wissenschaftlichem Ansatz — irgendwo ihre Grenze haben. Um so mehr gilt es für Ultralangläufer — aber nicht nur für diese —, auf Signale des Körpers zu achten und Erfahrungen zu erwerben.

Außer dem Wasser benötigt der Körper einen bestimmten Elektrolytbestand. Elektrolyte stellen gewissermaßen die Nachrichtenverbindungen im Körper her; sie halten die Erregbarkeit der Zellmembranen aufrecht. Fehlt dieser Leiter, kommt es also zu einer Elektrolyt-Unterbilanz, kann ein Elektrolyt-Koma die Folge sein. Ebenso wie Wassermangel würde auch völliger Elektrolytmangel schließlich zum Tode führen. Unkontrollierte Bewegungsabläufe, wie wir sie bei der Marathonläuferin Gabriele Andersen-Schiess beim ersten olympischen Frauenmarathon eindrucksvoll gesehen haben, beruhen auf dieser Unterbilanz des Elektrolythaushalts. Lokale Krämpfe wie der Wadenkrampf werden häufig ebenfalls auf Elektrolytmangel zurückgeführt. In solchen Fällen ist es angebracht, regulierend in den Elektrolythaushalt einzugreifen, indem man Salz-Mineral-Tabletten mit reichlich Wasser oder ein spezielles Elektrolytgetränk zu sich nimmt. Hier hätte auch die berühmte Ochsenschwanzsuppe Dr. van Aakens, die nach seiner Ansicht für einen tödlich kollabierenden Radrennfahrer lebensrettend gewesen wäre, ihren Platz. — Damit rede ich nicht der regulären oder »vorbeugenden« Einnahme von Salztabletten und Elektrolytgetränken das Wort.

Soweit kann über die beiden wichtigsten laufspezifischen Ernährungsgrundlagen Einigkeit erzielt werden. Weitere Folgerungen sowohl für die allgemeine Ernährung als auch für die Verpflegung auf der Ultralangstrecke hängen von dem Standpunkt des Einzelnen ab. Jede Ernährungsform, welche auch immer, läßt sich in eine von nur zwei Richtungen einordnen: Anhänger der konventionellen Ernährung — wobei »konventionell« immer zeitabhängig zu verstehen ist; was vor hundert Jahren konventionell war, ist es heute nicht mehr, und was heute konventionell erscheint, gab es möglicherweise vor hundert Jahren gar nicht — bezeichnen ihre Ernährungsform als »Mischkost«. All die zahlreichen Diäten, die heute angeboten und durch die Medien mehr oder weniger sensationell aufgemacht vermittelt werden, sind im Grunde nur Reduktionsformen dieser Mischkost, die man besser als Zivilisationskost bezeichnet.

Von diesen Diäten ist für Läufer die SALTIN-Diät relevant: Sechs Tage vor einem Wettkampf ein scharfes Training, das zur Entleerung der Muskel-Glykogen-Vorräte führt, die folgenden drei Tage kohlenhydratarme Ernährung bei normalem Training, die letzten drei Tage vor dem Wettkampf kohlenhydratreiche Ernährung und nur noch leichtes Training. Die SALTIN-Diät ist auch unter Fachleuten umstritten. Nach Ansicht des Sportmediziners KINDERMANN bedeutet die SALTIN-Diät eine entscheidende Reduzierung des Trainings etwa eine Woche vor dem Wettkampf, da der Sportler bei kohlenhydratarmer Ernährung nicht voll belastbar ist. Für praktikabel hält Prof. KINDERMANN die erschöpfende Belastung etwa zwei Tage vor dem Wettkampf mit erhöhter Kohlenhydratzufuhr bis zum Wettkampf (nach BREUER). Für Ultralangläufer, die sich eine Woche vor dem Wettkampf nicht mehr voll belasten sollten, ist der Einwand KINDERMANNs nicht relevant.

Eine der zahlreichen Diäten, die sogenannte Flüssigkeits-Protein-Diät, als Mittel, rasch und sicher an Gewicht zu verlieren, wird im »New England Journal of Medicine« (nach »Runner's World« 11/1981) sogar in Verbindung mit dem Tod von über 60 Menschen gebracht. Darunter sind nach Mitteilung von THOMAS BASSLER, einem amerikanischen Pathologen, über 30 Läufer, die auf dem Höhepunkt ihrer Leistungsfähigkeit plötzlich starben. Todesursache war nicht ein Myokard-Infarkt, sondern eine Arrhythmie. Solche lebensbedrohlichen Arrhythmien zeigten sich auch bei drei von sechs fettsüchtigen Patienten, die sich der Flüssigkeits-Protein-Diät unterwarfen. Allen war gemeinsam ein niedriger Kaliumgehalt im Körper. GEORGE SHEEHAN, ärztlicher Kommentator in »Runner's World«, vertritt die Meinung: »Wir können annehmen, daß die berichteten Todesfälle von Läufern, die bei idealem Körpergewicht ihre besten Leistungen erbrachten, aus Mangelzuständen resultieren, die durch eine Diät mit zu wenig Fett, Kohlenhydraten und essentiellen Mineralien herbeigeführt wurden.«

Diese Interpretation ist zwar auf Widerspruch gestoßen; doch sollte sie Anlaß sein, wenigstens vor der Gefahr von Mangelzuständen zu warnen. Mangelzustände müssen keineswegs nur durch allgemeine Unterernährung entstehen, sondern können auch bei reichlicher, ja überreichlicher Ernährung durch das Fehlen bestimmter Stoffe verursacht sein.

Eine weitere Erkenntnis in diesem Zusammenhang: Bei hoher Belastung, vor Wettkämpfen also, sollte man seine Ernährung nicht umstellen. Weder in den beiden letzten Tagen vor einem Wettkampf noch während eines Wettkampfes sollte man ungewohnte Nahrung zu sich nehmen. So sehr auch der Brei aus geschrotetem Getreide empfohlen wird, — wer damit erst wenige Tage, bis zu einer Woche, vor einem Wettkampf beginnt, muß dies mit Verdauungsproblemen während des Wettkampfes bezahlen.

Im Gegensatz zur bisher üblichen Ernährung, der Zivilistionskost (Synonyme: Mischkost, bürgerliche Küche, Hausmannskost), steht die sogenannte Vollwert-Ernährung (wissenschaftliche Abstraktion: Reform-Ernährung). Ihr sind ältere Ernährungsformen zuzuordnen, die gerade von ernährungsbewußten älteren Langläufern praktiziert worden sind, wie nach BIRCHER-BENNER und nach WAERLAND.

Von den wissenschaftlichen Vertretern der herkömmlichen Ernährung wird die Vollwert-Ernährung (nach KOLLATH/BRUKER, in extrem ausgeprägter Form nach SCHNITZER) als wissenschaftlich nicht begründet hingestellt. Dagegen gibt es verschiedene Argumente.

Zum einen: Die Verfechter der Vollwertkost, nämlich einer vitalstoffreichen, naturbelassenen Ernährung, begründen sehr wohl überzeugend, wo die Ursachen einer Anzahl von Zivilisationskrankheiten liegen. Diese Begründung, etwa der Ursachen der Ausdehnung der Zahn-Karies auf nahezu das Kleinkind-Alter oder der Zunahme der Erkrankungen des rheumatischen Formenkreises, ist uns die etablierte Medizin und Ernährungsphysiologie bisher schuldig geblieben; sie beschränkt sich häufig auf das Kurieren von Symptomen. Auf anderen Gebieten, etwa der Koronarerkrankungen, erweisen sich die wissenschaftlichen Gebäude als baufällig; um bei diesem Beispiel zu bleiben: Die Auflistung von Risikofaktoren für die Entstehung des Herzinfarkts hat nicht sonderlich weitergeführt.

Zum anderen: Wir erleben zur Zeit eine Krise der Wissenschaft und eine Renaissance der Erfahrungsheilkunde. Allzu oft haben wir sehen müssen, wie sich wissenschaftliche Lehrmeinungen binnen kurzem geändert haben. Genügten nicht schon einmal zehn Minuten tägliches Lauftraining als ausreichender Trainingseffekt für die Gesunderhaltung von Herz-Kreislauf-Funktionen? Wußten nicht wir Läufer es besser?

Von den Ernährungsprinzipien der vitalstoffreichen Vollwertkost haben einige durchaus Eingang in die herkömmliche »Mischkost« gefunden, so die Betonung des täglichen Verzehrs von Frischkost, Salaten nämlich, sowie die Empfehlung von Vollkorn-Erzeugnissen. Und selbst die »Körnerfresserei« bleibt offenbar nicht mehr nur »Gesundheitsaposteln« vorbehalten (die Verwendung solcher diskreditierender Begriffe in den Medien hat System; wir kennen das vom Laufen her). Wenn man soweit ist, dann kann man sich auch mit weiteren Gedanken aus der Vollwert-Ernährung vertraut machen. Erinnert sei daran, daß wir Läufer auch einmal als Sonderlinge abgestempelt worden sind; dann wurde ein bißchen Jogging empfohlen — konnte ja nicht schaden; da es aus Amerika kam, war's zudem schick —, und nun ist Marathon Volkssport. Pech für die Vollwert-Ernährung, daß halt die Amerikaner noch längst nicht soweit sind, wenngleich es auch dort bereits Ansätze gibt.

Aus dieser Erörterung — es wäre unfair, dies nicht zu erwähnen — geht hervor, daß ich selbst zu den Anhängern der Vollwertkost nach KOLLATH/BRUKER zähle. Die konsequente Praktizierung dieser Ernährungsprinzipien und ihre schmackhafte Umsetzung während eines Ultralanglaufes par excellence, nämlich der laufenden Durchquerung der Bundesrepublik 1981, haben mich endgültig auf diesen Weg gebracht, vergleichbar dem Jogger, der nur so ein bißchen getrabt ist und irgendwann vom Marathon fasziniert worden ist.

Thema ist jetzt nicht die Darstellung der Vollwert-Ernährung, ihrer Begründung und ihrer Grundsätze, sondern ausschließlich ihre Relevanz für den Dauerlauf, im Sinne des Wortes für den dauernden Lauf auf der Ultralangstrecke.

Keine Diskussion gibt es darüber, daß wir Läufer eine kohlenhydratreiche Ernährung bevorzugen müssen. Und selbst die naive Institution des »Carbo loading« am Tag vor dem Marathon, die angebliche »Kohlenhydratmast« in einer »Nudel-Party«, ist eine praktische Zustimmung zu dieser Erkenntnis.

Wie aber ist es mit dem Ultramarathon? Da laufen wir doch mit dem Fettstoffwechsel? In der Tat, die rasche und rasch verfügbare Ausdauerleistung wird mit dem Kohlenhydratstoffwechsel vollbracht, die langsame und langanhaltende hingegen mit dem Fettstoffwechsel. Dies wird auch als die Ursache der »Mauer« oder des »Hammers« beim Marathon angesehen: Die aus Kohlenhydraten herrührenden Glykogen-Vorräte sind erschöpft; der Körper ist gezwungen, die Fettreserven anzugreifen. Das hat seine Ursache darin, daß der Körper zur Fettverwertung mehr Sauerstoff verbraucht als bei der Kohlenhydratverwertung. Kohlenhydratmoleküle verfügen über weit mehr Sauerstoff als Fettmoleküle. Energie aus Fett ist daher langsamer verfügbar.

Aus diesen Gegensätzen erklärt sich der Unterschied zwischen der Marathonstrecke als Wettbewerb und der Marathonstrecke innerhalb eines 100-km-Wettbewerbs. Der Zeitunterschied zwischen beiden ist der Unterschied zwischen Kohlenhydrat- und Fett-Energiequelle. Wer den Hunderter langsam angeht und das Tempo reduziert, ist zu dem Zeitpunkt, da bei vielen sonst die »Mauer« spürbar wird, also etwa zwischen Kilometer 32 und 36, noch relativ frisch; die »Mauer« existiert nicht. Der Fettstoffwechsel ermöglicht eine zwar langsame, aber kontinuierliche Ausdauerleistung.

Darauf beruhen die Fundamente des Gedankengebäudes von ERNST VAN AAKEN. Er hat, gegen das Intervalltraining, das allein mit der raschen Energiemobilisierung durch Glykogen zu bewerkstelligen ist, das langsame, anhaltende Ausdauertraining, basierend auf der Energiequelle Fett, ins Feld geführt. Die seinen Gedanken adäquate Laufdisziplin ist der Ultralanglauf. Seine Vision war es geradezu, zumal ältere Läufer unermüdlich über von Zivilisationsbürgern für unvorstellbar gehaltene Strecken traben zu sehen. Daraus, daß Frauen normalerweise einen Fettanteil von 25 bis 28 Prozent je Kilogramm Körpergewicht haben, normalgebaute Männer jedoch nur einen Anteil von 15 bis 18 Prozent, schloß VAN AAKEN auf die höhere Leistungsfähigkeit bei allgemeiner Ausdauer. Diese Fettreserven können bei der Frau durch ein anscheinend besser funktionierendes Enzymsystem ausreichend mobilisiert und energetisch genutzt werden (REETZ). Mögen auch andere Faktoren diese Vorteile wieder limitieren, so ergeben doch die metabolischen Untersuchungen (= Untersuchungen von Stoffwechsel-Veränderungen), »daß die ermittelten Veränderungen auf einen begünstigten

Ablauf des aeroben Anteils der Energiebereitstellung, eine erhöhte Lipid-Umsatzrate (Lipide = Oberbegriff für Fette und fettähnliche Stoffe) sowie eine erhöhte Glukoneogenese (Glukosebildung hauptsächlich in Leber und Nieren aus Nicht-Kohlenhydratvorstufen) gegenüber männlichen Personen hinweisen« (KEUL und BERG, BERG und HARALAMBIE, SCHEIBE und ISRAEL). Für den begünstigten Anteil des aeroben Anteils der Energiebereitstellung bei Frauen spricht, daß sie im allgemeinen nach Ausdauerbelastungen keine so hohen Laktatwerte erreichen wie vergleichbare Männer. Mit anderen Worten: Frauen kommen bei Ultraläufen frischer ans Ziel.

Nimmt man hinzu, daß der weibliche Körper bei Ausdauerbelastungen zu einem früheren Zeitpunkt als der männliche Körper Energie aus dem Fettstoffwechsel bezieht und einen größeren Anteil der Energie aerob aus Fetten gewinnt, so ergibt sich, daß Frauen prädestiniert für die Ultralangstrecke sind. Diese Erkenntnis, eine frühe These VAN AAKENs, stützte sich auf empirische Beobachtungen, beispielsweise den 100-Meilen-Lauf von Nathalie Cullimore, die 1977 mit 16 : 11 Stunden sämtliche Männer hinter sich ließ. Der 100-Meilen-Lauf, den VAN AAKEN 1983 in Waldniel für Frauen veranstaltete, sollte weiteres empirisches Material bringen. Der Wunsch VAN AAKENs, 1985 einen Vergleichskampf von Frauen und Männern über 100 Meilen zu veranstalten, konnte leider von ihm nicht mehr realisiert werden.

Freilich ist es nun nicht so, daß Marathon fast nur mit Energie aus Kohlenhydratspeichern, Glykogen also, gelaufen würde und die Ultralangstrecke fast nur mit Energie aus Fettdepots. Bei einer Untersuchung von Teilnehmern des Rennsteiglaufs hat man ein Verhältnis von dreiviertel Fett-Energie und einem Viertel Kohlenhydrat-Energie festgestellt (BUHL, GERBER, ISRAEL, SCHEIBE, 1977). Nach einer anderen Untersuchung (»Rennsteiglauf« von KREMER, SCHEIBE, SCHRÖDER, 1982) ändert sich das Verhältnis von Fett zu Kohlenhydraten als Energiespender in Abhängigkeit von der Streckenlänge wie folgt:

Streckenlänge	Ver-brauchte KH	Ver-brauchte Fette	Verhältnis KH : Fette
25 km	250 g	100 g	72 : 28
42 km	350 g	250 g	59 : 41
75 km	400 g	620 g	39 : 61

Daraus ergibt sich: Je länger die Strecke und je niedriger die Geschwindigkeit wird, um so höher ist der Anteil der Fette an der Energiegewinnung. Die Intensität der Energienutzung ist auch beim Fett abhängig vom Trainingszustand, genauer von der Sauerstoffaufnahmekapazität. Ein trainierter Läufer kann dank höherer

Sauerstoffaufnahmekapazität ($VO_{2\,max}$) noch bei relativ hoher Laufgeschwindigkeit Energie aus Fettdepots gewinnen, also auch dann noch, wenn andere, weniger Trainierte alle Glykogen-Reserven ausschöpfen müssen.

Wenn wir auf der Ultralangstrecke die Energie zum überwiegenden Teil aus dem Fettstoffwechsel beziehen, bedeutet das nicht, daß wir die Kohlenhydratversorgung vernachlässigen könnten. Eine selbstverständliche Erkennnis, die schon früh in der modernen Entwicklung des Laufens in die Ernährungspraxis umgesetzt worden ist. Fettdepots entstehen dann, wenn Nahrung nicht genügend verwertet wird, keineswegs also nur aus zu hoher Fettzufuhr. Denn Kohlenhydrate lassen sich außer in sehr begrenzter Menge in der Leber und in den Muskeln nicht anders speichern, als daß sie in Fett umgewandelt werden.

Einen hohen Kohlenhydrtanteil brauchen wir Ultralangläufer schon wegen der lokalen Muskelausdauer; aber auch wegen der Versorgung des bradytrophen Gewebes (kapillarfreien Gewebes mit verlangsamtem Stoffwechsel, wie Sehnen, Bändern, Knorpel, Knochen). Kohlenhydrate sind auch die Energie für die Nervenzellen, insbesondere das Gehirn.

Obwohl wir als Läufer die Bedeutung der Kohlenhydrate kennen, sieht es um die KH-Versorgung nicht so gut aus, wie wir annehmen. Das hängt mit den Ernährungsgewohnheiten zusammen, die sich im Verlauf der zivilisatorischen Entwicklung gewandelt haben. Der Kohlenhydratanteil ist dabei immer mehr zurückgegangen — zu Gunsten des Fett- und des Eiweißanteils. Dies drückt sich zum Beispiel im Rückgang des Getreidekonsums aus. Der Ernährungsbericht der Deutschen Gesellschaft für Ernährung e. V. (1984) nennt für die männliche Bevölkerung einen Durchschnitt von 40 Prozent Kohlenhydrate, gemessen an der gesamten Nahrungsenergie, für die weibliche Bevölkerung 41 Prozent. Gleichartige Werte werden aus den USA gemeldet. Übereinstimmend wird eine Erhöhung des Kohlenhydratanteils auf 50 Prozent, für Sportler auf 60 Prozent oder mehr empfohlen. Selbst bei dem sorgfältig zusammengestellten Ernährungsprogramm während des 1100 km langen Laufes durch die Bundesrepublik 1981 erreichten wir nur an zwei Tagen diese 60 Prozent und an einem weiteren Tage 65 Prozent und blieben an den anderen 17 Tagen unter 60 Prozent (JUNG). Im allgemeinen kann man davon ausgehen, daß auch Ausdauersportler längst nicht die optimale Kohlenhydratversorgung praktizieren.

Erst recht gilt dies für die Qualität der kohlenhydrathaltigen wie auch der anderen Lebensmittel. Selbst Vertreter der etablierten Ernährungsphysiologie rügen: »Der Verbrauch von Zucker ist verhältnismäßig hoch. Rund 87 Prozent der ... Disaccharide sind Saccharose (Rohr-, beziehungsweise Rübenzucker). Davon stammen bei Männern rund 49 Prozent aus Zucker und Süßwaren, 13 Prozent aus Erfrischungsgetränken, bei Frauen sind dies 62 Prozent und 15 Prozent. Auffallend ist, daß bei Frauen über 50 Jahre der Zuckerverbrauch erheblich zunimmt« (Ernäh rungsbericht 1984). Der industriell hergestellte und verarbeitete Zucker ist deshalb unzuträglich, weil er aus isolierten —»leeren« — Kohlenhydraten besteht, das heißt, er führt zu einem Ungleichgewicht der Nahrung. Die 150 Gramm Zucker, die jeder Deutsche im Durchschnitt täglich zu sich nimmt (in der DDR liegt der Verbrauch sogar noch höher), stammen aus 1,1 Kilogramm Zuckerrüben. Einem Menschen, der täglich über ein Kilogramm Zuckerrüben futterte, würde man zu Recht Einseitigkeit in der Ernährung vorwerfen. Das einzige, was der Zucker liefert, ist Energie, aber eben eine reine kalorische Energie ohne Vitalstoffe und ohne Faserstoffe (»Ballaststoffe«), die wir für unser Verdauungssystem ebenfalls benötigen. In den Industriestaaten ist die Produktion von Energie nur insofern ein Kriterium, als wir zuviel Nahrung zuführen. Für den Langläufer hätte Zucker den einzigen Vorteil, daß Zucker umgehend Energie liefert. Darauf beruhen die Wirkung und die frühere Beliebtheit des Traubenzuckers bei sportlichen Leistungen. Doch selbst dieser einzige Vorteil muß teuer bezahlt werden: Der Blutzuckerspiegel, der durch Zucker angehoben worden ist, sinkt sehr rasch unter den Ausgangswert. Der Läufer ist ärmer daran als zuvor. Traubenzucker-Angebote sind daher längst aus den meisten Langlauf-Veranstaltungen verschwunden.

Nicht nur, daß Zucker außer puren Joule/Kalorien nichts liefert, — er beraubt zur Verstoffwechselung auch noch den Körper, nämlich um das Vitamin B1. Davon haben die Menschen in den Industriestaaten ohnehin zu wenig. Dies hängt mit dem Rückgang des Verzehrs von Lebensmitteln, die Vitamin B1 enthalten, zusammen, insbesondere dem rückläufigen Verzehr von vollwertigem Getreide. Wer Sport treibt, hat einen erhöhten Vitaminbedarf. Das ist erklärlich, weil Vitamine eine wichtige Funktion beim Stoffwechsel haben, Vitamin B1 zum Beispiel gerade beim Kohlenhydrat-Stoffwechsel. Als Ultralangläufer kann man in dieser Hinsicht nichts Besseres tun, als die Norm der Weltgesundheitsorganisation mit einem Tagesbedarf von 1,5 mg Vitamin B1 absolut ernst zu nehmen; nach BRUKER (gestützt auf Untersuchungen von STEPP, KÜHNAU und SCHRÖDER) kommen die Bundesbürger auf durchschnittlich je 0,8 mg Vitamin B1 je Tag. Sie und die Bewohner anderer Länder mit der üblichen Zivilisationskost leben also in dieser Beziehung in ständiger Unterversorgung.

Ein weiterer Nachteil des raffinierten Zuckers (der natürliche Zucker insbesondere in Früchten ist, versteht sich, nicht gemeint) besteht darin, daß Zucker bei sehr vielen Menschen Unverträglichkeit von frischen Salaten und, gegebenenfalls, von frisch zubereiteten Getreidebreien, auch von Vollkornerzeugnissen hervorruft. Häufig wird dann diesen Lebensmitteln die Unverträglichkeit angelastet, während sie in Wahrheit nach aller Erfahrung auf den Zuckerverzehr zurückzuführen ist (BRUKER), eine Unverträglichkeit, die sich in Blähungen und Bauchschmerzen äußert. Nach meiner Auffassung müßte unter diesem Aspekt auch die bei manchen Läufern zu beobachtende Magenempfindlichkeit, Erbrechen während und nach längeren Leistungsläufen, untersucht werden; man müßte — dazu genügt der empirische Weg — magenempfindliche Läufer, die ihre Ernährung auf Vollwertkost umgestellt haben, befragen, ob langfristig eine Besserung eingetreten sei. Damit soll die Magenempfindlichkeit von Läufern nicht grundsätzlich auf die Ernährung zurückgeführt werden. Sicher ist hier die psychische Strukturierung entscheidend. Um so wichtiger ist es jedoch für Menschen mit empfindlichem Magen, Ernährungsfehler und Gedankenlosigkeiten zu vermeiden.

Die verheerende Wirkung des raffinierten Zuckers (das gilt allerdings auch für den ernährungsphysiologisch hochwertigen Honig) auf die Zähne ist bekannt. Nicht im Bewußtsein ist jedoch, daß die Karies nur die Spitze eines Eisbergs ist, nämlich Vorbote anderer Zivilisationskrankheiten wie Erkrankungen des Bewegungsappa-rates. Wenn wir Läufer — mit Recht — darauf hinweisen, daß Laufen, ebenso wie andere Ausdauersportarten, etwa das Radfahren, entgegen mancher orthopädi-scher Ansicht nicht zu »Verschleißerscheinungen« führe, dann müssen die Ursa-chen von Ischiasbeschwerden doch woanders zu suchen sein. Sieht man von Verän-derungen der Statik infolge ungeeigneter Laufschuhe ab, so bleibt im Grunde nur, nach Ernährungsfehlern zu suchen. Es muß doch zu denken geben, daß selbst junge Läufer, die wahrhaftig keine Zeit gehabt haben können, ihre Statik durch ungeeignete Laufschuhe zu verderben (und schließlich, wenn sie prominent sind, auch mit den Schuhen ihrer Sponsoren nicht zimperlich umzugehen brauchen), von Ischiasbeschwerden heimgesucht werden. Die konservative Wissenschaft ist uns die Erklärung dafür bisher schuldig geblieben.

Zumindest nachdenkenswert ist die Behauptung BRUKERs, des Verkünders der Vollwertkost, der zwar durchaus einräumt, daß sich die krankhafte Ablagerung von Fetten durch ausreichende körperliche Betätigung verringern oder beseitigen lasse und daher auch zur Vorbeugung des Herzinfarktes eine sportliche Übung zu empfehlen sei, jedoch darauf hinweist: »Die Stoffwechselstörungen, die durch den Verzehr raffinierter Kohlenhydrate und anderer denaturierter Nahrungsmittel entstehen, können durch körperliche Bewegung nicht verhütet oder ausgeglichen werden. Wenn Sport mit falscher Ernährung kombiniert wird, schützt er nicht vor den Degenerations- und Ablagerungskrankheiten an den Gefäßen und vor ande-ren ernährungsbedingten Zivilisationskrankheiten. Dies ist deutlich auch daran abzulesen, daß Sportler in gleichem Maße an Gebißverfall leiden und im Alter ebenso von Wirbelsäulenveränderungen und Gelenkschäden, Gallensteinen, Herzinfarkt, Thrombose und Arteriosklerose befallen sind wie die übrige Bevölke-rung. Um so mehr aber ist eine Kombination von richtiger Ernährung mit ausrei-chender körperlicher Betätigung zu empfehlen... Die Grenze der Belastung ist durch die Leistungsfähigkeit des einzelnen und durch die eventuell auftretenden Beschwerden von selbst festgelegt« («Leben ohne Herz- und Kreislaufkrankhei-ten«).

Außer dem isolierten Zucker ist der Verzehr von Auszugsmehl ein hauptsächlicher Ernährungsfehler. Auch hier haben wir es mit isolierten Kohlenhydraten und, je nach Ausmahlungsgrad, allenfalls nur geringer Vitalstoffversorgung zu tun. Ich blase hier nicht zum Feldzug gegen das Stück Kuchen nach einem 100-km-Lauf, wenn man gerade auf dieses und nichts sonst Appetit hat; ich möchte nur zum Nachdenken über unsere Ernährung anregen und konkret für eine vollwertige Ernährung im Alltag, und gerade im Lauf-Alltag, plädieren.

Das bedeutet auch, auf das natürliche Gleichgewicht der Lebensmittel-Zufuhr zu achten. Auch wenn Obst Teil der notwendigen Frischkost ist, so ist doch der Genuß von Obstsäften unter diesem Aspekt, dem der Ausgewogenheit, problematisch. Auch der Obstsaft, frisch gepreßt aus den Früchten des eigenen Gartens, bedeutet, wie der Gemüsesaft, ein Konzentrat. Wer schlingt schon ein Kilogramm Obst minutenschnell herunter? Bei ein, zwei Gläsern Saft, einem Teil-Lebensmittel, denkt man sich nichts dabei.

Falsch bewertet wird meistens das Eiweiß. Es stimmt schon, daß Sportler, nicht nur Kraftsportler, sondern auch Dauerleister, einen erhöhten Eiweißbedarf haben. Darauf gründet sich die Reklame von Produzenten der »Sportlernahrung« mit Eiweißkonzentraten. Nur, notwendig ist eine gesonderte Eiweißzufuhr für Ultraläufer nicht. Im Gegenteil, unser Eiweißkonsum ist ohnehin zu hoch, so daß der Begriff der »Eiweißmast« in den reichen Industrieländern nicht übertrieben scheint. Natürlich müssen wir Eiweiß bekommen; es enthält die essentiellen Aminosäuren, die der Körper braucht und — wahrscheinlich sind es acht — nicht selbst herstellen kann. Die »wissenschaftliche« Lehrmeinung, daß diese essentiellen Aminosäuren nur im tierischen Eiweiß zu finden seien und schon daher der Fleischkonsum notwendig sei, ist von dieser Aussage abgerückt. Allein die Empirie spricht dagegen: Mindestens eine Milliarde Menschen auf der Welt — möglicherweise sind es auch zwei Milliarden Menschen — ernähren sich ohne tierisches Eiweiß, und auch die Veganer (»Vegans«) — das sind diejenigen, die auch auf Milcherzeugnisse und Eier verzichten — leiden nicht an Mangelerscheinungen. Der Säugling nimmt mit der Muttermilch nur zwischen 1,5 und 2 Prozent der Nahrung Eiweiß auf, und dennoch reicht dies zu Wachstum und Gedeihen.

Auch auf dem Gebiet des Nährstoffes Eiweiß hat sich die Wissenschaft mehrfach korrigiert: Ursprünglich waren beim Erwachsenen 130 Gramm Eiweiß täglich für erforderlich gehalten worden, dann wurden es 1 Gramm je Kilogramm Körpergewicht; heute liest man auch schon von nur 35 Gramm Tagesbedarf. Die herkömmliche Ernährungslehre gibt den Bedarf mit 15 bis 20 Prozent der täglichen Nahrungsmenge an. Der Ernährungsbericht (1984) skizziert die Situation so: »Die Proteinveresorgung (= einfache Eiweißkörper) ist unverändert reichlich. Der im Durchschnitt hohe Verbrauch von Fleisch- und Milchprotein sichert, wegen der hohen biologischen Wertigkeit dieser Proteine, die Bedarfsdeckung auch bei den Altersgruppen (Dreizehn- bis Vierzehnjährige), in denen die Mittelwerte etwas unter den Zufuhrempfehlungen liegen. Extrem hoher Fleischverbrauch — insbesondere in Form einseitiger Diätformen — erhöht durch die damit verbundene Zufuhr von Purinen (Ausgangssubstanzen der Harnsäure), Cholesterin und gesät-

150

tigten Fettsäuren die Gefahr von Gicht und Harnsteinen sowie arteriosklerotischen Gefäßveränderungen bei dafür disponierten Personen.« Auch wenn Anhänger der Vollwertkost die angeblich hohe biologische Wertigkeit von Fleisch- und Milchprotein anzweifeln, stimmen sie der Warnung vor der Gefahr von Ablagerungen infolge zu hohen Eiweißkonsums zu.

Um an eine aus der Luft gegriffene Bemerkung des Kapitelanfangs anzuknüpfen: Es mag ja sein, daß die Beachtung von Grundsätzen vollwertiger Ernährung den Läufer nicht schneller macht. Doch ist, so sehr eine Spitzenzeit ein Erfolgserlebnis ist, die absolute oder persönliche Bestzeit wirklich im Leben des Menschen das Maß aller Dinge? Kommt es bei der Leistung nicht auch darauf an, wie sie erbracht wird? Als Ausdruck eines gesunden trainierten Menschen oder als Tauschwert gegen Vorteile, der um den Preis eines Verletzungsrisikos oder gar anhaltender Schädigung erkauft wird? Es gibt Läufer mit hervorragenden Leistungen, um die es nur leider zeitweise sehr still wird, weil sie gerade ihre Verletzungen auskurieren. Es gibt andererseits gerade bei den Ultralangläufern solche, die das ganze Jahr hindurch stetig Ausdauerleistungen vollbringen und in dieser Beziehung in extreme Bereiche vorstoßen, ohne nennenswerte Beschwerden zu haben. Sich wiederholende Verletzungen von Läufern allein orthopädisch anzugehen, bedeutet vielfach, an Symptomen zu kurieren.

Sieht man beim Kniegelenk, das Läufern am häufigsten Beschwerden bereitet, von Faktoren ab wie Erb-Disposition, Beinstellung, Art der Beanspruchung, traumatischer Verletzung, so kommt der Ernährung entscheidende Bedeutung zu. Kristalline Harnsäure-Ablagerungen, Urate, können eine Gelenkinnenhautentzündung hervorrufen. Überernährung mit der Folge der Übergewichtigkeit führt zu einer vermehrten mechanischen Beanspruchung der Gelenke; das wird bei Läufern selten der Fall sein, sollte aber von manchen Ultra-Marschierern beachtet werden. Wohl aber können Fett- und Eiweißstoffwechselstörungen auch bei Läufern den Stoffwechsel des Knorpelgewebes und der Gelenkkapsel negativ beeinflussen. »Nach neueren Untersuchungen ist wohl die Annahme berechtigt, daß bestimmte Faktoren aus der Umwelt die Gelenkernährung und damit die biologische Widerstandsfähigkeit des Knorpels beeinflussen. In diesem Zusammenhang ist die Wirkung von Konsumgiften, wie zum Beispiel Alkohol und Nikotin, bisher noch ungenügend erforscht« (COTTA). Zwar sei die Belastbarkeit des Gelenkes, das heißt, der biologische Entstehungsmechanismus des Gelenkverschleißes, nur wenig beeinflußbar; allerdings jedoch könne durch Vermeidung von Konsumgiften sowie durch eine ausgewogene Ernährung, die Stoffwechselstörungen wie der Gicht oder der Zuckerkrankheit keinen Vorschub leiste, die normale Anpassungsbreite des Gelenkes besser erhalten werden. Da gerade bei der Ultralangstrecke die Gelenke physiologisch der begrenzende Faktor sind, lohnt es sich, über die Ernährung zu reflektieren und alle Hinweise über entsprechende Zusammenhänge zu beachten.

Mit vollwertiger, vitalstoffreicher Ernährung schafft man die optimale ernäh-rungsphysiologische Grundlage, gerade auch für extreme Ausdauerbelastungen. Das Umdenken mag hier etwas schwerer fallen: Ultralangläufer sind in der Mehr-zahl älter; Ernährungsgewohnheiten sind bei fortgeschrittenem Alter eingefahren, und solange Leistungen ohne Beschwerden erbracht werden, der Leidensdruck also fehlt, wird die Notwendigkeit einer Umstellung der üblichen Zivilisationskost auf vollwertige Ernährung nicht recht eingesehen. Treten jedoch dann einmal Beschwerden auf, kann auch eine Ernährungsumstellung degenerative Prozesse, die sich über zwei und mehr Jahrzehnte erstrecken können, nicht mehr rückgängig machen, sondern den Status quo allenfalls einfrieren. Schon das würde jedoch auch den späten Versuch lohnen.

Dieses Kapitel kann nicht zu einer kompletten Darstellung der Vollwerternährung benützt werden; es soll nur dazu motivieren, sich damit zu befassen und wenig-stens Elemente daraus zu übernehmen. Nur soviel: Vollwertige Ernährung ist keine Diät; Verzichte werden dort nahegelegt, wo auch die etablierte Ernährungs-physiologie inzwischen Vorbehalte gegen Ernährungsgewonheiten der Zivilisa-tionskost erhebt. Kriterium sind nicht Joule-(Kalorien-)Zahlen, sondern der Gehalt an Vitalstoffen, also Vitaminen und Mineralstoffen, Enzymen und mögli-cherweise unentdeckten Bestandteilen. Dies sowie der hohe Anteil an Kohlenhy-draten kommen den Anforderungen an eine Ernährung für Ausdauersportler sehr entgegen. Wichtig ist, Salate aus ihrer Rolle als Beigabe herauszuheben in den Rang eines Hauptgerichtes. Die tägliche Frischkost, aus etwa zwei Dritteln unge-kochtem Gemüse oder Salat, zu einem Drittel aus Obst, alles möglichst aus biolo-gischem Anbau, ist Haupterfordernis. Täglich sollte man einen Brei aus frisch geschrotetem und eingeweichten Getreide (gekeimtes Getreide nach EVERS ist ebenfalls möglich), schmackhaft gemacht durch einige Zusätze wie Joghurt, Nüsse und andere Samen, Rosinen, Obst, zu beliebiger Tageszeit verzehren. Als Fett werden Butter und kaltgeschlagene Öle — der ungesättigten Fettsäuren wegen — verwendet. Grundsätzlich wird die Nahrung so natürlich wie möglich belassen oder, wo Kochen erforderlich ist, schonend zubereitet; Kartoffeln beispielsweise werden mit Schale gegessen. Backwaren sind ausschließlich aus Vollkornmehl. Das Auszugsmehl wird völlig verbannt, ebenso der fabrikatorische Zucker, ob es nun weißer oder brauner ist, und ebenso alle mit Zucker hergestellten Waren wie die üblichen Marmeladen. Auf Gemüse- und Obstsäfte verzichtet man am besten auch, wegen des Gleichgewichts der Nahrung.

Viele Vollwertköstler sind Vegetarier oder, wie ich, Vegetarier geworden. Das muß jedoch keineswegs sein. Wer gern Fleisch oder Fisch ißt, kann dies weiterhin tun; er muß nur darauf achten, daß Fleisch und Fisch nicht, wie in der bürgerlichen Küche, als Hauptgericht angesehen werden. Die Älteren unter uns erinnern sich, daß es in ihrer Jugend eben den Sonntagsbraten gab, kaum jedoch die Woche hin-durch Fleisch, geschweige denn wie heute nicht selten zwei- oder gar dreimal am Tag. Die Rückkehr zu der früheren ökonomisch bedingten Ernährungsgewohnheit, die Einschränkung des Fleischkonsums, damit der Zufuhr versteckter Fette und der Verringerung der Protein-Gefahr, läge durchaus im Sinne einer kohlenhydrat- und vitalstoffreichen Läuferernährung.

Handelsübliche Konserven und Präparate vermeidet man, einschließlich des Müslis aus der Tüte. Speisen werden mit Kräutern gewürzt; Salz wird äußerst sparsam verwendet, am besten Voll-Meersalz, das einen geringeren Natriumchlorid-Anteil hat. Läufer werden die überraschende Entdeckung machen, daß mit der Reduzierung des auch von den Ernährungsexperten für zu hoch gehaltenen Salzverbrauchs der Bevölkerung keineswegs Elektrolytmängel auftreten. Je wenigere Salz man verwendet, desto weniger Salz schwitzt man aus. Auf diese Erscheinung hat HANSMARTIN BRESCH aufmerksam gemacht. Ich selbst habe beobachtet, daß die Salzkristalle, die vordem bei warmem Wetter Gesichtspartien bedeckt hatten, nach der Umstellung auf salzarme Ernährung nicht mehr oder nur sehr schwach auftreten. Es stellt sich meines Erachtens als Trugschluß heraus, wenn man meint, da man Salz herausgeschwitzt habe, müsse man nun auch wieder gehörig Salz zuführen. Dieser Kreislauf erweist sich als Teufelskreis. Wer sich vollwertig, nämlich nach den skizzierten Grundsätzen (nach KOLLATH/BRUKER), ernährt, nimmt mit der Nahrung genügend Mineralien auf; er braucht normalerweise weder Salztabletten noch Präparate.

Als Vorzüge der Vollwertkost speziell für Läufer gelten:

* Geringeres Körpergewicht,

* weniger Trainingskilometer bei gleichbleibendem Leistungsstandard,

* geringere Verletzungsgefahr.

In einer Befragung wurde ermittelt (JUNG), daß das durchschnittliche Gewicht der befragten Läufer um 8,8 Prozent unter dem Broca-Referenzgewicht (Gewicht = Körpergröße in Zentimetern minus 100) lag, das der sich lactovegetabil ernährenden Läufer hingegen um 13,3 Prozent.

Für den sich vollwertig Ernährenden ergeben sich Konsequenzen im Hinblick auf den Wettkampftag und die Verpflegung unterwegs. Zunächst einmal: Mir wird es nicht mehr passieren, daß ich mangels Angebotes mit einem Gasthausfrühstück von zwei Weißmehlbrötchen samt etwas Butter und einem Klacks Marmelade zu über 100 km aufbreche. Ich kann versichern, nach 20 km bekommt man Hunger, möchte reinhauen, kann aber nicht, weil man den Magen nicht so füllen möchte. Also bekommt man wieder Hunger, möchte reinhauen, kann aber nicht... undsoweiter. Ich führe nun, wie einst die Römer, eine Getreidemühle im Reisegepäck mit, eine kleine Handmühle, damit ich unabhängig von der Steckdose bin. Der Frischkornbrei, den ich mir damit bereite, hält trotz Laufanstrengung sechs, sieben

Stunden vor. Wenn ich nicht laufe, kann ich, mit dem Getreidebrei als Frühstück, gut den ganzen Tag bis zum Abendessen aushalten.

Gewiß kann man auch in einer Fastenwoche lange Strecken laufen. Doch einen Wettkampf innerhalb einer Fastenwoche zu bestreiten, ist keineswegs empfehlenswert. Zwar würden die Fettdepots, auf die der Körper in dieser Zeit zurückgreift, durchaus auch noch für den Wettkampf reichen; aber es fehlt ja jegliche Kohlenhydratzufuhr, und möglicherweise kommt es auch zu einem Elektrolyt- und Vitaminmangel. Außerdem fühlt man sich an den ersten Fasttagen infolge der Ausschwemmung von Giftstoffen nicht sonderlich gut. Dagegen hat der Fastenwanderer CHRISTOPH MICHL wandernd etwa 1000 km in 15 Tagen ohne jegliche Nahrungszufuhr, nur mit Wasseraufnahme, unbeschadet zurückgelegt (1985).

Eine Fastenperiode vor einem Wettkampf ist dann zu erwägen, wenn man innerhalb kurzer Zeit einige Kilogramm Gewicht verlieren möchte. Doch sollten die Aufbautage nach dem Fastenbrechen rechtzeitig genug vor dem Wettkampf abgeschlossen sein; das Fastenbrechen sollte daher mindestens eine Woche vor dem Wettkampf liegen.

Davon, unmittelbar vor einem Wettkampf zu fasten — etwa nur einen Tag lang — und die Ultralangstrecke mit leerem Magen zurückzulegen, halten wohl die wenigsten etwas; ich habe niemanden getroffen, der das machte. Ein Getreidebrei auch am Lauftag ist jedenfalls eine gute Grundlage, wenn dies rechtzeitig geschieht.

Je nachdem in welchem Tempo man antritt, bemißt man den Zeitabstand zwischen der letzten Mahlzeit und dem Start. Wenn es sich nicht anders ergibt und man erst eine Stunde vor dem Start zum Essen kommt, braucht man als langsamer Läufer diesetwegen nicht allzu besorgt sein. Man merkt freilich die Nahrungsaufnahme; aber bei der geringen Laufgeschwindigkeit hemmen Magenfüllung und Verdauung nicht so sehr wie beim Marathon. Dennoch, dies ist keine Empfehlung, sondern nur ein Hinweis, daß es geht. Selbstverständlich läuft es sich am besten, wenn man unbeschwert von Verdauungsprozessen ist.

Auch beim Ultramarathon ist das Trinken elementare Notwendigkeit. Bei Nachtläufen täuscht die kühle Außentemperatur leicht darüber, daß man dennoch schwitzt. Es hat auch schon Läufe mit nächtlichen Temperaturen gegeben, bei denen der Schweiß nur so von der Stirn tropft und das Hemd klitschnaß war. Bei solchen Temperaturen, in denen man von Anfang bis zum Ende in jeder Stunde — wie beim Marathon — einen Liter Schweiß verliert, ist die ausreichende Flüssigkeitszufuhr lebenswichtig. Bei 100-km-Läufen, die stark von Gehern geprägt werden, wird das nicht selten vernachlässigt.

Nach einer Stunde Lauf, mindestens nach 15 km sollte man bereits zu trinken beginnen. Das Quantum während eines 100-km-Laufs wird von einem 100-km-

Läufer, einem Mediziner, mit 5 Litern angegeben. Die meisten von uns werden diese Menge nicht erreichen, obwohl sie in anbetracht des Schweißverlustes nicht überzogen erscheint. Wichtig ist auch hier die eigene Erfahrung: Wer — normale Außentemperatur vorausgesetzt — mit wenig zu trinken auskommt, muß nicht Unmengen in sich hineinpumpen. Ich selbst komme mit knapp dreiviertel Litern aus.

In einer für dieses Buch unternommenen Umfrage unter zufällig ausgewählten 100-km-Läufern wurden als unterwegs bevorzugte Getränke genannt: Wasser, stilles Wasser, Mineralwasser, Elektrolytgetränke, Bier, Malzbier, Cola, Tee, Brühe. Bestimmte Präferenzen scheinen sich insgesamt nicht herausgebildet zu haben, allenfalls ein von HEGALL VOLLERT, der selbst experimentiert hat, eingeleiteter Trend zum Malzbier. Je mehr ich über die Getränkewahl lese, desto stärker neige ich dazu, gewöhnliches Wasser zu bevorzugen. Nachteilig hat sich das nicht im entferntesten ausgewirkt.

Einige Bemerkungen zu den angeführten Getränken: Man sollte wissen, um welches stille Wasser es sich handelt. Heilwässer, die man normalerweise schluckweise zu sich nimmt, können, wenn man sich halbliterweise damit hydriert, den Verdauungsapparat ganz empfindlich belasten. Mineralwasser haben gewöhnlich Kohlensäure. Sie verfliegt jedoch, wenn die Becher einige Zeit dastehen. Ein paar Schluck kohlensäurehaltiges Mineralwasser sind gerade noch zu verkraften. Nicht genannt wurde Limonade, wie sie in Biel von einem Sponsor zur Verfügung gestellt wird. Diese Limonade enthält sowohl Kohlensäure als auch Zucker. Elektrolytgetränke sind immer der Ausweis eines fortschrittlichen Veranstalters gewesen. Inzwischen nehmen wir eine differenzierte, wenn nicht distanzierte Haltung ein. Für mich persönlich gilt die Gesamtschau, zu der ich mit der Vollwerternährung gefunden habe: Danach bedarf es bei vollwertiger Ernährung keiner derartigen Hilfsmittel; diese Ansicht ist durch die zwanzigtägigen Erfahrungen des Deutschlandlaufes erhärtet worden.

Auch andere Autoren äußern sich kritisch: Dr. VOLLERT hat bei seinen Ernährungsversuchen, wie er schreibt, nach dem erstmaligen Genuß von Elektrolytgetränken zum erstenmal im Leben Krämpfe bekommen, die eigentlich durch die Art des Getränkes verhütet werden sollten. Prof. Dr. SCHAPER schreibt: »Wenn ein Ersatz von Elektrolyten überhaupt notwendig ist, dann sollte Kochsalz ersetzt werden.« Er beruft sich auf Untersuchungen (COSTILL), wonach der Organismus wahrscheinlich überhaupt nicht an Kalium verarmen kann. Bei Schweißmessungen wurde ein Verhältnis des Salzes (Natriumchlorid) zum Kalium von 12 : 1 festgestellt. Eine Salzzufuhr, nämlich eine Salzlösung von 4 Gramm Kochsalz je Liter, hält er nur dann für notwendig, wenn der ganze Körper mit einer Salzschicht bedeckt ist. Zur Verdeutlichung muß man hinzufügen: In diesem Falle ist die Salzzufuhr als eine Art Nothilfe zu betrachten. »Vorbeugend« Salztabletten zu schlucken, womöglich ganz ohne Flüssigkeit, provoziert geradezu eine Dehydrierung, weil Wasser durch das Salz gebunden wird und den Körperzellen nicht mehr ausreichend für die Stoffwechselvorgänge zur Verfügung steht. Und wie gesagt: Je mehr Salz, desto mehr Salz schwitzt man aus. Eine Faustregel SCHAPERs lautet: Bei einem Gewichtsverlust von einem Kilogramm — das bedeutet einen Liter Wasserverlust — genügt die normale Trinkmenge irgendeines Getränkes, um den Verlust zu kompensieren. Erst wenn der Wasserverlust über 1,5 bis über 2 Liter betrage, sei es ratsam, eine Kochsalzlösung zu sich zu nehmen.

Mit Bier beim Laufen habe ich keine Erfahrungen. Ich scheue mich davor, weil mich Bier so müde macht, daß ich nicht einmal wandern mag, selbst wenn es nach dem Bier bergab geht. Versuche mit Malzbier nach VOLLERT werde ich fortsetzen. Der Zuckergehalt widerspricht einem Grundsatz vollwertiger Ernährung; doch doktrinär betrachten wir diese Ernährungsprinzipien nicht. Und der psychische Gewinn eines erfolgreich bestandenen Ultralanglaufs wiegt sicherlich ein bißchen Ausnahme-Zucker auf. Mit Coca Cola, kohlensäurehaltig und mit viel Zucker, habe ich mich nicht befreunden können. Mir scheint hier wegen des hohen Zuckergehaltes eine kurzfristige, aber sehr vorübergehende Erhöhung des Blutzuckerspiegels gegeben; dessen Absinken wird wahrscheinlich infolge der stimulierenden Wirkung des Coffeins nicht wahrgenommen. Das bedeutet jedoch nicht, daß dieser Rückgang nicht vorhanden wäre.

Wenn mir an einer langfristigen Mobilisierung aller Reserven — und der Läufer hat ja auch bei aller Anstrengung noch einige Prozent Reserven — gelegen wäre, würde ich schwarzen Tee, ungesüßt, zu mir nehmen. Man muß sich nur im klaren darüber sein, daß Tee und Kaffee Genußmittel sind, Mittel, die auf das zentrale Nervensystem wirken. Zu Kräuter- und Früchtetee, warm, greife ich gern bei kühler Witterung. Etwas Zucker muß ich dabei in Kauf nehmen. Brühe kommt in Frage, wenn man meint, eine Salzzufuhr sei wünschenswert, eine Salzlösung jedoch nicht notwendig erscheint oder nicht greifbar ist.

Den Übergang von der Flüssigkeit zur festen Nahrung bilden flüssige Konzentrate, die man wegen der Nährstoffe, nicht wegen der Flüssigkeit zu sich nimmt. Manchem ist geradezu Zauberwirkung zugesprochen worden. Wer wäre ihr in seinem Läuferleben noch nicht erlegen? Ich sehe das so: eine Krücke für den Notfall, nämlich gegen den »Hungerast«, die Müdigkeit infolge eines stark gesunkenen Blutzuckerspiegels, vielleicht gepaart mit der Müdigkeit, die beim Laufen gegen den circadianen Rhythmus aufkommen kann. Ein solches Konzentrat zur Leistungsstimulierung oder Kompensation von Unterzuckerung (Top Fan, Top Ten) besteht aus Maltose, Dextrin, Glukose, Blaubeeren-Konzentrat (Blaubeersuppe wird den Skilangläufern beim Wasa-Lauf verabreicht), Maté, Cola, Kochsalz, Konservierungsmittel, Zitronensäure, Vitamine E, B_1, B_2, B_6, PP, C. Vielen, insbesondere wer sonst kaum Zucker zu sich nimmt, ist das Konzentrat, zumal unverdünnt genommen, zu unangenehm süß. ROSEMARIE BREUER (»Leistungssteigerung durch gezielte Ernährung«) empfiehlt das nahezu geschmacksneutrale

Malto-dextrin 19, das kochstabil und löslich sei. Als Mischungsverhältnis gibt sie 300 ml abgekochtes Wasser oder kohlensäurearmes Mineralwasser und 300 g Malto-dextrin 19 an.

Glukose-Konzentrate bringen jedoch die Gefahr, daß sie infolge zu rascher Resorption die Insulinproduktion negativ beeinflussen — mit der Folge, daß es nach einem vorübergehenden Blutzuckeranstieg erst recht zur Unterzuckerung kommt. Die Empfehlung, bei Langzeitbelastung 150 Gramm in vier bis sechs Portionen zu schlucken, reicht für die Ultralangstrecke keineswegs aus, die Gefahr der Hyperglykämie zu vermeiden. Wer keine eigenen Erfahrungen im Umgang mit solchen Konzentraten hat, läßt auf der Ultralangstrecke am besten die Hände davon weg. Allenfalls benützt er sie auf Bergwanderungen in großer Höhe, wo wegen der geringeren Sauerstoffzufuhr die Energiegewinnung aus Kohlenhydraten (Glukose) günstiger als aus Fett ist.

Bei Blutzuckerabfall auf der Ultralangstrecke benügt man sich am besten mit unproblematischen Häppchen, beispielsweise Banane-Stückchen. Auch da kann man übertreiben: Als ich mich mangels ausreichenden Frühstücks auf einem Ultralauf mit Bananen ernährte, mochte ich nach der dritten keine mehr.

Als günstig sehe ich es an, einen Ultralanglauf überhaupt ohne andere Verpflegung unterwegs als Flüssigkeitszufuhr zu bestehen. Bei längeren Laufzeiten — ich denke an zwölf Stunden und mehr — wird das allerdings kaum möglich sein. Was nehmen andere Läufer zu sich? Manche nichts, überwiegend die schnelleren; andere nennen Bananen, Keks, Haferschleim. Der letztgenannte ist eine — gar nicht schlechte — Spezialität des Rennsteiglaufs und anderer Läufe in der DDR. Ich würde es gern sehen, wenn Haferschleim auf mehrtägigen Läufen oder beim 24-Stunden-Lauf verabreicht würde.

Da es auf kaum einem Gebiet, den Laufsport betreffend, soviele unterschiedliche Meinungen, Widersprüche und offene Fragen gibt wie dem der Ernährung, stelle ich hier für angehende 100-km-Läufer Grundsätze zusammen, die als gesichert gelten können:

* Wie für den Marathonlauf kohlenhydratreiche Ernährung.

* Auffüllung der Glykogenspeicher auch noch vor dem Start. Letzte (leichte) Mahlzeit zwei, besser drei Stunden — fetthaltige Mahlzeit nicht weniger als vier Stunden — vor dem Start. Kohlenhydrat-Imbiß eine halbe Stunde vor dem Start, zum Beispiel eine Scheibe Weißbrot.

* Gut hydriert an den Start gehen, eine halbe Stunde vor dem Start einen viertel bis einen halben Liter trinken (Wasser).

* Während des Laufes in kleinen Mengen trinken, beginnend je nach Verpflegungsstation nach einer Stunde oder ungefähr 15 km. Trinken nach km 90 im allgemeinen nicht mehr erforderlich.

* Zu beachten ist der Blutzuckerspiegel. Vorsichtsmaßnahme gegen Unterzuckerung, solange noch keine eigenen Erfahrungen vorliegen: Etwa jede Stunde einen Bissen essen, zum Beispiel ein Stück Banane oder ein Stück Fruchtriegel (Brot ist zwar ebenfalls geeignet, jedoch schwer aufnehmbar).

* Zu warnen ist vor Getränken mit hoher Zuckerkonzentration, weil diese zu rasch ins Blut geht, den Blutzuckerspiegel zwar sofort erhöht, jedoch dann zu einem Absinken und damit erst recht zur Unterzuckerung führt.

Nach Beendigung des Ultralanglaufs kann man im Grunde hemmmungslos seinen Bedürfnissen folgen: Hauptsache trinken! Ein paar Hinweise jedoch: Hemmungslos Bier zu trinken, was mühelos gelingt, sollte man sich nur dann leisten, wenn man — es sich leisten kann.
Besser ist es, mit dem Bier einige Stunden zu warten. Bei kühler Witterung ist Vorsicht mit kalten Getränken geboten. Der Körper hat eine hohe Tempereatur erreicht. Stundenlang ist durch den geöffneten Mund kalte Luft über die Organe des Halses gestrichen.
Kalte Getränke können jetzt Halsschmerzen verursachen. Auch bei warmer Witterung sollten Getränke nicht eiskalt sein. Ein warmer Tee — nicht ganz heiß — wäre in jedem Fall besser.

Essen mag man jetzt ohnehin nicht, und später weist einem der Appetit schon den richtigen Weg: beispielsweise Obst, Joghurt, Salat. Auch Fleischesser haben nach einem Lauf fast niemals Appetit auf Fleisch. Vielleicht schafft sich der Körper sein Regulativ selbst. Das könnte hier bedeuten: die aufgebrauchten Glykogenspeicher auffüllen und Vitalstoffe zuführen.

9 Kleidung, Ausrüstung, Betreuung

Es gibt 100-km-Läufer, die eine individuelle Betreuung unterwegs für unabding-
bar halten. Und da müssen dann Vereinskameraden und vor allem Ehefrauen
nachts Treffpunkte am Rundkurs ansteuern. Insbesondere an der Bieler Strecke
erkennt man die Ausmaße des Verkehrs, der einzig durch die Betreuer verursacht
wird. Manche leisten sich einen Radfahrer, vor denen übrigens ebenfalls der Hut
zu ziehen ist; auch die Radfahrer vollbringen eine Dauerleistung, und zwar unter
ungünstigen Bedingungen. Sie müssen ständig darauf achten, nicht die Läufer zu
behindern. Den wenigsten gelingt das. In der Tat sind in Biel auch schon Bestre-
bungen im Gange, gewesen, die Begleitung durch Radfahrer zu verbieten. Und
wenn sich das Radfahren auf dem Bieler Kurs und die Behinderung weiter auswachsen, wird man um ein Verbot wohl nicht herumkommen.

Betreuung unterwegs ist schön und nützlich; aber sie muß keineswegs sein. Durch-
näßte oder durchschwitzte Kleidung zu wechseln, bringt nicht so viel wie erhofft;
in der nächsten Stunde ist sie wieder durchnäßt oder durchschwitzt. Spezielle
Ernährung, der »Wundertrank«, ist schon eher ein Argument. Doch da genügt es,
wenn Betreuer bestimmte Punkte an der Strecke ansteuern, wie das in der Mehr-
zahl auch getan wird. Man kann die 100 km sehr wohl nur mit Wasser und Tee
durchlaufen, die vom Veranstalter gereicht werden. Im Grunde bietet die Betreuung unterwegs — vertraute Gesichter — vorwiegend einen psychischen Nutzen.
Für einen Lauf auf Zeit kann sie sogar schädlich sein, nämlich zu Pausen verfüh-
ren, die man sonst nicht oder nicht in dieser Länge gemacht hätte.

Wer ohne Betreuung läuft, erlebt das Abenteuer der 100-km-Strecke in ausgeprägter Form: Auf 100 km ist er auf sich allein gestellt, muß er sich allein auseinandersetzen mit Strecke und Witterung; er ist auch psychisch autonom und setzt sich
mit seinen Emotionen auseinander, statt sie auf einen Begleiter abzuleiten. —
Damit hoffe ich, allen denjenigen den Rücken gestärkt zu haben, die ohne Betreuung laufen oder gehen.

Wer ohne ein logistisches System läuft, muß sich vorher gründlich Gedanken darüber machen, mit welcher Ausrüstung er startet. Das Wichtigste zuerst: die
Schuhe. Einen 100-km-Straßenlauf wie in Unna, Hamm oder seinerzeit Husum
kann man durchaus in den Schuhen zurücklegen, die man auch auf der Marathonstrecke benützt. Bei einem Lauf durchs Gelände wie in Biel oder früher auch in
Illertissen empfiehlt es sich, mehr auf den Komfort des Schuhs als auf dessen
Gewicht zu achten. Ein leichtgewichtiger Schuh kann auf einer Marathonstrecke,
auch wenn sie wenig Asphalt aufweist, noch komplikationslos bleiben; auf einer
100-km-Strecke durch wechselndes Gelände kann es Schwierigkeiten geben. Dann
nämlich nervt es doch, wenn sich jeder Schotterstein durch die Sohle bohrt.

159

Wer einen Hunderter zum erstenmal läuft, sollte den komfortabelsten Schuh wählen, der sicherlich nicht der leichteste ist. Ich habe schon 100-km-Läufer in den
schwersten Laufschuhen gesehen, die es auf dem Markt gibt. Im Zweifelsfall ist
dies besser, als unbedacht mit dem leichtesten Schuh zu starten. »Komfortabel«
heißt nicht: weich. Jahrelang haben manche Hersteller die Dämpfung obenange-
stellt und die Fußführung vernachlässigt. Eine Dämpfung, die nur wenige 100 km
funktioniert, kann sich auf dem dann folgenden 100-km-Lauf als verhängnisvoll
erweisen. Das weiche Zwischenmaterial wird niedergetreten, der Schwerpunkt
über dem Absatz wird dezentriert, Bein-Fehlstellungen verstärken sich — es
kommt zu Kniebeschwerden. Und dann wird in der Öffentlichkeit die ruinöse
Streckenlänge von 100 km angeprangert.

Die Laufschuhe der neuen Generation, die Dämpfung und Fußführung gleicher-
maßen in der Konstruktion berücksichtigen, sind daher auch für Ultralangläufer
am besten geeignet. In Anbetracht der Kilometer-Leistungen muß man hier die
Verarbeitungsqualität besonders im Auge haben. Je nach dem zu erwartenden
Untergrund wählt man das Sohlenprofil. Weitere Bemerkungen zur Schuhwahl
unter dem Schlagwort »Schuhe« im zweiten Band.

Der Schuh muß, wie jeder weiß, groß genug sein; eine halbe Nummer größer als
der Straßenschuh, das gilt auch hier. Blaue Zehennägel, die sich im Lauf der nächsten Monate ablösen, sind immer eine Folge von zu engem Schuhwerk. Dennoch
passiert das auf Ultralangstrecken immer wieder einmal.

Bleiben wir gleich beim Schuh: Ich trage am Schuh ein kleines Täschchen, in dem
beim Training der Autoschlüssel ist; beim 100-km-Lauf habe ich darin einen
Zehnmark- oder, in Biel, einen Zehnfranken-Schein. Das gibt mir das Gefühl der
Unabhängigkeit für den Fall, daß ich — es ist noch nicht vorgekommen — ausstei-
gen müßte und mir der Veranstalter nicht rasch genug wäre mit seiner Transport-
möglichkeit. Außerdem kann man auf der Bieler Strecke auf der Verpflegungsstation an einen kommerziellen Stand geraten. Vielleicht hat man gerade Appetit
auf eine Fleischbrühe oder auf eine Banane, die man dann dort kaufen muß.

Zu den Schuhen die Socken — auch klar, man nimmt die komfortabelsten, nicht
die ungetragenen, und gestopfte hat man sowieso nicht. Es gibt Socken, deren
Gewebe — in Grenzen — zur Dämpfung beiträgt, und es gibt Socken, die dank let-
tenähnlicher Aufrauhungen das Rutschen (erfolgreich) verhindern.

Was zieht man sonst an? Da kommt es keineswegs nur auf das Wetter und die Jah-
reszeit an, sondern auch auf das eigene Leistungsvermögen. Der Läufer, der unter
neun Stunden bleibt, kann da weit mehr riskieren als die Masse der Läufer und
Geher. Wer über zwölf Stunden läuft — das bedeutet, längere Pausen, zumindest
Gehpausen macht —, muß seine Kleidung danach ausrichten. Die Entscheidung
wird dann erleichtert, wenn der Veranstalter Effekten von unterwegs zurück zu
Start und Ziel befördert oder man auf einer Strecke von mehreren Runden läuft.

Dann kann man, wenn es die Witterung erfordert, über Sporthose und Sporthemd noch einen Lauf-Anzug tragen und ihn, wenn es warm genug ist, ausziehen und abgeben. Als praktisch erweist sich auch ein Skilanglauf-Anzug. Für Extremfälle — einen solchen Extremfall haben wir einmal im April in Illertissen gehabt — sei auch an die Methode der Radrennfahrer erinnert, die sich vor der sausenden Talfahrt mit Zeitungspapier gegen den Wind panzern und vor der Bergfahrt die Zeitungen einfach wegwerfen.

Nach meiner Erfahrung kann man als Läufer unter zwölf Stunden auch beim Lauf durch die Nacht meistens in kurzer Hose starten. Bei Mittelklasse- und langsamen Läufern beobachte ich, daß viele von ihnen eher zu sehr eingemummt als zu wenig geschützt sind. Da wird luftundurchlässige Regenkleidung getragen, als ob ein Hitzestau auf Dauer nicht schädlicher wäre denn ein Regenguß. Man hat im Grunde nur die Wahl, von innen oder von außen naß zu werden. Besser ist, von außen naß zu werden und weiterzulaufen, so daß der Körper genügend Wärme entwickelt. Dann kann auch stundenlanger Regen nicht schaden.

Am unangenehmsten ist Regen am Start. Für solche Fälle sollte man einen »Wegwerfschutz« haben. Das kann eine Folie sein, wie man sie am Ziel großer Läufe erhält. Das kann ein Regencape sein, das man ohnehin in die Mülltonne tun sollte (beim New Nork-Marathon sind die Mülltonnen am Start voll von weggeworfenen durchlöcherten Trainingsanzügen; denn hier vergehen zwischen der Abgabe der Effekten bis zum Start noch Stunden).

Ich fahre mit der Anzugsordnung fort: Als Oberbekleidung bevorzuge ich ein Netzhemd und darüber ein T-Shirt. Nicht umgekehrt. Denn die Luftschicht zwischen Netzhemd und T-Shirt isoliert. Sind die kühlen Nachtstunden vorüber und verspricht der Morgen, warm zu werden, legt man das T-Shirt ab und läuft im Netzhemd weiter. Allerdings muß man dazu meistens die Startnummer ummontieren. Andere ziehen deshalb lieber das ärmellose Hemd über das T-Shirt, ziehen im Bedarfsfall beides aus und das Hemd mit der Nummer wieder an.

Scheint die Nacht oder der Tag warm zu werden, ist ein Stirnband angebracht, damit einem der Schweiß nicht dauernd in die Augenwinkel läuft. Bei Kälte sollte man an Pulswärmer denken, denn Handgelenk und Knöchel, so sie unbedeckt sind, sind die empfindlichsten Stellen am Körper. Unter Umständen sind dünne Handschuhe auch dann kein Luxus, wenn man noch kurzärmelig laufen kann.

Ein Taschentuch dabei zu haben, ist nützlich, zumal dann, wenn man die manuelle Technik des Schneuzens nicht praktizieren kann oder mag. Wichtiger noch ist jedoch Toilettenpapier. Man kann vorher gar nicht ermessen, in welche Situationen man während eines 100-km-Laufs in dieser Beziehung kommen kann. Auf den Veranstalter ist da in dieser Hinsicht bestimmt kein Verlaß. Toilettenpapier und Zellstofftaschentücher gehören dazu.

Eine Taschenlampe für den Nachtlauf kann nützlich sein. Für den Bieler Rundkurs empfehle ich sie, dies vor allem, seitdem der »Ho-Tschi-Minh-Pfad« infolge der Sommerzeit für die Läufer noch in die Dunkelheit fällt. Meistens gibt der Veranstalter in der Ausschreibung an, ob eine Taschenlampe, ebenso wie fluoreszierende Streifen, empfehlenswert oder gar notwendig ist. Es ist zwar nachts heller, als man sich das vorstellt; doch kann eine Lampe erheblich der Sicherheit und der Orientierung dienen. Mit der Lampe kann man auch signalisieren, daß man überholen will. Entweder nimmt man eine kleine, leichte Taschenlampe oder aber eine Lampe zum einmaligen Gebrauch. In der Regel jedoch hält eine solche Wegwerf-Taschenlampe zwei nächtliche 100-km-Läufe aus. Gewiß besteht die Gefahr, daß man sich verspannt, wenn man etwas in der Hand hält. Dieser Gefahr muß man sich bewußt sein und daher immer wieder willkürlich die Hand entspannen. Ich bin einen Bieler Hunderter auch schon mit einer Kompaktkamera in der Hand, etwa 170 Gramm, ohne Beschwerden gelaufen.

Was immer man anzieht oder mitnimmt: Nichts — wirklich in keinem Fall! — an sich tragen, was man nicht zuvor im Training laufend, nicht gehend erprobt hat. Zum Hunderter mit nicht eingelaufenen Schuhen anzutreten, gehört bestraft — und die Strafe folgt auch meistens nicht nur auf dem Fuße, sondern auch an diesem.

Verpflegung und Ausrüstung von Peter Rupp, dreimaligem Sieger von Biel

(Nur ein Teil davon wird tatsächlich verwendet)

Peter Rupp hält Nahrungsaufnahme unterwegs für unbedingt erforderlich.

VERPFLEGUNG: 2 Päckchen Trockenaprikosen, 2 kg Bananen, Weißbrot/Honig, Salztabletten, 10 Energiebarren, je 2 Päckchen gedörrte Bananen und Rosinen, 4 l Perform 3, 2 l Beneroc, 2 l Perform 4, 2 l Caladatt, 3 l Coca-Caola, 3 l Karamalzbier, 3 l gesüßter Tee.

AUSRÜSTUNG: 1 Plastikschutz (am Start, wenn es regnet), 6 Leibchen, davon 3 Netzleibchen, 3 Paar Socken, 3 Paar Laufschuhe, 2 Laufhosen kurz, 2 Taschentücher, 2 Schwämme, Kölnisch Wasser/Wacholdergeist, Massagemittel Dul-X, Caramol, Linisprint, Arrow-Öl und Dolorex-Spray, Linsenflüssigkeit, Ersatzlinsen, Spiegel, Ersatzbrille (alt), Melkfett, Arrefol-Puder, Vitamerfen-Salbe, Heftpflaster, Reinbenzin, Schere.

Kommentar des Autors: Nun weißt du, weshalb du in Biel noch nie gewonnen hast!

Bekleidung: Je nach Leistungsziel und nach Gruppenzugehörigkeit

10 Technik und Taktik

Der Wettkampftag ist gekommen. Die Voraussetzungen lassen sich nicht mehr ändern — das Training ist gelaufen. Wie immer man an den Start geht, — jetzt gilt es, das beste aus den Voraussetzungen zu holen. Wie immer man sich fühlt, — kein Grund, nervös zu werden. Oder wenn man schon nervös ist, wenn einen das Startfieber gepackt hat wie wohl jeden 100-km-Novizen — und nicht nur diese —, dann sollte man, so merkwürdig das klingt, das Lampenfieber richtig genießen. Du stürzt dich in ein Abenteuer; die Spannung davor gehört bereits zum Erlebnis. Ob du gut geschlafen hast oder schlecht, ist halb so wichtig. Beim Laufen wirst du erst einmal munter (was dann im letzten Drittel passiert, muß dich nicht bekümmern; auch wenn du gut geschlafen hast, kann dich dann noch jählings Müdigkeit befallen).

Wer also die halbe Nacht wachgelegen hat, soll das gelassen hinnehmen. Die meisten Menschen, die sich nach einer durchwachten Nacht »kaputt« fühlen, haben sich das selbst zuzuschreiben. Sie haben verzweifelt versucht, schlafen zu »wollen«. Verständlich, weil sie sich vom Schlaf Stärkung für den Lauf erhoffen. Doch mit dem Willen erreicht man häufig genau das Gegenteil. Man ist verkrampft. Wenn man schon nicht schlafen kann, weil man als Neuling ständig an den Start denkt, soll man sich damit zufrieden geben: Erholung stellt sich auch dann schon ein, wenn man entspannt daliegt.

Ist der Start abends, bietet sich vielleicht im Laufe des Tages noch Gelegenheit, etwas zu schlafen. Es gibt in dieser Beziehung Naturtalente, die dann sofort schlafen, wenn sich nur eine Gelegenheit dazu bietet. Ein erstrebenswerter Zustand. Wer das nicht kann, sollte von den glücklichen Schläfern das eine lernen: Der Mensch schläft, wenn er nur müde genug ist und wenn das drei schlaflose Nächte zuvor kostet. Mit meditativen Techniken kann man Entspannung herbeiführen und den Leistungswillen durch Autosuggestion verstärken. Wunder — das mag diejenigen trösten, die keine Psychotechnik betreiben — kann auch eine Übung wie das Autogene Training nicht bewirken. Lauftraining läßt sich durch Psychotraining nicht ersetzen. Und Psychotraining macht niemanden schneller. Allerdings lassen sich Krisensituationen — und der Hunderter bringt sie — besser bewältigen, wenn man psychologische Mechanismen kennt.

Ich bin versucht gewesen zu schreiben: Gelassenheit sei eine gute Startvorbereitung. Doch das ist sie gar nicht. Dann nämlich könnte vielleicht auch eine Dosis Valium Startvorteile verschaffen. Glücklicherweise ist das Gegenteil der Fall. Etwas Aufgeregtheit gehört zum Start. Das läßt sich biochemisch begründen. Das Nebennierenhormon Adrenalin mobilisiert uns. Der Start wird als Erlösung empfunden.

Umgekehrt jedoch: Hektik bringt auch nichts; der Läufer erschöpft sich in blindem Aktionismus, anstatt seine Aktivität zielgerichtet dem Lauf zuzuwenden. Deshalb — aber das muß man Anfängern nicht sagen — ist es gut, die Anreise so zu terminieren, daß man in aller Ruhe seine Startnummer holen, sich umsehen, mit dem einen oder anderen reden kann und noch Zeit hat, sich zu sammeln, ob das nun eine Stunde Schlaf, eine Meditationsübung oder einfach eine Weile Ruhe ist.

So wie man in Bekleidung und Ausrüstung nichts für den Wettkampf neu einführen sollte, was man nicht zuvor schon erprobt hat, muß man sich auch vor Änderungen der Ernährungsgewohnheiten vor dem Wettkampf hüten. Sonst erlebt man Überraschungen, und zwar keine angenehmen. Am Wettkampftag ernährt man sich wie gewohnt, außer daß einige Grundregeln, die für alle Läufe gelten, beachtet werden: Nicht gerade Blähendes wie Kohl und Hülsenfrüchte zu Mittag, wenn der Start abends ist; nichts von stark abführender Wirkung wie Backobst. So sehr ich Salat bevorzuge, so muß ich doch davor warnen, ihn vor dem Lauf zu verzehren. Sonst hingegen haben die Mahlzeiten am Wettkampftag selbst keinen Einfluß mehr auf den abends beginnenden Hunderter. Die »Nudel-Party«, ob man nun etwas von der Kohlenhydratmast vor dem Marathon hält oder sie mehr als gesellige Veranstaltung betrachtet, ist für den Ultralangläufer weniger interessant. Hungrig sollte man, wenn man dies nicht gewöhnt ist, nicht an den Start gehen. Im Zweifelsfall ist es jedoch besser, wenig zu essen, als durch die Verdauung belastet zu werden. Die Fragen Salztabletten, Elektrolytgetränke und Glukose-Konzentrate sind im Kapitel über Ernährung angeschnitten.

Die Stunde des Starts rückt näher. Nun hebt in den Umkleideräumen das Einreibe-Ritual an. Wer die Augen zumacht, könnte dennoch zum Startplatz finden; er brauchte nur dem durchdringenden Geruch der Einreibemittel nachzugehen. Mit Belustigung ist es jedoch nicht getan. Ganz ohne Einreiben geht's fast auch nicht. Empfindliche Hautstellen, die man sich wundreiben könnte, salbt man mit Vaseline. Das können sein: die Brustwarzen, sofern man sie nicht schon mit Heftpflaster abgedeckt hat, die Gesäßfurche, bei der leicht die Gefahr besteht, sich einen »Wolf« zu laufen, bei kräftigen Oberschenkeln die Innenseiten der Oberschenkel (da könnten auch Fehler des Laufstils die Ursache sein; doch da es jetzt zu spät ist, sie zu korrigieren, hilft nur noch die Vorbeugung gegen das Wundlaufen). Hautpflege an kritischen Stellen also ist unbedingt notwendig. Wunde Stellen, so wenig sie das Leistungsvermögen beeinflussen, können einem doch alles verderben. Kritische Stellen am Fuß, insbesondere an den Zehen, hat man mit Verbandsstreifen (ohne Mull) gepolstert; das kann man auch schon lange vor dem Lauf machen, dann hat man die Gewähr, daß sich keine Druckstellen mehr bilden, die man erst während des Laufes bemerkt. Den Fuß sollte man nicht eincremen; das macht ihn nur weich — wir brauchen unempfindliche Füße.

Wer seine Beinmuskeln mit einem Massageöl geschmeidig machen will, kann das tun. Dagegen möchte ich von dem vielgeübten Brauch abraten, eine Emulsion zu benutzen, die die Durchblutung anregt. Ein solches Mittel, das Wärme produziert, ist nützlich beim Wettkampf an kalten Tagen, damit man nicht bei scharfem Antritt die kalten Muskeln überstrapaziert. Beim Hunderter ist das nicht notwendig. Die Erwärmung tritt allmählich ein. Um die Durchblutung muß man sich nicht sorgen. Mit einem Erwärmungsmittel kann man eher des Guten zuviel tun. Hilfreich sind solche Mittel bei Verspannungen, etwa der Schulter.

Auch ich habe mich schon während eines 100-km-Laufs mit einem durchblutungsfördernden Mittel massieren lassen und diese Massage als wohltuend empfunden. Heute neige ich in dieser Beziehung zur Zurückhaltung. Die Wirkung der Massage hält so lange nicht an. Die Zeit, die über der Massage verlorengeht, kann man zu lockerem Traben nützen und dabei mit eigenen Mitteln Verspannungen lösen. Gegen eine Entmüdungsmassage nach dem Lauf ist nichts einzuwenden.

So wie ich wird jeder seine eigenen Erfahrungen gewinnen, und es ist nicht ausgeschlossen, daß andere auf die Massage während eines 100-km-Laufs schwören; ich hoffe, die Massage zahlt sich als Zeitgewinn aus. Auch hier wieder: Wunder sind nicht zu erwarten. Von der Massage sollte man erst Gebrauch machen, wenn man meint, ohne eine solche Entmüdung gehe es überhaupt nicht mehr. Dann ärgert man sich hinterher nicht über den Zeitverlust.

Soll man sich vor dem Start zur Ultralangstrecke warmlaufen? Elite-Läufer haben längst ihre eigenen Erfahrungen. Anderen kann ich nach meiner Erkenntnis nur raten: Nein. Die Ultralangstrecke zu bewältigen, ist eine Aufgabe, die Leistung zu ökonomisieren. Die Viertelstunde Warmlaufen bringt nicht viel; sie erhöht das Antrittstempo höchstens um zwei Minuten auf den beiden ersten Kilometern; dafür kostet sie jedoch Energie, die man im Wettkampf effizienter einsetzen kann. Das bedeutet nicht, daß man aufs Warmlaufen ganz verzichten sollte. Im Gegenteil: Ein scharfes Antrittstempo kann Unerfahrene teuer zu stehen kommen. Zum Warmlaufen benützt man die ersten Kilometer. Da man langsamer als beim Marathon läuft, dauert diese Phase auch länger. Auch bei relativ hoher Außentemperatur sollte man auf die Erwärmungsphase nicht verzichten. Ältere dürfen die Warmlaufstrecke nicht zu knapp bemessen. Mit steigendem Lebensalter dauert es länger, bis man sich »eingelaufen« hat.

Bei der Startaufstellung sollte man seine Möglichkeiten realistisch einschätzen. Wer sich an schnelle Läufer hängt und meint, mit ihnen entkomme man am besten dem dichten Feld, das einen vielleicht behindert, muß den Kraftaufwand teuer bezahlen. Nichts spricht dagegen, sich am Startplatz in seiner Umgebung durch Umfragen zu orientieren: »Welche Zeit hast du vor?« Bei großen Teilnehmerzahlen hat es sich glücklicherweise eingebürgert, daß der Veranstalter bereits eine Gruppierung in Startblöcke vornimmt. Daran sollte man sich in eigenem Interesse halten. Natürlich ist es gut, wenn man sich bei stark besetzten Läufen wie in Biel durch rasches Vorankommen Ellbogenfreiheit und Übersicht verschafft. Doch das darf nicht zu Lasten des Kraftaufwandes gehen. Der Adrenalinschub beim Start — darüber muß man sich im klaren sein — und auch die Stimulation durch die Zuschauer verleiten dazu, sich bereits am Anfang eine Position zu erkämpfen.

Laß dir gesagt sein: Du hast dazu noch 90 Kilometer lang Gelegenheit. Diejenigen, die jetzt voranpreschen, holst du vielleicht in ruhigem Trab bei Kilometer 60 oder 70 ein. Wenn nicht, dann sind sie vielleicht wirklich so gut, und du hast recht daran getan, dich nicht an ihre Fersen zu hängen. Benimm dich als soziales Wesen. Laß einen Überholweg frei. Bei größeren Veranstaltungen gibt der Organistor nicht selten vorher bekannt, ob links oder rechts überholt werden soll. Beim Überholen ohne Krafteinsatz laufen!

Ultralangläufer der Mittelklasse haben einen ausgeprägt ökonomischen Stil an sich: Wir heben die Füße nur wenig vom Erdboden. Auf Hartbelag ist das kein Problem. Auf unebenem oder aufgeweichtem Gelände kann man damit leicht ins Stolpern kommen. Bei diesem kraftsparenden Stil muß man daran denken, daß wenig Kraft auch geringe Hebelwirkung und damit auch geringere Schrittlänge ergibt. Es gilt also schon beim Training darauf zu achten, daß man zu einer Optimierung gelangt: wenig Kraft und dennoch nicht zu kurze Schrittlänge. Erst recht jedoch keine zu lange (mehr darüber im physiologischen Kapitel). Wer beim Wettkampf noch unsicher ist, muß sein Augenmerk ganz darauf richten, ökonomisch zu laufen, die Schrittlänge also zu vernachlässigen (zu groß ist sie in diesem Fall wegen der Ökonomisierung nicht).

Zur Technik des Ultralanglaufs gehört, kein Risiko einzugehen. Das gilt insbesondere für das Bergablaufen. Schon beim Marathon können Sprünge vom Vielfachen des Körpergewichts verhängnisvoll werden. Erst recht bei der Ultralangstrecke. Solche selbstverständlichen Hinweise richten sich an diejenigen, die zum erstenmal über den Marathon hinausgehen. Wer hingegen zwei- oder gar mehrmals zum Beispiel in Biel gelaufen ist, weiß selbst sehr gut, ob er zum Grenchener Feld hinunter vorsichtig laufen muß oder hier munter zu Tal springen kann. Auf jeden Fall ist bei solchem Gefälle zu beachten, was man jedem Lauf-Anfänger nahelegt: Schwergewicht bewußt nach hinten legen, damit die Knie entlastet werden.

Die Regeln risikolosen Laufens sind erst recht beim Ultralanglauf zu beachten. Wenn man 100-km-Anfängern sagt »Vorsichtig laufen«, bedeutet das konkret: Bei Schwierigkeiten konzentriert laufen. Folgt man der Theorie des Sportpsychologen MORGAN, würde man dies als assoziatives Laufen bezeichnen, nämlich sich völlig mit der Strecke zu assoziieren, kaum einen anderen Gedanken zu haben als den: Wo lande ich mit dem nächsten Schritt? Diejenige unter den mir bekannten Ultralangstrecken, die die höchsten Anforderungen in dieser Hinsicht stellt, ist der Rennsteiglauf im Thüringer Wald, dem Charakter nach ein Cross von 70 km (auf der längeren Strecke). Von wenigen hundert Metern Asphalt abgesehen, hätte hier jede Sekunde Unaufmerksamkeit ein Risiko bedeutet.

Damit sind wir unversehens in den psychophysischen Bereich geraten. Die Ultralangstrecke kann man nicht allein mit Technik bewältigen; sie erfordert Strategie und psychische Bewältigung (daher das Kapitel über den psychischen Faktor). Andererseits kann man psychisch nichts ausrichten, wenn der Körper einfach schlapp macht. Daher ist es wichtig, seine Ziele mit den physischen Voraussetzungen in Übereinstimmung zu bringen. HARRY A. ARNDT hält das — so sagte er, nachdem er 7 : 01 gelaufen war — für eine der wichtigsten Bedingungen: »Wenn Sie Ihre Ziele unrealistisch ansetzen, gehen Sie kaputt, und Sie werden nie zufrieden sein. Ich hätte mir ja auch das Ziel setzen können 'Du versuchst mal, 7 : 00 oder drunter zu laufen'; ich hätte dann den ganzen Wettkampf verbissen gemacht und überhaupt keine Freude dabei empfunden. Und hinterher wäre ich enttäuscht gewesen, wenn ich mein Ziel nicht erreicht hätte. Es ist wichtig, daß man nicht, wenn man einmal eine optimale Leistung erzielt hat — unter optimalen Bedingungen —, das als Grundlage nimmt und sich sagt 'Das nächstemal will ich noch etwas besser sein'. Ich habe mir für meinen Lauf mit 7 : 01 folgende Skala von Zielen gesetzt: Erst einmal wie immer überhaupt durchzukommen, das andere Minimalziel: unter 8 Stunden zu laufen. Das dritte Ziel war die persönliche Bestzeit; ich war vorher 7 : 36 gelaufen. Das nächste Ziel war der Vereinsrekord, der stand auf 7 : 35; das andere Ziel: Kreisbestzeit, die war 7 : 31. Eine schöne Marke ist 7 : 30. Das waren realistische Ziele. Dann ging's weiter: Hessische Bestleistung war 7 : 19. Dann kam ein Rekord über 7 : 14. Das war schon ein utopisches Ziel. In der Ausschreibung von Vogelgrun stand drin: Seniorenrekord für Läufer über vierzig 7 : 03. Das war meine Skala von Minimal- zu Maximalzielen. Ich wäre zufrieden nach Hause gefahren, wenn ich die beiden ersten Ziele erreicht hätte. Jetzt sind meine Erwartungen in allem übertroffen worden.«

Eine realistische Zielsetzung erleichtert die Planung. Wer die 100 km zum erstenmal läuft, tut möglicherweise gut daran, ohne Zeitplan oder mit einem groben Zeit-Raster zu laufen. Die 100 km einfach durch ein bestimmtes Lauftempo zu teilen, ergibt eine Milchmädchenrechnung. Es sei denn, man rechnet zum Beispiel ganz großzügig einen Stundendurchschnitt von 10 km, weil man weiß, daß man auf weite Strecken 11 oder gar 12 km laufen kann. Hat man dann bei km 60 etwa 15 Minuten vom Sechser-Tempo eingespart, kann man diese ersparte Zeit auf den letzten 40 km zusetzen. Man wird staunen, wie rasch sie aufgebraucht sind, obwohl einem ein km-Durchschnitt von 6 Minuten nun wirklich nicht als Überforderung erschienen war.

Auch Spitzenläufer haben Temposchwankungen; das fällt nur nicht so auf, weil sie auch im letzten Abschnitt noch zu Steigerungen fähig sind. Um ein Beispiel zu haben, habe ich mir die Durchgänge eines Spitzenläufers von 7 : 20 angesehen; danach hat er die ersten 60 km in einer Durchschnittsgeschwindigkeit von 4 : 06 min/km zurückgelegt, die nächsten 33 km hingegen in je 5 min; auf den letzten 7 km legte er wieder Tempo vor und lief einen Durchschnitt von 3 : 52 min/km.

Bei einer ganzen Anzahl sehr guter Läufer habe ich ein Nachlassen der Geschwindigkeit zwischen 10 und 25 Prozent beobachtet. Schwankungen ergeben sich, zumal in Biel, auch aus der Streckenbeschaffenheit. Insofern sind die üblichen Marschtabellen (COTTEREAU, STEFFNY), bei denen einfach die Anfangs-Kilometer-Gechwindigkeit hochgerechnet wird, absolut unrealistisch. Es wäre wünschenswert, so regelmäßig wie ein Uhrwerk zu laufen (auch dieses wird noch von der Elektronik übertroffen). Aber selbst die von DIETZEL in Rodenbach bei HANS-WERNER KLEU errechneten knapp 9 min Zeitverlust auf der zweiten Hälfte (Tabelle in der Veranstaltungs-Charakteristik von Rodenbach, zweiter Band) sind die große Ausnahme.

Ein erfahrener Durchschnittsläufer kann die zweiten 10 km fast auf die Sekunde genau so schnell laufen wie die ersten 10 km; vielleicht klappt es auch noch bei den dritten 10 km. Spitzenläufer halten diese Gleichmäßigkeit bis zu km 50 durch. Danach jedoch kommt es in aller Regel zu Verzögerungen, die — läßt man seltene Ausnahmen beiseite — mit 20 min nicht zu hoch angesetzt sind.
Bei der Planung muß man solche Tempo-Reduktionen berücksichtigen. Man muß unter Umständen schon einen Zeitverlust beim Massenstart einkalkulieren; man muß an kritische Passagen denken, die mehr Zeit erfordern, und man muß auch als gut Trainierter, wenn nicht gleich Einbrüche, so doch eben das Nachlassen der Geschwindigkeit einrechnen. Wer 20 km lang kein Fünf-Minuten-Temp schafft, sondern auf dieser Strecke für den Kilometer eine halbe Minute mehr braucht, hat 10 Minuten verloren, und schon geht eine anfängliche Rechnung nicht mehr auf.

Eine unrealistische Zeitplanung raubt Motivation. Wenn man eben 10 Minuten hinter seiner Zeit liegt, sagt man sich leicht: »Nun hat es keinen Zweck mehr.« Durchzuhalten hat jedoch noch immer einen Zweck, auch wenn man Zeit verloren hat. Wer die Motivation beim Blick auf die Uhr eingebüßt hat, der läuft beileibe nicht nur um die verlorene Zeit — bleiben wir bei dem Beispiel von 10 Minuten —, sondern bei dem potenziert sich der Verlust; zu den 10 Minuten kommen weitere, unter Umständen größere Zeiteinbußen durch saft- und kraftloses Laufen. Der umgekehrte Fall, daß sich ein Läufer sagt »Nun kann ich mir ja Zeit lassen, weil ich 10 Minuten schneller bin als geplant« kommt bei leistungsorientierten Läufern wohl nicht vor. Eher motiviert ein solcher Zeitgewinn dazu, ihn zu festigen und auszubauen.

100-km-Lauf von Rodenbach (14. April 1984) / Vergleich Unterschiedliche Renngestaltung/ (Frank-N. Dietzel)

	10 km	20 km	30 km	40 km	50 km	60 km	70 km	80 km	90 km	100 km	Zeitverlust
100-km-Straßenlauf (Rodebach) 1. Platz	38:15 (38:15)	1:17:10 (38:55)	1:55:29 (38:19)	2:34:58 (39:29)	**3:13:45** (38:47)	3:54:13 (40:28)	4:34:43 (40:30)	5:16:03 (41:20)	6:01:12 (45:09)	6:45:20 (44:08)	**17:50**

Bemerkung: Gleichmäßig hohes Tempo mit normalem Leistungsabfall zwischen 60 und 80 km; die Abschnitte ab 85 km sind wahrscheinlich das Resultat der früheren Zwischenspurts und / oder eine Folge der Gesamtbelastung; der Zeitverlust auf der 2. Hälfte der Strecke bewegt sich noch im Normbereich!

	10 km	20 km	30 km	40 km	50 km	60 km	70 km	80 km	90 km	100 km	Zeitverlust
2. Platz	38:40 (38:40)	1:17:53 (39:13)	1:56:22 (38:29)	2:35:07 (38:45)	**3:13:45** (38:38)	3:54:13 (40:28)	4:35:43 (41:30)	5:21:01 (45:18)	6:05:07 (44:06)	6:47:20 (42:13)	**19:50**

Bemerkung: Kleine Unregelmäßigkeiten in der Anfangsphase sowie die Steigerung zwischen 40 und 42 km (Wechsel in der Führung) sind wahrscheinlich verantwortlich für den länger anhaltenden Leistungsabfall ab 65 km, der zudem durch die höheren Außentemperaturen und mangelnde Kreislaufanpassung noch verstärkt wurde; erstaunlich (wenn auch durch Stoffwechselprozesse erklärbar) die großartige Steigerung in der Schlußphase; auch hier bewegt sich der Zeitverlust durchaus noch im Normbereich!

	10 km	20 km	30 km	40 km	50 km	60 km	70 km	80 km	90 km	100 km	Zeitverlust
100-km-Bahnlauf (England) 1976 1. Platz	36:26 (36:26)	1:12:34 (36:08)	1:48:09 (35:35)	2:23:37 (35:28)	**2:59:38** (36:01)	3:36:27 (36:49)	4:16:49 (40:22)	5:03:18 (46:29)	5:52:29 (49:11)	6:34:59 (51:30)	**44:43**

Bemerkung: Das hohe, aber noch regulierte Anfangstempo ist darauf zurückzuführen, daß sich 6 Läufer gegenseitig dazu antrieben, von denen aber nur 2 bis 50 diese schnelle Fahrt durchhielten; der hier genannte Läufer versuchte »mit der Brechstange« den damals bestehenden Weltrekord (6:25) zu verbessern, doch zwischen 60 und 70 km war der Abfall derart groß bzw. vergrößerte sich zunehmend, so daß das Weiterlaufen zur Qual wurde; der Zeitverlust ist demnach auch weit über der Norm zu finden!

	10 km	20 km	30 km	40 km	50 km	60 km	70 km	80 km	90 km	100 km	Zeitverlust
3. Platz	40:59 (40:59)	1:20:43 (39:43)	2:00:50 (40:07)	2:43:28 (42:38)	**3:23:09** (39:41)	4:04:01 (40:52)	4:44:22 (40:21)	5:25:57 (41:35)	6:07:51 (41:54)	6:50:19 (42:28)	**4:01**

Bemerkung: Das relativ unbeständige Anfangstempo konnte hier sehr gut ausgeglichen werden, was auch in der gleichmäßigeren 2. Hälfte zu erkennen ist; dies war aber nur möglich durch vorsichtigen Beginn; dennoch ist am Ende ein deutlicher Abfall erkennbar, der wohl auf Unentschlossenheit zurückzuführen war; insgesamt wären bei besserer Renngestaltung 6 oder mehr Minuten Leistungssteigerung möglich gewesen; besonders ab 70 km hätten alle Abschnitte knapp unter 40 Min. liegen müssen; infolge des noch mäßigen Gesamttempos liegt der Zeitverlust auch weit unter der Norm!

171

Für den erfolgsorientierten Läufer gehört die Zeit-Strukturierung zur Taktik. Realistische Planung ist eine psychologische Stütze. »Realistisch« bedeutet, alle möglichen Zeitverluste, etwa durch Getränkeaufnahme, zu berücksichtigen, und auch für Unvorhergesehenes muß noch Raum sein.

Die zeitliche Strukturierung spielt bei der Planung eine Rolle. Für die Psyche ist hingegen ebenfalls die Strukturierung wichtig. Man macht es sich unnötig schwer, wenn man 100 km läuft, indem man an die 100 km denkt. Dann kommt allzuleicht der Moment, in dem man sich sagt: »Was soll der Blödsinn?« Die Entscheidung darüber, was man für Blödsinn hält und was nicht, sollte man vor dem Lauf getroffen haben. Wenn du gestartet bist, folgst du deinem Willen; du wolltest starten. Die 100 km türmen sich wie ein Berg vor dir auf. Das kann dich erdrücken, schon — oder gerade — auf den ersten 10 km. Es gibt Läufer, die ihre Krise schon zwischen 40 und 50 km haben, obwohl keiner sagen kann, daß sie keine 40 km laufen könnten. Setz dir also Teilziele. Zum Beispiel: das erste Ziel — heraus aus dem Gedränge. Du läufst einfach nur, um wieder Ellbogenfreiheit zu gewinnen. Oder läufst, um dich einzulaufen. Du läufst, sagen wir, auf die Marke 10 km zu. Das ist der Grundstein. Und nun schleppst du Stein für Stein herbei. Du willst beizeiten trinken. Also läuft du auf das Ziel der ersten Verpflegungsstelle zu. Kilometer 20 gestattet dir beim Blick auf die Uhr einen Vergleich zwischen geplanter und tatsächlich gelaufener Zeit. Die Zeit nach den ersten 10 km sagt viel weniger; 10 Kilometer kann einer in irrem Tempo rennen, Startverzögerungen können die Zeit belasten, man muß sich warm laufen. Bei km 20 bist du im Lot. Nun läufst du, um das erste Viertel vollzumachen. Es kommen die 30 km, und danach ist schon das erste Drittel voll — so rasch geht das. Vielleicht hast du dir selbst geographische Marken gesetzt oder Treffpunkte mit einem Betreuer. Hat man erst einmal aus der Geographie einen Maßstab bezogen, fällt der Lauf leichter. Eine bekannte Strecke wirkt allemal kürzer als eine, die man zum erstenmal läuft.

Wie die Perlen auf einer Schnur reihst du die 10-km-Marken aneinander — 40, und schon 500 Meter nach der 40er-Marke bist du in Gedanken bei 50 km, bei der Hälfte. Das ist eine statistische Hälfte, das weißt du. Die Hälfte der 100-km-Strecke liegt nach Kilometer 60. Aber nun hast du, der Strecke nach, gleich zwei Drittel. Auf dem letzten Drittel mußt du kämpfen, das weißt du. Aber dieses letzte Drittel wirst du nun auch schaffen. Kilometer 70. So viele Teilziele sind es gar nicht mehr. Versuch erst einmal, die dreiviertel zu beenden. Dann geht es schon besser auf die 80 zu. Zum letztenmal willst du unterwegs trinken — wieder ein Ziel. Du läufst nun, um aus der vermutlich schwersten Etappe — die kann auch bei km 70 beginnen — herauszulaufen. Bei km 90 sieht die Welt ganz anders aus. Die letzten 10 km kannst du fast gar nicht mehr rechnen. So hangelst du dich vorwärts.

Bei Anfechtungen und Einbrüchen mußt du dich ablenken. Der Wettkampf erfordert zwar assoziatives Laufen, nämlich sich mit der Strecke zu identifizieren; doch als nicht unbedingt auf schnelle Zeit bedachter Läufer kannst du auch, zumindest streckenweise, dissoziativ laufen, nämlich dich ablenken.

Sehr hilfreich ist der Kontakt mit anderen. Zu den Mitteln der psychischen Stü-zung — natürlich auch zum Erlebnis des Wettbewerbs — zählt der soziale Faktor des Wettkampfes. Häng dich an eine Gruppe an, sprich mit anderen! Schon aus diesem Grunde, aber natürlich auch aus psychologischen Gründen ist es besser, wenn du überholst, statt daß du ständig überholt wirst. Zudem läuft eine Gruppe, die dich einholt, nicht deshalb langsamer, damit sie sich mit dir unterhalten kann.

Für Leistungsläufer sind das theoretische Überlegungen. Im vorderen Viertel wird nicht viel gesprochen. Zum einen kostet vieles Reden Kraft, zum anderen braucht man hier keine soziale Nestwärme für die Entfaltung. Da weiß ohnehin jeder, was er zu tun hat. Zudem: Mit einem anderen zu laufen, kann überaus kurzweilig sein; die Zeit vergeht rascher. Doch gerade in einem dichtbesetzten Feld mit vielen Über-holvorgängen kann das überflüssigerweise Kraft kosten. Man durchbricht den ste-ady state, weil man dem anderen überholend nachsetzen will, oder man beobach-tet nach hinten, wann denn der andere nun komme. Man läuft schneller als beabsichtigt, aus lauter Rücksicht auf den anderen, vielleicht stärkeren Läufer. Auf diese Weise kann eine positiv gemeinte Laufgemeinschaft auch ein Risiko ber-gen.

Biel-Eisstadion: Die Stunden vor der Startaufstellung —
jeder entwickelt seine Taktik.

14 Welche Strecke?

Es ist anzunehmen, daß mit der Zahl der Ultralangläufer auch die Zahl der Veranstaltungen wachsen wird, so daß kein Läufer mehr eine Reise durch die ganze Bundesrepublik unternehmen muß, um 100 km zu laufen. Zu hoffen ist, daß unterschiedliche Strecken angeboten werden.

Gesetzt den Fall, man muß nicht den nächstgelegenen Ultralanglauf besuchen, — welcher Strecke sollte man den Vorzug geben? Ganz klar, es gibt mehrere Antworten; es kommt auf die persönlichen Voraussetzungen und Absichten an. Das Spektrum reicht in der Bundesrepublik vom 100-km-Rundkurs — in Unna — bis zur Runde von 1,36 km beim 24-Stunden-Lauf in Mörlenbach, wobei 100 km 73 Runden wären.

Bei der Ultralangstrecke gibt es zwei Trends, die unterschiedlichen Motivationen entsprechen. Zum einen den Ultralanglauf als Abenteuer, zum anderen den Ultralanglauf als junge sportliche Disziplin. Historisch gesehen, war zunächst das Abenteuer da; daher waren die ersten Hunderter, jedenfalls in der Schweiz, in der Bundesrepublik und in Österreich, Rundkurse (Biel, Unna, Illertissen, Dillingen, Marc Aurel, Hirtenberg mit 2 Runden). Zum Ultralanglauf kamen Menschen, die auf der Marathonstrecke nicht viel zu bestellen hatten; es ging ihnen auch gar nicht um die Zeit. Es ging darum, eine Herausforderung zu bestehen, unterwegs zu sein und den Startplatz wieder zu erreichen. Es ging um das Erlebnis, auch das Erlebnis der Landschaft. Das kann man auch haben, wenn man die Strecke marschiert. Im allgemeinen wandert man nicht zehnmal dieselbe 10 Kilometer; man wandert zum Ausgangspunkt zurück.

Der andere Typ: Auf der Marathonstrecke erfolgreich, was immer das subjektiv bedeuten mag. Nun geht es darum, die Marathonleistung auf die Ultralangstrecke zu übertragen. Kein Abenteuer, sondern eine Kalkulation. Die Strecke muß den Voraussetzungen eines Wettbewerbs genügen. Auf diesem Gebiet herrschte abstrakt wie auch im Sinne des Wortes »Ho-Tschi-Minh-Pfad« völliger Wildwuchs. Eine Vergleichbarkeit der Leistungen, wie annähernd im Marathon, war nicht gegeben. Die Ultralangläufer, die sich 1984 im Koordinationsausschuß Ultralanglauf formiert haben, haben daher Regeln aufgestellt.:
1. Die Laufstrecke muß exakt vermessen sein (Toleranzbreite 0,1 % = 100 m). Es muß ein fachlich einwandfreies und amtlich bestätigtes Vermessungsprotokoll mit Streckenplan im Maßstab von mindestens 1 : 50 000 (möglichst 1 : 25 000) vorliegen, auf dessen Grundlage die Gesamtstrecke oder einzelne Streckenabschnitte jederzeit nachgemessen werden können. Die Strecke muß in der Ideal-Lauflinie vermessen werden. Der Vermessungsabstand zum befestigten Straßenrand soll maximal 1 m und mindetens 0,30 m betragen. Während der Veranstaltung muß die Laufstrecke so klar und deutlich markiert oder durch Streckenposten gesichert

sein, daß ein Verlaufen oder Zeitverluste durch Orientierungsarbeit des Läufers ausgeschlossen werden. In Abständen von mindestens 10 Kiometer und an allen kritischen Punkten sind Streckenkontrollen durchzuführen; jedoch dürfen für den Läufer auch hier keine Zeitverluste oder Umwege entstehen. Für das Zählen der Runden und den entsprechend richtigen Zieleinlauf, z. B. bei 10-km, 25-km- oder 50-km-Runden, ist jedoch der Teilnehmer selbst verantwortlich.

2. Die Sicherheit der Teilnehmer muß in dreifacher Hinsicht gewährleistet sein:
2.1 Im Hinblick auf den Straßenverkehr als Verkehrssicherheit;
2.2 Im Hinblick auf die Streckenbeschaffenheit, so daß ein Verletzungsrisiko durch den Untergrund weitgehend ausgeschlossen wird;
2.3 Ein Sanitätsdienst und ein ärztlicher Dienst während der Dauer der Veranstaltung müssen gewährleistet sein.
3. Verpflegungs- und Erfrischungsstellen (stilles Mineralwasser, gelöste und ungelöste Elektrolyte, leichtverdauliche Kohlenhydrate) sind im Abstand von mindestens 10 Kilometer, bei extremer Witterung alle 5 Kilometer, einzurichten.
4. Das Mindestalter für die Teilnehmer an den 100-km-Wettkämpfen beträgt ausnahmslos 18 Jahre; bei falschen Jahrgangsangaben erfolgt sofortige oder nachträgliche Disqualifiktion.
5. Die Mannschaftswertung in Form der Dreierwertung mit Zeitaddition wird für Männer und Frauen durchgeführt; sie ist fester Bestandteil der nationalen und internationalen 100-km-Bestenlisten.
6. Die Terminplanung ist — im Interesse der Aktiven und der Veranstalter — von den Organisatoren der 100-km-Läufe in gegenseitiger Zusammenarbeit und Abstimmung so vorzunehmen, daß Terminüberschneidungen bei Veranstaltungen mit gleichen Einzugsgebieten vermieden werden.
7. Die 100-km-Europa-Cup-Sieger und die Rangfolge der übrigen Teilnehmer werden aufgrund der drei besten Resultate aller während eines Wettkampfjahres bestrittenen 100-km-Cup-Läufe ermittelt, und zwar auf Grundlage einer noch genauer zu definierenden Platz-Punkte-Wertung, unter Berücksichtigung der Gesamtzeit. Die Sieger der Einzel- und Mannschaftswertung gewinnen den 100-km-Europa-Cup, die Zweit- und Drittplacierten werden mit Pokalen oder anderen Ehrenpreisen ausgezeichnet. Alle Teilnehmer mit drei 100-km-Cup-Läufen erhalten eine wertvolle Urkunde. Für die Wertung im Drei-Länder-Pokal genügt die Teilnahme an zwei der drei 100-km-Läufe.

Nach diesen Kriterien hätte Dillingen mit einer seinerzeit um etwa 7 Prozent zu kurzen Strecke keinen Wettbewerb zugelassen. Unna würde durchs Sieb fallen, weil man sich verlaufen kann. Biel ist für einen Cup ungeeignet, — ebenso wie Hirtenberg und der Marc-Aurel-Marsch und -lauf —, weil ein Verletzungsrisiko gegeben ist (in Biel insbesondere der berüchtigte Ho-Tschi-Minh-Pfad). Biel wird zudem den Verpflegungs-Richtlinien nicht gerecht.

176

Für Landschaftsläufe mit Wettkampfcharakter wie dem Donaulauf würde ich gern ebenfalls eine Regel aufgestellt sehen, nämlich: Das Schlußfahrzeug muß eine halbe Stunde hinter dem letzten Läufer bleiben. Wer mitgemacht hat, wie entnervend es ist, wenn der »Lumpensammler« überholt, in Sichtweite stehen bleibt oder 500 m hinter einem wie der Geier auf den jungen Hasen lauert, wird diese Regel verstehen.

Läufe, die nicht den Kriterien eines 100-km-Cups entsprechen, sind deshalb keine mindere Kategorie. Es sind teils Landschaftsläufe teils Läufe für Einsteiger. Das Ursprüngliche sind allemal der Rundkurs oder Streckenlauf. Man kann auf jeder Strecke seine Ultra-Premiere haben. Schwächeren Läufern oder gar Marschierern ist jedoch eine Rundenstrecke mit einem großen Teilnehmerfeld und Zuschauerresonanz zu empfehlen. Spitzenläufer müssen sich dabei nicht deplaciert vorkommen, ist doch 1984 und 1985 in Biel ein Streckenrekord von 6 : 42 Stunden erreicht worden. Gute Marathonläufer werden jedoch auf die Dauer Kurse über mehrere Runden (Hamm, Rodenbach, Quickborn, Vogelgrun) vorziehen. Die 10-Runden-Kurse sind auch für Einsteiger geeignet, die sich erst an die 100 km herantasten wollen und dann auch bei Leistungen unter 100 km eine Urkunde erhalten.

Über den Rundkurs braucht man nicht weiter zu reflektieren. Man muß einfach vorwärts, um zum Ziel zu kommen. Gegen den Lauf in zehn Runden hat mancher Einwände: Ist das nicht langweilig? Ist die Versuchung, auszusteigen, nicht zu groß? Dies sind jedoch mehr theoretische Überlegungen; in der Praxis sieht das anders aus. Die Gefahr, auszusteigen, ergibt sich nur dann, wenn man der Anforderung der physischen oder, was beim Hunderter weit mehr der Fall ist, aus psychischen Gründen nicht gewachsen ist. Wenn Spitzenläufer den Lauf vorzeitig beenden, dann nicht, weil sie nicht mehr weiterlaufen könnten, sondern weil ihre Leistung hinter ihrer Vorstellung zurückgeblieben ist. »Normale« 100-km-Läufer zehren von einer starken Motivation, nämlich den Lauf überhaupt durchzustehen, auch wenn ihre Laufzeit hinter den Erwartungen zurückbleibt. Mit dieser Motivation bewältigen sie auch die Anfechtung, den Kampf vorzeitig zu beenden, sofern nicht äußere ungünstige Bedingungen wie Hitze oder Regengüsse hinzukommen. Im Gegenteil, der Lauf in Runden bringt ihnen auch den Vorteil, daß man dem Impuls aufzugeben, eben nicht sofort folgt, weil man sich sagt, daß 10 Kilometer später ja auch noch Gelegenheit zum Ausscheiden gegeben sei. Vielleicht jedoch ändert sich gerade während dieser 10 Kilometer die psychische Befindlichkeit. Das bedeutet, daß man weniger belastet läuft. Verhaltenspsychologisch stellt die Tatsache, daß man weiterläuft, obwohl man hätte aufgeben können, einen positiven Verstärker dar.

Beim Rundenlauf zeigt sich ganz deutlich, daß für den Trainierten die Probleme nicht bei der Länge der Strecke liegen. Es stimmt nicht, daß die letzten 10 Kilometer die schwersten seien, ganz gleich bei welcher Ultralangstrecke — auch nicht bei 150 Kilometern. Denn die Erwartung des Ziels führt unweigerlich zu einer Adrenalin-Ausschüttung, die alle Kräfte mobilisiert.

Man kann, um die Situation zu verdeutlichen, sogar sagen, die ersten 10 Kilometer eines Hunderters seien schwer, weil die 100 Kilometer wie ein gewaltiger Berg vor einem stehen und man noch nicht die Kraft spürt, diesen Berg zu bewältigen. Beim Rundenlauf kann die Krise dann eintreten, wenn man gerade erst die Marathonstrecke hinter sich hat. Zu dieser Zeit ist man physisch ganz gewiß nicht am Ende, denn man läuft diese Strecke in einem Hunderter ja langsamer als im Marathonlauf. Der Einbruch resultiert aus der Erkenntnis, daß jetzt erst — nach einer Strecke, auf der man sonst, vielleicht mit Mühe, den Lauf beendet hat — der Kampf beginnt. Für die fünfte Runde mag die psychische Substanz noch stark genug sein; in der sechsten oder siebenten hingegen liegt dann das Tief, während in der achten schon wieder die Hoffnung, daß man die Aufgabe meistert, die Oberhand gewinnen kann. Interessanterweise habe ich auch bei 150 Kilometern diesen Tiefpunkt schon zwischen km 75 und 85 gehabt und nicht etwa bei km 125. Die Gefahr, bei einem Zehn-Runden-Lauf eher aufzugeben als auf einem Rundkurs, sehe ich nicht. Auch nicht, wenn es sich um ganz kleine Runden handelt, ob nun beim Marathon im Park oder beim 24-Stunden-Lauf in Mörlenbach. Wohl aber hingegen, wenn die Runden ziemlich groß sind, im extremen Fall 50 km wie in Hirtenberg; es kostet schon Überwindung, nach zwei 50-km-Runden die dritte anzugehen. Bei Anfängern dürfte die Schwelle bereits vor der zweiten Runde liegen.

Jeder Lauf über mehrere Runden, und seien es nur zwei, hat wirkliche Vorteile, was die Versorgung des Läufers angeht: Er hat die Möglichkeit, Kleidungsstücke zu wechseln oder, wenn man nicht betreut wird, an eigene Verpflegung heranzukommen. Auch wenn der Wechsel nasser gegen trockene Kleidung fiktiv ist, weil die trockene Kleidung vielleicht sehr bald auch wieder durchnäßt ist, so kann die Aussicht auf trockene Kleidung doch einen psychischen Vorteil bringen.

Die schnellen Läufe — das sind die aus 10 Runden bestehenden Hunderter — werden am Morgen gestartet. Für langsamere Läufer bedeutet das — im Gegensatz zu den Abendstarts —, daß sie in den Abend hinein laufen müssen. Das ist wesentlich unangenehmer als in den Morgen zu laufen. Hier muß jeder über seinen eigenen circadianen Rhythmus Bescheid wissen; dem »Abendmenschen« wird ein Zwölf-Stunden-Lauf in die Dunkelheit hinein nichts ausmachen.

Zwar gibt es auf den 10-Runden-Veranstaltungen auch gehende Dauerleister; doch wendet sich die Mehrzahl der Geher zu Recht der aus einer Runde bestehenden Strecke zu. Manchen Lauf wird man als Ultralangstreckler einfach deshalb absolvieren, weil man ihn einmal kennenlernen will. Das gilt bestimmt für Biel, auch wenn von dort schon Enttäuschte abgereist sind. Auch Unna, als ältester deutscher Ultralanglauf, wird von dem »Ultra-Tourismus« profitieren.

Wenn ein Läufer in der weiteren Entwicklung seinen Platz definieren will, wird er künftige Cup-Veranstaltungen mit mehreren Runden wählen. Ein Zehn-Runden-

Lauf wie in Rodenbach ermöglicht es den Betreuern, ohne hektische Fahrerei wie in Biel alle 10 Kilometer, durch kurze Standortwechsel sogar bis zu dreimal je Runde, Kontakt zu den Läufern zu haben. Auch die offizielle Verpflegung ist in kurzen Abständen, in Rodenbach dreimal je Runde, greifbar. HARRY ARNDT hat als Vorteil artikuliert: »Der Aktive selbst weiß nach zwei bis drei Runden über Verlauf und Eigenschaften der noch zurückzulegenden Gesamtstrecke Bescheid, und er kann den weiteren Rennverlauf und seine Kräfte besser einteilen, daß er genau weiß, was noch vor ihm liegt und was auf ihn zukommt.« Beim Rodenbacher ist auch noch eine »Pendelstrecke« eingebaut (siehe unter Rodenbach, zweiter Band). Die Zuschauer können bei einer Veranstaltung mit 10 Runden die Läufer über ein längeres Stück sehen und die Entwicklung des Rennens vom Start bis zum Ziel optimal verfolgen. Wenn der 100-km-Läufer echte gesundheitliche Probleme hat, so kann er das Rennen rechtzeitig beenden. Es entstehen für ihn keine Wartezeiten wie auf einem Rundkurs, bis ein Fahrzeug zum Ziel fährt. Unter Umständen kann es nämlich sehr lange dauern, bis ein aufgebender Läufer zum Ziel befördert wird, und manchmal wird auch der Kälteschutz versäumt.

Ein Rundenlauf — und sei er noch so lang wie in Mörlenbach beim 24-Stunden-Lauf — ist also unproblematisch; man ist immer gleich »daheim«. Selbst eine Stunde Schlaf oder, in Mörlenbach, noch mehr kann man sich auf einfache Weise leisten. Mach' das einer mal ohne Betreuung auf einem 100-km-Rundkurs! Gerade weil die kurzen Runden den Renn-Verlauf so transparent und praktikabel in jeder Situation machen, wird die große Rundenstrecke, die 50- oder 100-km-Runde, immer ihre Freunde behalten. Auf ihr findet der Erlebnis-Lauf statt, auf ihr kämpfen die Alten.

Es läuft also alles darauf hinaus, was man bevorzugt. Wenn man als Ultra-Novize erst einmal ein Gefühl für die Länge der Strecke bekommen will, das Abenteuer und das »Ambiente« einer 100-km-Strecke sucht, dann sollte man einen Ultralanglauf mit einem einzigen Rundkurs wählen. Will man hingegen primär seine Marathonzeit auf die Ultralangstrecke transponieren und möglichst alle Unwägbarkeiten ausschalten, dann sollte man die 100 Kilometer auf einer Zehn-Runden-Strecke laufen. Eine 100-km-Veranstaltung mit vier Runden ist ein Kompromiß zwischen beiden. Für Novizen scheint mir das nicht so geeignet zu sein. Eine 25-km-Runde ist sehr lang; das Gefühl, sie viermal zurücklegen zu müssen, könnte entmutigen. Der Erfahrene hingegen beginnt ohnehin erst auf der zweiten Hälfte zu kämpfen, d. h. problemlos geht er nach der Routine von 50 Kilometern die dritte Runde an. Der Tiefpunkt stellt sich frühestens am Ende der dritten Runde ein, und nun weiß er: Es ist ja nur noch eine einzige Runde.

Die 50-Kilometer-Runde von Hirtenberg: Da muß einer sicher sein, daß er die 100 Kilometer schafft; als Erstteilnehmer gerät er allzu leicht in die Gefahr, nach der ersten Runde den Lauf zu beenden, zumal wenn er als Unerfahrener dasselbe Tempo wie die nur 50-km-Läufer anschlägt.

Man muß sich darüber im klaren sein, daß die 10-km-Runden auch von der Oberfläche her leichter sind; meistens bestehen sie allein aus Asphalt. Die 100-km-Rundkurse hingegen haben notgedrungen sehr wechselhaften Untergrund, stellenweise bedeuten sie — etwa 10 Kilometer des Bieler Kurses oder gar ein Drittel des Marc Aurel — eine Cross-Strecke. Auch von daher ist der Charakter der Herausforderung bei einem Rundkurs höher.

Das soziale Moment: Bei einem Rundkurs wird man eher Kameraden finden, die mit einem laufen. Bei den zehn Runden wiederum sieht man mehr Kameraden.

Zusammengefaßt: Jede Streckenführung hat ihren Vorzug. Der 100-km-Rundkurs bietet das Erlebnis, die Strecke in Runden bietet die schnellere Zeit und den problemloseren Lauf, sofern man stabil genug ist und nicht beim Passieren des Ziels der Versuchung erliegt, den Lauf zu beenden.

Eine gute Möglichkeit des Einstiegs in die Ultralangstrecke bieten zum einen Läufe und Märsche unter 100 km, zum Beispiel die Nachtmärsche über 80 km in Karlsruhe und Wiesbaden, zum anderen die Aufteilung einer Ultralangstrecke auf mehrere Tage, zum Beispiel 100 km in drei Tagen in Arolsen. Auf solchen Veranstaltungen kann man sich ohne Frustration durch Spitzenläufer an neue Ziele herantasten. Begibt man sich als Läufer auf eine solche Strecke — Laufen ist erlaubt —, so fällt es in Anbetracht der vielen Marschierer gar nicht auf, wenn man streckenweise wandert. Sportlich werden solche Veranstaltungen nicht für voll genommen; es gibt — im Gegensatz zum 100-km-Lauf — auch keine inoffiziellen Bestenlisten über Strecken unter 100 km oder mehrtägige Läufe. Dies ist für diejenigen, die allein das Erlebnis suchen oder auch nur die Erfahrung einer langen Strecke, überaus von Vorteil; hier herrscht kein Leistungsdruck. Freilich, man findet auch auf solchen Veranstaltungen »Profis«, nämlich solche, die als Geher keine derartige Veranstaltung auslassen. Daran muß man sich nicht stören. Läufe und Märsche dieser Kategorie eignen sich auch als Ausdauervorbereitung für Läufer, die noch Hemmungen haben, einen Marathon zu laufen. Wer 60 oder 80 km gejoggt ist, hat dann keine Angst mehr, bei einem Marathon mitzumachen, auch wenn er dort die Laufgeschwindigkeit steigert.

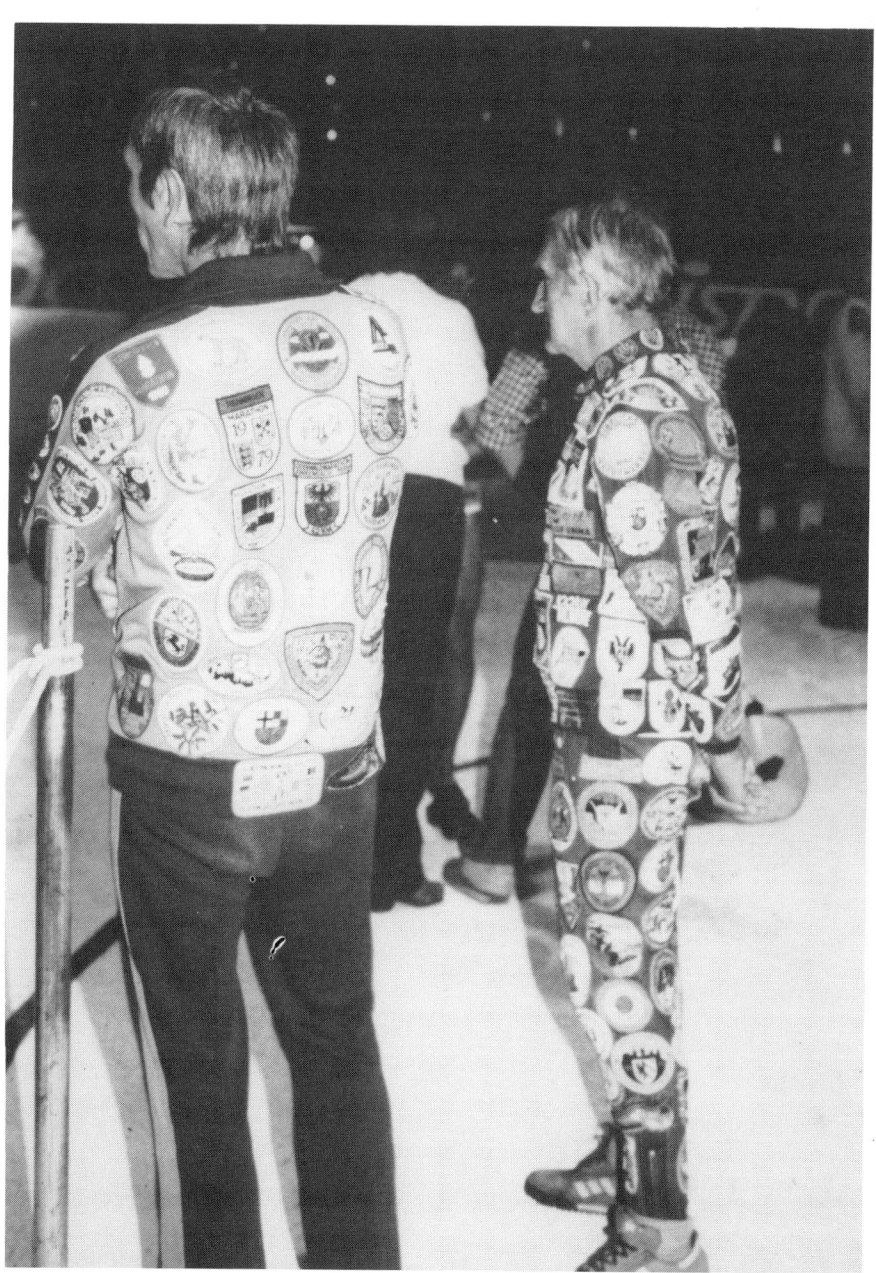

Welche Strecke? Bei den beiden Herren kann man nachschauen.

Checkliste
Vor dem Start

☐ Eine halbe Stunde vor dem Start trinken, auch wenn kein Durst vorhanden ist, eventuell eine kleine, nicht belastende Kohlenhydratzufuhr,

☐ Toilette aufsuchen.

☐ Empfindliche Körperstellen bei Bedarf schützen (Zehennägel geschnitten?):
Gefährdete Zehen mit Verbandsstreifen umwickeln,
Gesäßfurche mit Vaseline einreiben,
Oberschenkel-Innenseiten mit Vaseline einreiben,
mögliche Reibstellen von Sporthose und Haut (Beinabschluß) mit Vaseline einreiben,

☐ Sportkleidung und Ausrüstung prüfen
Socken glattziehen,
Schnürung prüfen (weder zu fest noch zu locker),
Startnummer vorschriftsmäßig befestigen,
gegebenenfalls Startkarte befestigen oder einstecken,
bei Bedarf für Nässeschutz sorgen (Kunststoffhülle, beispielsweise Rezepthülle aus der Apotheke),
Klopapier oder Zellstofftaschentücher einstecken,
gegebenenfalls Telefongeld oder »Zehrgeld« einstecken,
gegebenenfalls »Laufplan« mit Zwischenzeiten notieren,
Autoschlüssel einstecken, einbinden oder zusammen mit Geld und Wertsachen abgeben,
gegebenenfalls Fruchtschnitte oder ähnliches gegen »Hungerast« mitnehmen,
gegebenenfalls Taschenlampe mitnehmen, Leuchtstreifen befestigen,
bei Regen oder Kälte und Wind »Wegwerf«-Überkleidung (Lumpen, Folien, aufgeschnittene Plastic-Tüten) überstreifen,
Ablageort der Lauftasche (mit Waschzeug und frischer Kleidung) auf der Rückseite der Startnummer notieren oder merken

Start

☐ Startkontrolle passieren,

☐ nach mutmaßlicher Einlaufzeit im Startblock einordnen,

☐ Uhrenvergleich,

☐ Zeit für Dehnübungen in warmem Zustand und für psychische Vorbereitung (mentale Techniken) nützen,

☐ beim Startschuß oder, wenn bei Massenstart voraussichtlich schwer hörbar, zum Starttermin Stoppuhr rechtzeitig auslösen.

Am Ziel

☐ Gegebenenfalls Startkarte zum Abgeben rechtzeitig in die Hand nehmen, Stoppuhr feststellen oder Einlaufzeit merken,

☐ Auszeichnung oder Zielkarte in Empfang nehmen,

☐ Auslaufen,

☐ bei kühlem Wetter gegebenenfalls Kälteschutz umlegen,

☐ Trinken,

☐ Dehnübungen,

☐ Duschen.

17 Bibliographie

(chronologisch)

Walter Thom:»Pedestrianism«, Aberdeen, 1813

Bruce Tulloh:»Four Million Footsteps«, Pelham, 1970
Bericht über Tullohs Transcontinental-Lauf

Peter Lovesey:»Der Tod hat lange Beine«, Paul Zsolnay Verlag Wien/Hamburg, 1971

Ein Kriminalroman um Sechs-Tage-Rennen. Englisches Orginal 1970 erschienen (»Wobble to Death«)

John Chodes:»Corbitt«, Tafnews Press, 1974
Biographie über Ted Corbitt, den amerikanischen Pionier des Ultramarathons

Serge Cottereau:»Le Grand Fond à style libre«, Saint-Affrique, 1975

Werner Sonntag:»Irgendwann mußt du nach Biel«, Edition Spiridon, 1978
Literarische Bewältigung des 100-km-Laufs von Biel (kein Trainingsbuch)

Tom Osler/Ed Dodd:»Ultra-Marathoning — The Next Challenge«. World Publications Inc. Mountain View, Ca., 1979
Im ersten Teil Geschichte, im zweiten Teil kurzgefaßte Darstellung von Besonderheiten der Ultralangstrecke

Heinz Klatt: 100-km-Jahrbuch
Seit 1979, Gießen

James E. Shapiro:»Ultramarathon«. Bantam Books, 1980

Werner Furer:»100 km Biel/Bienne«, Bern, 1982
Diplomarbeit zur Erlangung des Eidgenössischen Turn- und Sportlehrerdiploms. Untersuchung über Einfluß von Alter, anthropometrischen Meßgrößen und trainingsmethodischen Kennziffern auf die Leistung bei überlangen Läufen am Beispiel des 100-km-Laufes von Biel/Biene 1980

Serge Cottereau:»La Course de Fond«, Saint-Affrique, 1980
Über Langstreckenlauf allgemein, jedoch mit starkem Bezug auf den 100-km-Lauf

Andy Milroy: »The Long Distance Record Book«, 1981, Road Runners Club, 76 Benhill Wood Road, Sutton, Surrey SM 1 3SJ, GB
Geschichte, Namen und Rekorde

Klaus Jung: »Phänomen 100-km-Lauf. Physiologische, medizinische, psychologische Aspekte«, Schwarzeck-Verlag, München, 1981.
Wahrscheinlich das erste wissenschaftliche Buch mit Grundlagenforschung zum Ultralangstreckenlauf

Wolfgang Schlüter: »100-Kilometer-Lauf«, fotografiert von Stefan Hörttrich, Busse, Herford, 1981
Eine Reportage über den 100-km-Lauf mit erkennbarem Bezug auf Hamm

Serge Cottereau: »La Belle Histoire des 100 km de Millau«, Saint-Affrique, 1982
Darstellung der Geschichte des seinerzeit 10 Jahre alten 100-km-Laufs von Millau

Tom McNab: »Das Rennen«, Wolfgang Krüger Verlag, Frankfurt, 1983
Roman vor dem Hintergrund einer tatsächlich veranstalteten Durchquerung der USA. Englische Originalausgabe 1982 erschienen (»Flanagan's Run«).

Stephan Oettermann: »Läufer und Vorläufer. Zu einer Kulturgeschichte des Laufsports«. Syndikat/EVA, Frankfurt, 1984.

Literatur, die mir außer in der 100-km-Bibliographie genannten Titeln für dieses Buch von Nutzen war:

Deutsche Gesellschaft für Ernährung: Ernährungsbericht, Frankfurt, 1984
Peter Konopka: »Sport, Ernährung, Leistung«, Osthofen 1984
Jürgen Stegemann: »Leistungsphysiologie«, Stuttgart 1984
L.P. Matwejew: »Grundlagen des sportlichen Trainings«, Berlin, 1981
Rosemarie Breuer: »Leistungssteigerung durch gezielte Ernährung«, Bruckhausen-Vilsen 1984
W.W. Swesdin u. a.: »Ausdauerentwicklung«, Berlin 1974
R. Margaria: »Energiequellen der Muskelarbeit«, Leipzig, 1982
Klaus Jung: »Sport und Ernährung«, Aachen, 1984
N.N. Jakowlew: »Sportbiochemie«, Leipzig, 1977
Klaus-Diethard Hüllemann: »Leistungsmedizin, Sportmedizin«, Stuttgart 1978
Wildor Hollmann: »Sportmedizin — Arbeits- und Trainingsgrundlagen Stuttgart, 1980
Heinrich Kaspar: »Ernährungsmedizin und Diätetik«, München, 1985
Dieter Kleinmann: »Sport als Medizin für jedermann«, Stuttgart 1985
Hegall Vollert: »Komplette Langlaufmethode«, Radolfzell, 1984

New York Academy of Sciences: »The Marathon: Physiological, Medical, Epidemiological and Psychological Studies«, New York, 1977
Richard Mangi/Peter Jokl/William Dayton: »The Runner's complete Medical Guide«, New York, 1979
H.G. Kremer / J. Scheibe / W. Schröder: »Rennsteiglauf. Historische, soziologische, sportmedizinische und trainingsmethodische Aspekte«, Berlin 1982
Raymond Krise / Bill Squires: »Fast Tracks. The History of Distance Running«, Brattleboro, Vermont, 1982
Sven-A. Sölveborn: »Das Buch vom Stretching«, München, 1983
Alexander Weber (Hrsg.): »Gesundheit und Wohlbefinden durch regelmäßiges Laufen«, Paderborn, 1984
Klaus Jung: »Sportliches Langlaufen«, Puchheim, 1984
Stanley Ernest Strauzenberg: »Gesundheitstraining«, Berlin 1979
Ernst van Aaken: »Das van Aaken Lauflehrbuch«, Aachen 1984
Ernst van Aaken: »Alternativ-Medizin durch Ausdauer«, Düsseldorf, 1984
Max Otto Bruker: »Unsere Nahrung — unser Schicksal«, Heimerau, 1982.

Dank

Ein Buch von solcher Komplexität, wie sie dem Ultralanglauf zu eigen ist, kann man nicht schreiben, ohne sich nicht auch der Erkenntnisse und Informationen anderer zu bedienen. Ihnen allen sage ich Dank.

Dr. med. DIETER MAISCH hat mich 1966 zum Laufen motiviert. Dr. med. ERNST VAN AAKEN verdanke ich wie so viele, daß er mir frühzeitig physiologische Prinzipien und Vorgänge deutlich gemacht und die lange Strecke als etwas ganz Natürliches dargestellt hat. Laufende Mediziner — insbesondere des Deutschen Verbandes langlaufender Ärzte (Vorsitzender: Dr. med. HANS-HENNING BORCHERS) — haben durch Untersuchungen, Veröffentlichungen und Vorträge dazu beigetragen, daß ich hier, wo es geboten erschien, wissenschaftlich exakte Informationen wiedergeben konnte; genannt sei insbesondere Prof. Dr. med. KLAUS JUNG, zu dessen Spezialgebieten der 100-km-Lauf zählt. Zahlreiche Läufer haben bereitwillig meine Fragen beantwortet. ROBERT NUSSBAUM, HEINZ KLATT und ROLAND WINKLER (für die DDR-Läufern zugänglichen Länder) haben zu dem Veranstaltungsverzeichnis des zweiten Bandes beigetragen. Ich danke allen Veranstaltern von Ultralangläufen und ihren vielen Helfern, die uns mit hohem Engagement Lauf- und Wettkampf-Erlebnisse bieten. Schließlich danke ich meinem laufenden Verleger, HANS JÜRGEN MEYER, der ohne Murren mein — im Vergleich zur Kalkulation — stark ausgeweitetes Manuskript akzeptiert und die Herausgabe in zwei Bänden ermöglicht hat.

Und noch ein Dank: meinen Lesern für ihr Interesse. Ich wünsche ihnen, daß sie aus der Lektüre Nutzen und vor allem Freude an der Ultralangstrecke gewinnen mögen.

Falls sich ihnen eine Frage aufdrängt, die ich nach ihrer Meinung beantworten könnte, mögen Sie bitte 1. Geduld haben, 2. einen frankierten Rückumschlag beifügen (ich bin nicht geizig, sonst hätte ich dieses Buch nicht geschrieben, sondern lieber Laufschuhe verkauft; aber allein jede Briefmarke für die Beantwortung einer Frage im Zusammenhang mit meinem unproblematischen »Spaß am Laufen« hat mich den Honoraranteil von zwei Exemplaren gekostet), 3. meine Adresse notieren: Werner Sonntag, Königsberger Straße 12, 7302 Ostfildern 2.

Der Autor

Werner Sonntag, Jahrgang 1926, betreibt regelmäßiges Lauftraining seit 1966, erster Marathon 1968. Der Niederschlag der ersten 100-km-Läufe — seit 1972 — findet sich in dem literarischen Versuch »Irgendwann mußt du nach Biel«, dessen Titel zum geflügelten Wort unter Läufern geworden ist. 1979 erschien — außer einem Wanderführer — eine Lauf-Anleitung, die — so der Titel — den »Spaß am Laufen« betont (inzwischen in 3. Auflage). Werner Sonntag hat die GEO-Reportage über den New York-Marathon geschrieben, war von 1980 bis 1983 ehrenamtlich Stellvertretender Chefredakteur des Laufmagazins »Spiridon« und ist seit Ende 1983 verantwortlicher Redakteur von CONDITION, Zeitschrift für Ausdauersport, wo er eine spezielle Kolumne »Ultralanglauf« eingeführt hat. Für 1986 ist eine Anthologie seiner Lauf-Reportagen geplant, die gleichzeitig Reiseführer für Läufer sein soll.

Das Sportprogramm des Meyer & Meyer Verlages

Arthur Lydiard
▶ **Laufen mit Lydiard**
— bessere Zeiten, längere Strecken, leichtfüßigeres Laufen —, mit gezieltem Training können Sie es schaffen.
— Grundlagen des Trainings — Trainingspläne — Tips und Tricks. Der Weg zum persönlichen Erfolg im »do it yourself«
ISBN 3-89124-021-X, Preis 24.80 DM

Werner Sonntag
▶ **Mehr als Marathon**
Das Handbuch für den Ultralanglauf
Jahrelang wurden sie als »Spinner« abgetan, die Ultralangläufer. Heute aber, nachdem der Marathon Volkssport geworden ist, drängt es viele, in einen neuen Grenzbereich vorzustoßen und mehr als Marathon zu laufen.
ISBN 3-89124-022-8, Preis 24.80 DM

Prof. Wilhelm Kleine /
Dr. Karl Lennartz
▶ **Pulsschlag 130**
Langlauf in Schule, Verein und Freizeit
Wie man läuft, darüber gibt es eine Anzahl von Einführungen und Büchern. Aber wie man andere — oder sich selbst — zum Laufen motiviert, worauf man achten muß, welches Pensum wann gut ist, darauf gibt dieses Buch Antworten.
ISBN 3-89124-023-6, Preis 19.80 DM

Maria und Friedrich Thiemer
▶ **Langlauf ist unser Leben**
Zweimal die Erde umrundet
In diesem Buch erzählen sie in humorvoller Weise, mit zahlreichen Bildern dokumentiert, von den kleinen und großen Abenteuern, die ihnen auf den Straßen der Welt begegnet sind.
ISBN 3-89124-024-4, Preis 17.80 DM

Helga Polet-Kittler
▶ **YOGA**
Das seelische Gleichgewicht
Helga Polet-Kittler, die bekannte YOGA-Autorin, ist es in diesem Buch gelungen, in kurzer, klarer Form eine Sammlung von YOGA-Übungen zusammenzustellen, die bei kleinstem Aufwand jedem Interessierten ermöglichen, ein neues seelisches Gleichgewicht zu erlangen.
ISBN 3-89124-029-5, Preis 17.80 DM

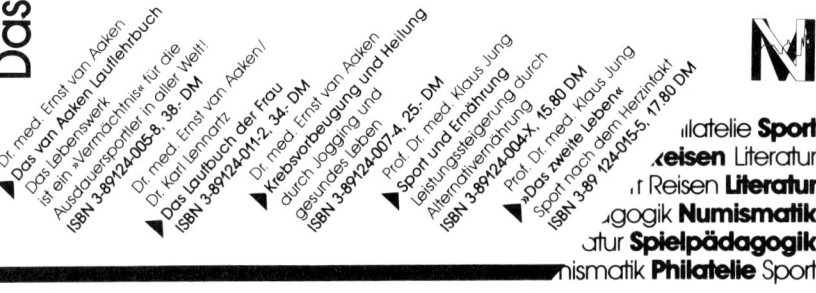